W0065472

Zum Buch

In Zeiten der Ruhe vermögen in unserer Tiefe verborgene Kräfte besonders wirkungsvoll ins Leben einzufließen. Regelmäßig wiederkehrende Besinnungszeiten ermöglichen es uns innezuhalten, mit dem Vergangenen abzuschließen und das Neue zu wagen.

Ingrid Riedel denkt in den vorliegenden Texten in meditativer Weise nach über Begegnungen mit Menschen und über Geschichten aus der Bibel. Sie zeigt, wie wir durch Seelenruhe und Geistesgegenwart die notwendige Geistesgegenwart und Handlungsfähigkeit gewinnen, uns den Herausforderungen eines sinnerfüllten Lebens zu stellen.

Zur Autorin

Ingrid Riedel, geb. 1935, Dr. theol. und Dr. phil., Autorin zahlreicher Bücher, Psychotherapeutin mit Praxis in Konstanz. Dozentin und Lehranalytikerin am C. G. Jung-Institut in Zürich.

INGRID RIEDEL

Seelenruhe
und
Geistesgegenwart

Was uns Tatkraft gibt

Königsfurt

Die Deutsche Bibliothek – CIP-Einheitsaufnahme
Riedel, Ingrid:
Seelenruhe und Geistesgegenwart :
was uns Tatkraft gibt / Ingrid Riedel. –
Krummwisch : Königsfurt, 2001
ISBN 3-933939-75-5

Lizenzausgabe
Königsförde 2001

Copyright für diese Ausgabe
© 2001 by Königsfurt Verlag
D-24796 Klein Königsförde / Krummwisch
www.koenigsfurt.com

© 1996 by Droemersche Verlagsanstalt Th. Knaur Nachf., München

Umschlaggestaltung: ROPO, Köln
Titelfoto: Monika Rohde, Bonn

Satz: Satzbüro Noch, Witten

Druck und Bindearbeiten: Elsnerdruck, Berlin

Printed in Germany

ISBN 3-933939-75-5

INHALT

Dieses Buch widme ich meinen Hörern und Hörerinnen an der Johann-Wolfgang-Goethe-Universität in Frankfurt sowie den Teilnehmerinnen und Teilnehmern an meinen dortigen Seminaren, die viele der hier behandelten Texte und Themen mit mir zusammen erarbeitet und mich vielfältig angeregt haben.

ZUR EINSTIMMUNG

Seelenruhe und Geistesgegenwart

»Seelenruhe« und »Geistesgegenwart«: zwei Stichworte, die eher Ersehntes als Verfügbares andeuten und die doch zur *condition humaine* gehören, als besondere Qualitäten, als Merkmale besonderer Präsenz, die in bedeutsamen Augenblicken erfahrbar werden können. Von Begegnungen mit Menschen, mit Geschichten, die etwas davon vermitteln, will ich in diesem Buch berichten.

Seelenruhe: als zeitweilige Verfassung kennen wir sie, oft kehrt sie ein nach heftigen inneren Stürmen, großen Konflikten, manchmal spielt die Ruhe der Erschöpfung und Resignation mit hinein; manchmal ist es aber wirklich die Gelassenheit, die einkehrt, wenn wir getan haben, was wir können, die Gelassenheit, die die Dinge auch wieder loslassen und ruhen lassen kann. Wu-wei nannte es Laotse, das »Nicht-Tun«, das »Nicht-Machen«. Seelenruhe kann auch aus Rückzug erwachsen, aus Zeiten der Einkehr bei sich selbst, und kann von da her ausstrahlen in den Alltag hinein, kann sich auswirken in einer besonderen Geistesgegenwart.

Nie sei sie geistesgegenwärtiger gewesen, berichtete mir eine Kollegin, als damals, als sie nach einer Meditationswoche nach

Hause fuhr und dabei Zeugin eines Autounfalls wurde. Der Wagen vor ihr war ins Schleudern geraten und dabei auf einen schräg aufsteigenden Baumstamm aufgefahren, wodurch er wie von einer Feder zurückgeschleudert wurde und im offenen Feld auf dem Dach landete. Trotz der angstvollen Vorstellung, was an Verletzungen sie womöglich vorfinden würde, war sie doch sofort zur Stelle und vermochte die Wagentüren zu öffnen. Noch ehe der Wagen Feuer fing, gelang es ihr, allen vier Insassen herauszuhelfen und den zum Glück nur leicht Verletzten Erste Hilfe zu leisten.

Eingeprägt hat sich mir auch die Geistesgegenwart einer befreundeten Ärztin, die bei einem privaten Flug in die USA, das Flugzeug befand sich bereits über dem offenen Ozean, plötzlich geholt wurde, da jemand eine lebensgefährliche Herzattacke erlitten hatte. Sie mußte blitzschnell entscheiden, ob die vollbesetzte Boeing nach London zurückkehren sollte, um dem Patienten eine möglichst schnelle Behandlung zu ermöglichen, oder ob der Non-Stop-Flug nach San Francisco fortgesetzt werden sollte. Sie entschied sich für die Umkehr nach London, die die größere Überlebenschance für den Patienten bot – und die Boeing wendete ihrer Entscheidung gemäß. Es habe sie außerordentlichen Mut gekostet, diese Entscheidung zu fällen, die Hunderten von Passagieren eine Übernachtung in London bescherte, so berichtete sie mir nach diesem Erlebnis.

Dies ist außergewöhnliche Geistesgegenwart. Im Alltag gibt es viel weniger sensationelle, aber doch bedeutsame Situationen, in denen es um das rechte Wort im rechten Augenblick geht oder auch um die rechte Gebärde, die einen Menschen im Augenblick großer Verzweiflung zu trösten oder auch in akuter Gefahr zu retten vermag. In diesem Sinne verwenden wir das Stichwort »Geistesgegenwart« im allgemeinen Sprachgebrauch.

Hören wir feiner in diesen Ausdruck hinein, so verstehen wir noch mehr darunter: Geistes-Gegenwart, das wäre die Gegenwart des Geistes, des klärenden, des heilenden, ja des Heiligen Geistes, welche Energie oder wessen Energie auch immer das sei. Wenn Jesus aus der Erfahrung der »Verklärung« heraus, aus der erleuchteten Seelenruhe heraus, die er am Berge Tabor erfahren hat, zurückkehrt und am Fuße des Berges gleich dem epileptischen Knaben begegnet, da steht er in der Gegenwart des Geistes, der ihn dort oben umfing, und weiß aus dieser Geistes-Gegenwart heraus das Heilende zu sagen und zu tun. Seelenruhe und Geistesgegenwart: Wie Geschwister gehören sie zusammen. Das zeigt diese Heilungsgeschichte von der Begegnung zwischen dem epileptischen jungen Mann mit einem der großen spirituellen Heiler, mit Jesus.

Ähnliche Geistes-Gegenwart zeigt sich in einer anderen Heilungsgeschichte des Neuen Testaments: jener heilenden Begegnung zwischen der Frau, die an chronischem Blutfluß leidet – der »blutflüssigen Frau«, wie sie seit Luthers Übersetzung genannt wird –, und Jesus, der eigentlich notfallmäßig zu einem sterbenskranken Mädchen unterwegs ist, aber bei ihr innehält, weil sie in ihrer außerordentlichen Not ihn aufhält und sich auf quasi magische Weise – geistesgegenwärtig auch sie – heilende Energie von ihm verschafft, an seiner heilenden Kraft partizipiert. Seelenruhig geht er auf sie ein, läßt sich ihre Krankengeschichte erzählen und spricht ihr, der durch den Blutfluß kultisch unrein Gewordenen, die durch die Berührung seines Mantels auch ihn unrein gemacht hat, geistesgegenwärtig die Heilung und den Segen zu.

Die Gegenwart des Geistes ist in dieser Geschichte auch darin zu erkennen, daß mit seinen Worten und Gesten die kultische Unreinheit, die bis dahin mit den Blutungen der Frau verbunden war, aufgehoben ist, denn eigentlich hätte er ihr niemals auf dieses unzulässige Verhalten hin die Heilung und den Segen zusprechen dürfen. Jesus aber erkennt ihr tiefes Vertrauen, ihren Glauben aus ihrer Berührung, mit der sie scheinbar unerlaubterweise heilende Energie an sich zieht, und sagt das befreiende Wort: »Dein Vertrauen hat dir geholfen, geh hin in Frieden« – das heißt in Seelen-Ruhe.

Wo der »Geist« ist, da ereignet sich, wie wir sehen, Freiheit. Es ist gar nicht auszudenken, was es für die frühzeitige Befreiung der Frau von althergebrachten Tabus bedeutet hätte, wenn diese Heilungsgeschichte mit dem befreiend geistesgegenwärtigen Wort des göttlichen Arztes den Stellenwert in der Geschichte der Christenheit gefunden hätte, den sie verdient.

Der Meister nimmt die Verzögerung hin, die für das zwölfjährige Mädchen mit der Heilung der seit zwölf Jahren kranken Frau verbunden ist. Er spürt mit seiner außergewöhnlichen Intuition, daß das Leiden des Mädchens – womöglich eine Pubertätsmagersucht – nicht zum Tode führen wird, wie alle übrigen befürchten. Und so hat er wieder die Seelenruhe, um in die Panik aller, die vermuten, das Mädchen sei schon gestorben, sein Wort zu sprechen: »Talitha kumi – Mädchen, ich sage dir: Steh auf.« Er nimmt sie bei der Hand, und sie steht unverzüglich auf. Dann sorgt er dafür, daß sie zu essen bekommt.

Es hat mich stets beeindruckt, wie dieser Meister der Spiritualität und des Heilens immer wieder die Stille sucht, den unmittelbaren Bezug zur Transzendenz, um von hier aus dem Ansturm der Menschen, welche spirituelle Wegweisung und Heilung von ihm erwarten, jeweils neu begegnen zu können. Er entzieht sich ihnen, um die Stille der Meditation und des Gebets zu finden: auf Höhen und Bergen, in der Wüste und zuletzt im Garten Gethsemane. Vor Beginn seines Wirkens, auf der Suche nach der Vision für sein Leben – auf seiner »vision quest« würde man heute sagen – ging er in die Bergeinsamkeit der Wüste Juda.

Auf dem Höhepunkt seines Wirkens widerfährt ihm auf dem Berge Tabor eine Erfahrung besonderer Gottesnähe, eine Begegnung mit dem Geist – vielleicht sogar der geistigen Präsenz – des Wüstenführers Moses sowie des prophetischen Feuergeistes Elia. Jesus empfängt hier eine Verklärung und Durchlichtung seiner ganzen Existenz wozu auch ein ahnendes Wissen um die Konsequenzen seines Weges gehört, der ihn in Konflikt mit den herrschenden Autoritäten, möglicherweise in einen tödlichen Konflikt führen wird.

Dies alles antizipierend und akzeptierend, kehrt er zurück zu den Menschen, die seiner bedürfen, klarer und geistesschärfer noch in der Erkenntnis des Zusammenwirkens aller Kräfte und deshalb noch sicherer im Wissen um die Situationen, in denen Handeln geboten, und um die anderen, in denen Nicht-Handeln, Gelassenheit, ja ein Sich-Loslassen notwendig ist.

Im Garten Gethsemane schließlich, unter den uralten Ölbäumen, ist die letzte Stätte seines Ringens um innere Freiheit und Gewißheit, von der wir im Neuen Testament hören. Es ist die Stätte, in der Jesus nach bitterem Ringen die Klarheit und die Seelenstärke findet, die tödliche Auseinandersetzung mit den herrschenden Mächten auf sich zu nehmen: geistesgegenwärtig. So wie er kurz darauf, als die Häscher kommen, dem ihn leidenschaftlich verteidigenden Petrus befiehlt: »Stecke dein Schwert in die Scheide« und die Seelenruhe findet, das durch Petrus verletzte Ohr des Häschers Malchus zu heilen. Legende mag das sein, aber aussagekräftig.

Seelenruhe und Geistesgegenwart: auch Menschen von heute haben sie ausgestrahlt – ein Dietrich Bonhoeffer beispielsweise, ein Nelson Mandela; von ihnen sagt man, sie seien als Gefangene mit einer inneren Freiheit aus ihrer Zelle getreten, als trete »ein Gutsherr aus seinem Schloß« (Bonhoeffer); eine Gertrud Kolmar hat sie gehabt, die Dichterin, die als Berliner Jüdin bei ihrem alten Vater blieb, auch als es noch Fluchtmöglichkeiten gab, in sicherem Wissen um die kommende Vernichtung, aber in innerer Freiheit; sie nimmt dieses Schicksal aus ganz anderen Händen an als aus denen der Nazi-Schergen, sie gewinnt ihm ein *amor fati* im Sinne Spinozas ab.

Auch alltäglichere Dinge fallen unter die Kategorien Seelenruhe und Geistesgegenwart: Wenn eine Mutter von fünf Kindern, meine Mutter, vor ihrem von Bomben zerstörten Haus steht und angesichts der losheulenden Kleinen nur dies eine sagt: »Laßt nur, Kinder, die Sorge um das Haus wären wir los!« Eine Erfahrung von Loslassenkönnen war das, die ich mein Leben lang nicht mehr vergaß.

Wenn wir selbst in die Stille gehen – und sei es auch nur für Momente –, so können die äußeren Eindrücke: der Fluß mit seiner Strömung, der Anblick eines besonders geformten Steines oder auch einer Eidechse, sich verlängern und vertiefen; es können aber auch mit den äußeren Eindrücken und zu ihnen innere Bilder aufsteigen, Imaginationen, manchmal sogar Visionen.

Was waren die Begegnungen der Wüstenheiligen und Jesu selbst mit dem Versucher und dessen Herausforderungen anderes als innere Dialoge und Bilder, die ihnen die abzuwehrenden Versuchungen bei ihrer Visionssuche leibhaft vor Augen treten ließen? Aber auch die heilenden Bilder bekommen Raum, wenn wir in die Stille und in die Entspannung gehen. Und wenn wir ein stärkendes inneres Bild gefunden haben, wie zum Beispiel dasjenige eines klugen Delphins, der uns durch alle Gewässer tiefenkundig begleitet, dann können wir auch im Alltag instinktsicher und zugleich geistesgegenwärtig reagieren.

Um aber diese Zeiten der Ruhe – wir sahen, selbst Jesus brauchte sie – immer wieder erfahren zu können, bedarf es eines Sinnes für die Rhythmen des Tages, der Woche, der Jahreszeiten, ja auch der größeren Gezeiten des Lebens. Den Beginn der neuen Jahrzehnte pflegen wir in unseren sogenannten »runden« Geburtstagen, vor allem denen der späteren Jahre, stärker wahrzunehmen und zu feiern. Hier ist die Geistesgegenwart gefragt, die Lebensübergänge überhaupt zu registrieren und uns auf sie einzustellen oder umzustellen, indem wir vielleicht ein entsprechendes Ritual für sie suchen. Nicht weniger bedarf es der Seelenruhe und der Gelassenheit, um den Wechsel und Wandel der Lebenszeiten und -gezeiten hinzunehmen, das Vergangene und Vergehende zu verabschieden, im Vertrauen darauf, daß Neues kommen wird, auch noch in späteren Jahren. Dieses Vertrauen wurzelt, gerade wenn wir es in unserer Lebensgeschichte mit den persönlichen Eltern nur mangelhaft entwickeln konnten, in der eigenen Tiefe, aus der heilende Bilder aufsteigen, vielleicht auch in einer tragenden therapeutischen Beziehung. Letztlich wird es uns in der Begegnung mit Transzendenz geschenkt.

Die Bibel weiß von einem gottgesetzten Brauch der Israeliten, Gottes Ruhe nach getanem Schöpfungswerk an jedem siebten Tag, an jedem Sabbat, durch einen Ruhetag der Menschen samt ihrem Vieh zu feiern; die Christen feiern diesen siebten Tag am Sonntag zugleich als Christi Auferstehungstag, der jedes Menschen Auferstehung symbolisch vorwegnimmt. Am Sonntag sollten wir auferstehen nach den Arbeitsmühen der Woche, aber auch von all den »kleinen Toden«, die das Leben uns bringt.

Die Vorstellungen des alten Israel reichten noch weiter: nicht nur jeder siebte Tag, sondern auch jedes siebte Jahr sollte, dem Rhythmus der Lebensübergänge entsprechend – in sieben Jahren wird auch der Organismus erneuert –, ein Sabbatjahr werden, an dem man, gemäß der bäuerlichen Lebensweise, die Felder brachliegen ließ. In diesem Sabbatjahr erholte sich auch der Mensch an Leib und Seele. So manche entdecken heute den Segen eines Brachjahres, eines Sabbatjahres wieder, indem sie es wagen, eine gute Möglichkeit zur Umschulung und zu einem Neueinstieg ins Arbeitsleben am Schopf zu packen.

Das alte Israel hatte darüber hinaus eine weitere utopische Vorstellung, die vielleicht nie in die Realität umgesetzt wurde, die aber doch in der Bibel verankert ist: nämlich im siebenmal siebten Sabbatjahr, dem neunundvierzigsten Lebensjahr also, ein besonderes Befreiungsjahr zu feiern, das »Springjahr«, in dem man, wie ein junger Bock (Jobel) im Frühjahr, über alle Gräben hinwegsetzt. Luther übersetzte den schwierigen Begriff Jobel bewußt mit »Jubel« und kommt damit zur Vorstellung eines »Jubeljahres«.

Und warum hätte man zu jubeln? Weil gemäß der altbiblischen Vorstellung dieses Jahr ein umfassendes Jahr der Schuldentilgung sein sollte, auch verlorengegangenes Land sollte rückerstattet werden – ein Jahr der Befreiung also aus jeder Form von Schuldknechtschaft und innerer Selbstentfremdung. Jeder Israelit war als freier Mensch gedacht, dem ursprünglich eigener Grund und Boden in seinem Lande zustand. Hatte er es verwirkt, aus welchem Anlaß auch immer, so sollte es ihm jetzt, in seinem neunundvierzigsten Jahr, im Jubeljahr also, zurückgegeben werden, damit, wie es in der Bibel heißt, »ein jeder wieder zu dem Seinen komme«.

So wünschbar eine solche Regelung wäre, so utopisch bleibt sie in der äußeren Realität; wo sie jedoch zur Geltung kommen kann, ist in unserer inneren Ökonomie und Ökologie. Hier, im inneren Gelände unseres Lebens, könnten wir im neunundvierzigsten Jahr, in dieser Phase des »mittleren Erwachsenenalters«, zunächst einmal all das wiederzuerkennen suchen, was eigentlich auch zu uns gehört, aber aus unserem Leben hinausgefallen ist: Begabungen, Möglichkeiten, Beziehungen, besondere Freuden, besondere Wünsche. Wir könnten sehen, wo all das geblieben ist im Laufe unseres Lebens, könnten versuchen, es wieder einzusammeln, könnten es zurückgewinnen aus mancher Selbstentfremdung heraus oder zum ersten Mal richtig wahrnehmen und realisieren, was das wäre: unser eigentliches Wesen.

Vom Innehalten bei den Lebensübergängen ist es nicht weit zu der Frage, wie wir diese Übergänge denn gestalten können, damit sie das zum Ausdruck bringen, was sie eigentlich meinen. Und so gelangen wir zu der wiederentdeckten Relevanz von alten und neuen Ritualen. Auch an der Wiederkehr der Rituale im Bewußtsein und in der Lebenspraxis vieler Zeitgenossen ist die Sehnsucht nach Seelenruhe beteiligt, die Sehnsucht nach einem Gefäß für die chaotischen Emotionen, die bei allen Lebensübergängen freigesetzt werden, wo das bisherige Lebensgefüge aufgesprengt und abgetragen wird.

Leid und Trauer müssen, wie die Trauerforschung nachweist, an einer bestimmten Station des Trauerprozesses wieder geopfert werden, damit ein neuer Selbst- und Weltbezug gewonnen werden kann (Verena Kast). Rituale lehren uns, diese Zusammenhänge neu zu begreifen. Durch ihre Wiederholbarkeit dienten vor allem die alten Rituale der Wiedergewinnung des Seelenfriedens nach aufwühlenden, erschütternden und beängstigenden Vorgängen.

Rituale werden heute wiederentdeckt, weil wir Gefäße für unseren Seelenfrieden brauchen, Gefäße, in denen wir uns selber wieder einsammeln und uns bewahren können. Die Wiederholung, die zu den Ritualen gehört, schafft Beruhigung, eine gewisse Sicherheit im Unsicheren, eine gewisse Geborgenheit im Ungeborgenen. Sie baut das Vertrauen ins Leben immer wieder auf, auch und gerade nach schweren Verlusten. Für den heutigen Menschen sind von allen Ritualen die Trauerrituale wohl die unentbehrlichsten.

Auch im Vollzug alter und neuer Rituale ist der Geist gegenwärtig und kommt es auf die Geistesgegenwart an, spontan das rechte Wort, die adäquate Geste zu finden: Da gibt es zum Beispiel die Menschen, die nach einer Scheidung trauern. Mit welcher Geste, welchem Wort nehmen wir ihre Trauer auf, wenn sie von dem vollzogenen rechtlichen Scheidungsakt bedrückt zurückkommen?

Die Lebenssituationen, die Rituale erfordern, brauchen in erhöhtem Maße unsere Seelenruhe und unsere Geistesgegenwart, und die Rituale wirken wiederum auf diese zurück, bestärken beides. Frauen vor allem haben sich in den letzten Jahrzehnten innerhalb und außerhalb der Kirche um die Wiederentdeckung und Erneuerung von Ritualen bemüht und damit um die feiernde Wiedergewinnung von Seelenruhe und Geistesgegenwart angesichts der Zurücksetzung und Unterdrückung der Frau in zahlreichen Bereichen der Kirche und des öffentlichen und privaten Lebens – wofür der Ausschluß der Frau aus dem Priesteramt nur ein Indiz ist. Dabei wäre die Seelenruhe und die geistige Präsenz, mit der einige Frauen in Deutschland und in der Ökumene – ich denke an Bischöfin Maria Jepsen, an Professorin Dorothee Sölle und an die koreanische Pfarrerin und Schamanin Hyun Kyung Chung – seit Jahrzehnten ihr Amt ausüben, ein unübersehbarer Hinweis darauf, was die christliche Kirche an der Frau als Priesterin gewinnen könnte, gerade in unserer krisengeschüttelten Zeit.

Die nahende Jahrtausendwende beschwört Ängste herauf, nicht zuletzt apokalyptischer Art, und wir bedürfen an diesem Übergang in besonderer Weise des Augenmaßes, der inneren Ruhe und der geistlichen Präsenz. Hierfür können uns die Aufmerksamkeit und die ruhige, wache Achtsamkeit auf Träume eine Hilfe sein. Mit einem Ausblick auf Träume über Wandlungs- und Heilungsmöglichkeiten für unsere Erde wie auch für uns Menschen soll sich der weite Bogen schließen, den die Thematik dieses Buches zwischen den Pfeilern der Seelenruhe und der Geistesgegenwart spannt.

Ruhendes Licht

Was Seelenruhe, was Geistesgegenwart bedeutet, mag das Umschlagbild unseres Buches, einer der »Abstrakten Köpfe« von Alexej von Jawlensky, näher ausdrücken: ein Bild des menschlichen Antlitzes, das er selber als »Ruhendes Licht« bezeichnet hat.

Die Augen abgeschirmt in Seelenruhe, der Mund in Geistesgegenwart geklärt, geschlossen, so mutet mich dieses Bild auf den ersten Blick an. Es entstand im Jahr 1921 und enthält das gesamte Vokabular der Formen, der Chiffren, auf die Jawlensky in seiner Serie »Abstrakte Köpfe« das menschliche Gesicht konzentrierte: Da ist die große U-Form für den Umriß des Antlitzes, für Wangen und Kinn, während Nase und Brauen durch sehr gerade

Linien markiert werden, die hier, wie zumeist in dieser Serie, rechtwinklig aufeinanderstoßen. Der Betrachter assoziiert ein Kreuz an der Stelle ihres Zusammentreffens, tendieren sie doch, auch wenn sie noch offen zueinander stehen, eindeutig zur Kreuzform hin.

Der Mund ist durch zwei waagrechte, farblich ineinanderfließende Linien angedeutet, denen, wie meist in dieser Serie, ein farbiger Schatten in Form eines offenen Kreissegments angefügt ist, hier, um die Rundung des Kinns, manchmal auch, um die Rundung der Lippen anzudeuten. Die Linien sind streng, klar, der Mund wirkt geschlossen, wie schweigend. Große Stille, Bei-sich-Sein, Einsamkeit und dennoch starke Energie scheinen mir in dieser Zeichnung des Mundes ausgedrückt zu sein. Weicher schwingt die Linie der ruhenden halbgeschlossenen Augenlider: die eine, leicht gebogene, nach unten durchschwingende Linie führt nach rechts oben, bis in die Richtung des Ohres, das nicht erscheint. Heiter, ein wenig spielerisch schwingt der halbe Bogen in Rot empor, der eine hochgezogene Augenbraue darstellen könnte, denn gänzlich abstrakt wollen Jawlenskys Menschengesichter nicht sein.

Folgen wir den schwarzen Linien der Grundfigur, so nehmen wir über der Stirne eine geschwungene Vogelform wahr, ein Dreieck andeutend, das, mit der Spitze nach oben, auf den Scheitel weist. Die Wellenlinien links und rechts des Kopfes mögen ferne Anspielungen an gelockte Haarsträhnen sein. Eigentümliche, auflockernde Akzente setzen die Farben, die als zarte Farbbänder, fast verschwimmend, einerseits die Linien der schwarzen Strukturzeichnung unterschiedlich nuancieren, andererseits als klar gesetzte Farbpunkte und -kreise Betonungen setzen: Dem weißen eiförmigen Schwerpunkt am Ort des sogenannten »Dritten Auges« über der Nasenwurzel korrespondiert das dunkelrote Oval auf der oberen Wange rechts im Bild, in Richtung eines imaginären Ohres. Wie eine Spiegelung wirkt das halbierte Ovalfeld auf der gegenüberliegenden Wange; gelb und weiß sind die Lidschatten unterstrichen;

dem schwarzen Doppelpunkt neben dem linken Augenlid entspricht rechts ein Punktepaar in komplementärem Rot und Grün. Dazwischen erscheint ein schwebender schwarzer Strich, wie japanischer Tuschmalerei entsprungen, eine zarte Senkrechte wie ein Grashalm, die oberhalb der rechten Augenbraue in einem schriftzeichenähnlichen Gebilde aus drei Parallelen wiederholt wird. Durch die Kontrapunktik dieser Formen entsteht ein fein ausgewogenes spielerisches Gleichgewicht. Hieran liegt es, daß das Antlitz eine große Ausgeglichenheit ausstrahlt.

Das helle Gesicht, in der Rundung und Tönung eines Eies gestaltet, mit zarten blaugrauen Schatten versehen, die die Wölbungen andeuten, erscheint ruhig, in sich gesammelt, milde, wie in sanftes Mondlicht getaucht. Die große U-Form, die alles umschließt, bewirkt den Grundklang tiefer Ruhe. Die Farben, zwischen Gelb, gedämpftem Weinrot und Moosgrün spielend (mit kleinen Anteilen von Blau und Orange), lockern das Bild auf und geben ihm eine zarte, verhaltene Nuance von innerer Heiterkeit. Es wirkt gelöst, wirkt wie »ruhendes Licht«.

Gegenakzente setzen die strengen geraden Linien von Mund, Nase und der Augenbraue links im Bild: die Linien der willensstarken Geistesgegenwart. Jawlenskys Serie von menschlichen Gesichtern – die »Abstrakten Köpfe« und die späteren »Meditationen« – zielt dahin, das Gesicht auf sein Wesentliches zurückzuführen, moderne Ikonen zu schaffen. Das Wesentliche aber ist für ihn das Spirituelle, die Durchlässigkeit des Antlitzes für das Licht, das auf ihm ruht und das zurückstrahlt, seine Klarheit und innere Stille, seine Transparenz.

»Malerei«, sagte Jawlensky einmal, »ist Sehnsucht zu Gott.«

Texte, die die Möglichkeit umkreisen, Seelenruhe und Geistesgegenwart zu gewinnen, sind in diesem Buch zusammengestellt. Die Mehrzahl der Kapitel ist völlig neu erarbeitet, einige von ihnen beruhen auf Vorträgen, die ich zu dieser Thematik an verschiede-

nen Orten gehalten habe, die für dieses Buch aber allesamt bear-
beitet wurden und in den neuen Zusammenhang eingefügt sind.
Jedes Kapitel will für sich genommen sein und einen besonderen
Akzent setzen.

Zur Ruhe kommen

I

Rhythmen der Ruhe

Unser erstes Kapitel ist der uralten Erfahrung gewidmet, daß menschliches Leben Zeiten der Ruhe braucht, um regenerieren zu können. Am wirksamsten sind solche Zeiten, wenn sie nicht nur zufällig sind, sondern verläßlicher, wiederkehrender Art, wie der lebensnotwendige Rhythmus von Tag und Nacht, wie die Gezeiten des Meeres. Es muß so sein, damit man sich im Streß des Alltags schon vorfreuen kann auf das mit Sicherheit wiederkehrende Wochenende, auf die wiederkehrenden Feiertage, auf den Urlaub. Nur dann leuchten die Zeiten der Ruhe, auch wenn sie noch vor uns liegen, auch wenn sie noch Zukunft sind, in die Unruhe der Gegenwart hinein. Wie oft mögen wir uns schon gesagt haben: nur so und so lang brauchst du noch durchzuhalten, dann kommt der ersehnte Urlaub, dann kommt die große Sommerpause! Und läßt uns nicht allein dieser Gedanke wieder Atem schöpfen, und bringt er nicht sofort etwas Entspannung in den Alltag? Manchmal wird die Notwendigkeit einer Selbstunterbrechung so groß, daß der übliche Urlaub nicht mehr genügt und uns ein größerer Zeitraum zur Verfügung stehen muß, um körperlich, seelisch und geistig regenerieren zu können. Hier mag der Gedanke an ein »Sabbatjahr« – es können auch nur Monate sein – aufkommen. Die Idee des Sabbats oder gar des Sabbatjahrs als einer wiederkehrenden Zeit der Ruhe, der Regeneration stammt aus dem alten Israel, aus der Entstehungszeit des als »Levitikus« bekannten dritten Buches Mose. Dieser Idee möchte ich im folgenden nachgehen.

Schon beim ersten Lesen des (hebräischen) Textes, der von einem »Sabbatjahr« spricht (3. Mose 25, 1-13), weht einen der große Atem der Freiheit an. Was hieße das: alle sieben Jahre ein Sabbatjahr zu haben, das Feld seines Lebens nicht bestellen zu müssen, und dies ohne Angst und mit gutem Gewissen? Was hieße das: frei sein von den Zwängen des Berufes, von der Hetze; frei sein fürs Eigene, für Beziehung, Liebe; frei sein für schöpferische Tätigkeit, frei sein letztlich für das Geheimnis unseres Lebens: unser Bezogensein auf Transzendenz ...

Und dies alle sieben Jahre, im 14., im 21., im 28., im 35. im 42., im 49. Jahr, im 56., im 63., im 70. und schließlich im 77. Jahr, wo der große Sabbatabend des Lebens beginnen mag. Das siebenmal siebte Jahr aber, das neunundvierzigste (beziehungsweise das fünfzigste), wäre das ganz große »Jubeljahr«, das »Halljahr« – wie Luther übersetzt.

Ich selbst besitze keinen Quadratmeter Land, wie wohl die meisten von uns heute, auch keinen Garten, jedoch ein paar Blumen- und Gewürzkästen auf dem Balkon. Deshalb ist »das Feld« meines Lebens meine leib-seelische Existenz, sie ist mein nächster Bezugspunkt zu diesem Text. Später werde ich ausführlicher darauf eingehen, was es heißen kann, den Text auf das Feld unseres je eigenen Lebens zu beziehen. Doch möchte ich diesen erregend konkreten Text aus dem 3. Moses-Buch nicht vorschnell auf das Heute übertragen, vor allem ihn nicht einfach spiritualisieren oder symbolisieren. Von meinem eigenen Bezugspunkt aus möchte ich gerade den ursprünglichen Bezugspunkt des Textes in Israel suchen und wahrnehmen: das Land, die Erde, die ihr Sabbatjahr braucht und bekommen soll wie der Mensch. Ich stelle den Text (3. Mose 25, 1-13) in einer eigenen Übersetzung vor, die aus einem Briefgespräch über den hebräischen Urtext mit einem befreundeten Theologen, Wilhelm Fuhrmann, Pastor in Bremerhaven und Bremen, entstanden ist:

1 *Und Gott redete zu Mose auf dem Berg Sinai und sprach:*

2 *Sage zu den Israeliten: Kommt ihr in das Land, das ich*
   euch geben will: Ruhe soll das Land dann haben, eine
   Ruhe für Gott.

3 *Sechs Jahre wirst du dein Feld besäen, sechs Jahre deinen*
   Weinberg
   beschneiden – und du sammelst ein, was sie einbringen.

4 *Und dann – im siebenten Jahr –*
   wird große Ruhe werden für das Land – Sabbat –
   eine Ruhe für Gott.
   Dein Feld besäst du dann nicht,
   und deinen Weinberg beschneidest du nicht.

5 *Was deiner Ernte noch nachwächst –*
   du erntest es nicht;
   und keine Traubenlese von dem, was du freigegeben
   hast –:
   Sabbatjahr wird sein für das Land!

6 *So ist euch der Sabbat des Landes*
   zur Speise geworden: dir und
   deinem Knecht und deiner Magd,
   deinem Lohnarbeiter und deinem Mitbewohner,
   die als Gäste bei dir einkehren.

7 *Auch für dein Vieh und alles,*
   was frei lebt in deinem Land,
   wird alles, was frei wächst, zum Essen dienen.

8 *Und nun zählst du für dich sieben solche Jahrsabbate ab:*
   siebenmal sieben Jahre:
   So sind für dich die Tage der sieben Jahrsabbate
   neunundvierzig Jahre geworden.

9 *Und dann läßt du das Lärmhorn erschallen,*

Schofar blasen im siebten Monat am zehnten Tag,
am Jom Kippur, dem Tage, wo alle Schuld bedeckt wird.

¹⁰ *Und so sondert ihr aus das Fünfzigjahr:*
Freilassung ruft ihr aus
im Land für all seine Bewohner.
Ein »Springjahr« wird es für euch –
da kommt ihr wieder zu dem, was euch gehört,
und jeder kommt mit seiner Familie wieder zusammen.

¹¹ *Ja, Springjahr wird für euch ein jedes Fünfzigjahr:*
Ihr überspringt das Säen,
und ihr erntet nicht, was in dem Jahr noch nachwächst,
und von den freigegebenen Stöcken haltet ihr keine
Traubenlese –

¹² *Denn dieses Springjahr wird immer wieder ein besonderes*
für euch sein:
Frei weg vom Feld werdet ihr essen, was es einbringt.

¹³ *In diesem Springjahr wird ein jeder wieder zu dem Seinen*
kommen.

Mit »Springjahr« habe ich »Schnat Jobel« übersetzt, denn Jobel meint wohl nichts anderes als »Widderhorn« oder »Widder«, dieses Frühlingstier, das unbekümmert und mit überschießenden Kräften über jeden Graben hinwegsetzt. Ein Widderjahr also ist es, dieses fünfzigste, in dem alle aufgerissenen Gräben übersprungen werden sollen, in dem ein jeder wieder zu dem Seinen kommt, in dem vor allem anderen das Land selber feiern und ausruhen soll.

Freigelassen werden soll es aus der Hand des Menschen. Zurückgegeben werden soll es in Gottes Hand. Es ist ein Jahr, in dem auch die Menschen freigestellt sind von der Plage ihrer Arbeit am Land, am Lebensunterhalt, freigestellt von der Sorge um ihre Existenz (sie nämlich ist ganz und gar geborgen im Sabbat Gottes, so setzte der Text voraus). Ein Jahr, in dem auch alle die Menschen, die in die Hände anderer Menschen gefallen sind – sei es durch Verschuldung oder Versklavung –, freizulassen sind, in dem alle Schulden gestrichen werden: Ein solches Jahr soll es sein.

Alles im Lauf der Jahre aus Not verkaufte, enteignete, verlorengegangene Land soll im fünfzigsten Jahr an die Familienverbände zurückgegeben werden, denen es ursprünglich zugeteilt worden war. So kämen alle Familien wieder zu eigenem Grund und Boden, zu einem Freiraum für ihre Existenz, an dem auch die verarmten und versprengten ihrer Glieder teilhaben könnten. Alle in fünfzig Jahren entstandenen Vermögens- und Besitzunterschiede, alle daraus entstandenen Abhängigkeitsverhältnisse werden rückgängig gemacht – bis sie wiederhergestellt ist, die freie Ebenbürtigkeit der Menschen vor Gott.

Mit gewaltiger Sprungkraft, wie ein Widder, setzt dieses Springjahr an, setzt über all die garstigen Gräben hinweg, die zwischen Menschen in fünfzig Jahren entstehen können, überspringt die Defizite von fünfzig Jahren.

Jesu erste Predigt knüpft an nichts anderes an als die Verheißungen dieses Befreiungsjahres, wenn er sagt: »Heute ist die Schrift erfüllt vor euren Ohren« (Lukas 4, 21). Der Text vom Jahr der Befreiung ist also ein Kernstück der Bibel, ein Text, auf den sich die Befreiungstheologie der lateinamerikanischen Länder und die der Frauen mit Recht berufen kann.

Dabei gehört unser Text der jüngsten Überlieferungsschicht der hebräischen Bibel an, er entstand erst in der Zeit von Israels babylonischem Exil in priesterlichen Kreisen. Zu einer Zeit also, als die Rückkehr ins eigene Land schon abzusehen war. Der Perserkönig Kyros nämlich war im Anrücken und verhieß all den ins babylonische Reich verschleppten Völkern die freie Heimkehr.

Daher trägt das Gesetz vom Springjahr viel mehr noch als das Sabbatjahr, das alle sieben Jahre fällig ist, von Anfang an utopische Züge: So soll es werden, wenn Israel in sein angestammtes Land zurückkehren darf. Eine Neuverteilung des Landes, ein Neuanfang für das ganze Volk soll möglich werden. Auch wenn das Spring-jahr nie realisiert worden wäre – wofür manches spricht –, es schenkte dem Volk Israel eine Vision.

Die »Gnade des Nullpunktes« – wie man das damals nannte – hatte Deutschland vor mehr als fünfzig Jahren; vielleicht auch noch einmal bei der Vereinigung mit den neuen Bundesländern. Doch hatte unser Volk beide Male keine Vision, keine Realutopie, wie sie Israel entwarf. Ein Volk ohne Vision aber ist in Gefahr, zugrunde zu gehen, wie es in den Sprüchen Salomons heißt. Was nützte uns damals die kreative Situation der Währungsreform, der Neuverteilung des Besitzes, als jeder Deutsche mit vierzig Mark neu begann, ohne eine wirkliche Vision von Gerechtigkeit?

Das Springjahr, das »Fünfzigjahr«, greift auf, was schon in der ältesten Überlieferungsschicht, im 9. bis 8. Jahrhundert vor Christus, als Sabbatjahr beschrieben ist (2. Mose 23, 10 ff.): Nicht erst im fünfzigsten, sondern schon im siebenten Jahr, alle sieben Jahre also, sollen Äcker, Weinberge und Olivenpflanzungen brach liegen dürfen. Der Ertrag soll den Armen und den Tieren überlassen bleiben. Zudem seien jede Israelitin und jeder Israelit, die in Schuld-knechtschaft oder Sklaverei geraten sind, unentgeltlich freizulas-sen. Dieses Sabbatjahr wurde wahrscheinlich individuell gezählt, nicht kollektiv. So belastete es nicht die gesamte Wirtschaft des Landes und konnte deshalb auch wirklich eingehalten werden. Außerdem gab es noch andere Erwerbsquellen als Ackerbau: Vieh-zucht zum Beispiel, Handel und Gewerbe.

Im Deuteronomium (5. Mose 15, 1-3) aus dem 7. Jahrhundert vor Christus kommt noch eine weitere Bestimmung hinzu: daß jedem Israeliten, jeder Israelitin, jedem Glied des Volkes also, die Schuld, die es bei einem anderen hat, zu erlassen ist. Dieses Sab-batjahr wird offiziell ausgerufen: Es ist zur gleichen Zeit im gan-zen Volke gültig. Es konnte etwas kosten, dieses Sabbatjahr einzu-halten. Und es wurde wirklich gehalten, vor allem in der Zeit nach dem Exil.

Da wissen wir zum Beispiel aus der Geschichte der Makka-
bäerkriege, daß die Festung Beth Zur aus dem Grunde fiel, weil es
das Jahr war, in dem man die Äcker ruhen lassen mußte. Die Vor-
räte waren ausgegangen, da man keine Ernte eingebracht hatte, so
mußte man sich schließlich den Belagerern ergeben.

Säen und Ernten, landwirtschaftliche Grundvorgänge, sollen
im Sabbatjahr nicht vollzogen werden. Ziel ist also nicht, wie beim
wöchentlichen Sabbat – was uns Heutigen noch eher einleuchten
würde –, die Ruhe und Erholung von Mensch und Tier, sondern
dem Land selber gilt der Sabbat! Es soll feiern.

Das Land braucht die Ruhe des siebenten Jahres: »Und wenn
ihr«, so steht es in dem Kapitel, das auf unseren Text folgt, »ihm
diese Ruhe nicht gewährt, so wird Gott euch aus dem Zusammenhang eures Landes, aus eurem Lebensraum, davonjagen. Dann
wird das Land endlich feiern dürfen.«

Auch wenn die Formel aus der Genesis »Macht euch die Erde
untertan« an der menschlichen Anmaßung, die Erde ausbeuten zu
dürfen, mitgewirkt hat, so wußte Israel doch immer um die Grenzen der von Gott gesetzten Ausbeutungsrechte des Menschen.
Auch das Land ist kein Sklave – es ist zumindest in einem bestimmten Rhythmus freizugeben in seine Ursprünglichkeit als der Garten Gottes. Auch wenn dies nicht ökologisch begründet Wal, sondern theologisch: Heute wissen wir, daß uns die Grenzen der
Ausbeutung spätestens dort gesetzt sind, wo die Erde unfähig wird,
sich zu regenerieren.

Man soll also das Land loslassen, freigeben, sich selbst überlassen. Man soll es teilnehmen lassen am Sabbat Gottes, an der
Bezogenheit auf Gott. Die ursprüngliche Schöpfungsordnung soll
wiederhergestellt werden: die Natur Mutter Erde – in ihrer
Ursprünglichkeit und Unabhängigkeit vom Menschen.

Daß die Erde des Herrn sei: Dieser Ausruf eines Psalmisten
drückte kein Besitz –, sondern ein Liebesverhältnis aus, eine Lie-

besbeziehung zwischen Himmel und Erde. Der Leib der Mutter Erde war den früheren Völkern heilig. Der Mensch wußte sich als Teil von ihr und fügte sich in ihre großen, übergreifenden Lebensrhythmen ein. In indianischen Stammeskulturen ist dieses Verhältnis zur Erde bis heute erhalten geblieben. Statt auf der Erde auf Zement gehen zu müssen, ist die schlimmste Strafe für traditionelle Indianer.

Die Sterbenden legt man vielerorts in Ostafrika auf die Erde – zum Befremden mancher europäischer Ärzte. Schon Franz von Assisi hielt es so. Auch für ihn ging es, als er sich beim Sterben nackt auf die Erde legen ließ, um die Heimkehr zu »unserer Schwester, der Mutter Erde«, wie er sie im Sonnengesang nennt. Und er spricht von unserer Heimkehr zu »Schwester Tod«, einem weiblichen Wesen also, der Schwester Erde verwandt.

Mit dem Ackerbau kam die Zeit, in der der Mensch den Boden beschädigte, indem er ihn aufriß. Damit vergriff er sich gewissermaßen auch an der Großen Mutter, die er gleichsam verletzte. Er griff nach ihrer Fruchtbarkeit und begab sich damit in die Gefahr, daß sie sich eines Tages an ihm rächte.

Daher gab es vermutlich in früheren Jahrtausenden nur bestimmte Tage des Mondumlaufs, an denen eine solche Arbeit erlaubt war, weil sich nur zu diesen Zeiten die Natur gegen einen Angriff dieser Art nicht zur Wehr setzte. In Stammeskulturen blieb diese Einstellung erhalten: Die Aborigines in Australien enthielten sich jedweden Ackerbaus, da es ihnen offenbar unvorstellbar war, den Leib der Mutter Erde zu verletzen. Und auf Samoa soll bis in unser Jahrhundert hinein die folgende Einteilung der Wochentage gegolten haben, aus der sich die äußerste Zurückhaltung bei der Landbearbeitung ablesen läßt:

Montag:	Tag der Ruhe
Dienstag:	Tag des Tanzes
Mittwoch:	Tag des Spiels

Donnerstag:	Tag der Arbeitsvorbereitung
Freitag:	Tag der Arbeit
Samstag:	Tag der Sonntagsvorbereitung
Sonntag:	Tag der Andacht.

Mit der Zeit werden, weil der Ackerbau es erfordert, die Tage der Arbeit vermehrt, das Verhältnis kehrt sich um: Nun gibt es bestimmte Tage, an denen am alten Tabu, die Erde zu verletzen, wirklich und unbedingt festgehalten werden muß. So entstand der Sabbat, den schon in den Jahrtausenden vor Mose einige Völker beachteten.

Bis heute ist der Sonntag kostbare Zeit der Liebe, für viele Paare der einzige Tag für Liebe: Denn Liebe braucht Ruhe, um zwischen Menschen aufkeimen, schwingen und sich entfalten zu können. In diesem Sinne ist Zeit nicht Geld: Zeit ist Liebe. Das Judentum, gerade in seinen mystischen Traditionen, weiß noch viel vom Sabbat als dem ursprünglichen Tag der Vereinigung zwischen Himmel und Erde. Friedrich Weinreb drückt es in dem *biblischen Kalender* auf seine Weise aus: »So heiligt der Mensch den Sabbat, so segnet er ihn, wenn er das Diesseitige (die Erde) mit dem Ewigen (dem Himmel) verbindet. Und das ist der Sabbat: die Freude des Erlebens des Ewigen hier, in dieser Welt, mit der Braut, mit dem Weiblichen, das heiligt.«

Die alten Tabutage wurden also von Israel übernommen, wurden Jahwe zugeordnet und damit neu geprägt. Gott schuf die Welt, wie die biblische Schöpfungsgeschichte sagt. Nun herrscht über die Erde nicht mehr die Große Mutter, die verehrungswürdige und furchterregende, nicht länger ist es sie, die Gras und Getreide sprossen läßt, sondern die Erde ist nunmehr ein Instrument Gottes, des Herrn, der sie erschuf.

Wir spüren: dieser Gott bricht das Tabu, das über dem Ackerbau, der menschlichen Arbeit an der Erde, lag; er bricht auch die

Angst vor der Rache von Mutter Erde. Neue Freiheiten schafft er, öffnet vor allem den neuen sozialen Entwicklungen unter den Menschen Tür und Tor. Doch entzieht er damit auch der ursprünglichen Ehrfurcht vor der großen Mutter Erde den Boden: Nicht mehr seine Geliebte ist sie, sondern Werkzeug, Werkstoff in der Hand des neuen Gottes, sein Besitz, den er dem Menschen zur Nutzung übergibt – wenn auch gewiß nicht zum Eigentum und auch nicht zur Ausbeutung.

Fortan gilt: »Die Erde ist des Herrn«. Hören wir das Befreiende daran: daß sie nicht einfach des Menschen ist, nicht einfach ihm gehört. Aber überhören wir nicht die Unterwerfung der Mutter Natur, die hier auch mitschwingt und in der Folge zur Ausbeutung der Erde durch den Menschen führte.

Heute müssen wir den Text auch gegen den Strich lesen, geht es für uns doch nicht mehr um weitere Emanzipation von der Natur, sondern darum, uns ihr wieder anzuschließen, Ehrfurcht vor ihr zurückzugewinnen. Hinter dem Sabbatjahr steht die alte Liebesgeschichte zwischen dem Herrn des Himmels und der Herrin der Erde, die es wiederzuentdecken und mitzuvollziehen gilt. – Auch dies hieße Sabbat feiern in unserer Zeit.

Um Rückkehr ins Ursprüngliche, zur Ruhe des Ursprungs vor jedem Tun, geht es an jedem Sabbat. Sabbat und Sabbatjahr stehen in so deutlicher Entsprechung zueinander, daß wir das eine nicht ohne das andere verstehen können: Um den Sabbat als innersten Kern legen sich in konzentrischen Kreisen die Sabbatjahre und schließlich das Springjahr; Lebensringe ein und derselben sozialen Utopie, ein und derselben religiösen Prophetie.

In der ältesten Formulierung im Buche Exodus (2. Mose 34, 21) steht geschrieben, daß selbst beim Pflügen und beim Ernten die wöchentliche Sabbatruhe einzuhalten sei: Es geht also um den Verzicht auf denkbare weitere Steigerungen von Leistung und Erträgen. Das ist die Erwartung des Gottes, dem wir das Land nach dem

Glauben Israels verdanken. Der Genuß der Gaben der Erde, das Gelingen des Säens und Erntens war eher von der Ruhe als von der menschlichen Anstrengung zu erwarten. Darin findet das sehr besondere Gottesverhältnis und Gottesverständnis Israels seinen Ausdruck.

Im später entstandenen Text aus dem Deuteronomium (5. Mose 15, 1-11) ist zudem ein regelmäßiger Schulderlaß mit dem Sabbatjahr verbunden. Dies zielt auf kurzfristige Darlehen statt einer langfristigen und letztlich auf Abhängigkeit zielenden Verschuldung. Typische Wirtschaftsprozesse der damaligen Zeit fingen meist harmlos mit der Geldleihe an und endeten in Landübernahme durch den Verleiher und in Versklavung durch den Lehnsherrn. Gesamtgesellschaftlich bewirkten sie starke soziale Gegensätze zwischen Aristokratie und entrechteter Masse. Gegen solche Wirtschaftsgesetze, die in unserem Verhältnis zu den Entwicklungsländern in den Grundzügen durchaus eine Entsprechung haben, setzt Israel seine eigenen Vorstellungen: »Was im älteren Israel das überraschend freigebige Loslassen des Landes ist, wird im Deuteronomium, in unserem Text, als Antwort auf die gestiegenen sozialen Gegensätze zum ebenso freigebigen Loslassen aller Außenstände.« (Frank Crüsemann)

Im Springjahr schließlich soll jede israelitische Familie wieder zu ihrem angestammten Landbesitz, ihrem Freiraum, kommen. Diese sozialreligiöse Utopie Israels hat, wir spüren es, je länger wir uns damit beschäftigen, etwas ungemein Aufrüttelndes, wenn wir an den Zustand unserer eigenen Gesellschaft, an den Zustand der heutigen Weltwirtschaft denken. Wenn wir als die Erben der Christenheit wieder in unser Eigenes kämen, zu unserem Ursprungszeugnis, der Bibel, zurückkehrten, dann gäbe es nichts anderes, als daß wir uns von sozialen Prophetien wie der Idee des Sabbatjahres, des Springjahres, inspirieren ließen, und zwar im Weltmaßstab, denn das Volk Gottes ist heute nicht mehr Israel allein.

Zur Lösung des Schuldenproblems der dritten Welt liegen bereits seit 1985 Vorschläge vor, den Ärmsten dieser Staaten ihre Schulden zu erlassen und den übrigen großzügige Rückzahlungsbedingungen zu gewähren. Die Wirtschaft der Industriestaaten könnte einen Teil dieser Schuldenlast auf sich nehmen (AFP 13.1.1985). Es fällt schwer, etwas gegen diese Vorschläge einzuwenden, auch wenn sie bedeuteten, daß wir den Gürtel enger schnallen müßten. Wir einzelnen sitzen nicht an den Schalthebeln solcher Entscheidungen, doch können wir uns auf persönliche Opfer einstellen und an der Meinungsbildung mitwirken, wo immer Gespräche über solche Fragen aufkommen.

Unsere eigene Not, die grassierende Arbeitslosigkeit, die beginnende Verarmung vieler Sozialhilfeempfänger steht zur Not der Entwicklungsländer noch immer in keinem Verhältnis. Dennoch: Es wäre an der Zeit, auch unter uns wieder großzügig zu leihen, zu teilen und Schulden zu streichen, wenn sie andere in unverhältnismäßige Abhängigkeit bringen.

Was wäre es für eine Revolution, wenn wir auch hier bei uns das Sabbatjahr oder das Springjahr einführten! Welch eine Vorstellung! Der überdüngte Boden, dem jährlich das Vielfache früherer Ernten abgepreßt wird, dürfte brach liegen, ausruhen, regenerieren. Die brachliegenden Äcker hatte ich in meiner Kindheit wegen ihres Reichtums an Blumen besonders gern. Vielleicht würden in dem einen Jahr auf den Feldern wieder der selten gewordene Mohn, die kaum mehr vorkommende Kornblume erscheinen. Vielleicht erholten sich auch die von den landwirtschaftlichen Abwässern chemisch verseuchten Bäche, Flüsse und Seen wieder, hörte das Fischsterben auf. Täglich erleben wir, wie der Rhein hier am Bodensee, wo ich wohne, in guter Qualität den See verläßt und in Köln und Düsseldorf in einem Zustand ankommt, der das Schwimmen nur im äußersten Notfall erlauben würde.

Und hier stocke ich schon: Äcker und Gewässer, sie können sich niemals nur dadurch erholen, daß die chemische Düngung der

Böden für ein Jahr ruhte. – Die gesamte chemische Industrie, viele andere Industriezweige, ja der Straßenverkehr in der bisherigen Form müßten ebenfalls für mindestens ein Jahr lang stilliegen, ein Sabbatjahr halten, bis das Wunder geschehen könnte, daß der saure Regen aufhörte und damit das Waldsterben, und daß es das wieder gäbe:

> »Allen Menschen Licht, Luft und Wasser,
> Essen und Trinken ohne Gift ...«
>
> (Reimar Lenz)

Ist das vorstellbar? Eigentlich nicht. Nicht die Erde, wohl aber unsere Industrie und der ohnedies überstrapazierte Arbeitsmarkt würden daran möglicherweise kollabieren.

Und doch: Ein einziges Sabbatjahr würde vielleicht genügen, um Feld und Wald, Luft und Wasser zu retten, würde zumindest eine erheblich gesteigerte Lebensqualität ermöglichen.

Das Sabbatjahr: Eine sozialpolitische, eine ökologische, eine spirituelle Utopie also, die einem den Atem verschlagen möchte, und die, wenn wir sie nur einen Augenblick in der Phantasie zu realisieren versuchen, bereits neuen Atem schöpfen läßt – ist sie wirklich unmöglich? Eine Utopie ist etwas, das noch keinen Ort hat, das aber, mit schöpferischer Energie geladen, einen Ort, einen Platz sucht in unserer kreativen Phantasie, in unserer realen Welt, in unserer sachkundigen Tatkraft und in unserem Mut zum Glauben.

Wir können nicht unsere ganze Wirtschaft ruhen lassen. Aber es gibt Möglichkeiten des Innehaltens, des Pausierens, des Loslassens, auf die wir aufmerken, die wir ausschöpfen könnten. Es gilt, die Lücken im System zu finden, in die wir etwas von der Ruhe des Sabbats einströmen lassen können. Ich erinnere an die Möglichkeit von »Sabbaticals«, die einigen Berufsgruppen geboten wird und die, weiter verbreitet, eine gerechtere Verteilung von Arbeit gewährleisten würde.

Da ich nicht als Wirtschaftswissenschaftlerin, sondern als Psychotherapeutin spreche, möchte ich den Text noch unter eine weitere und mir nähere Perspektive stellen: Wir können das Land, die Erde, von der unser Text spricht, auch als Symbol nehmen, für unseren Körper beispielsweise, für unsere leibhafte Existenz also, als Bild für das Feld unseres eigenen Lebens. Ganz ohne Sabbat, ohne Sabbatjahre liefen wir Gefahr, unseren Körper zu zerstören, Raubbau an ihm zu treiben, Raubbau aber auch an unseren schöpferischen Kräften, an unserem Geist, Raubbau vor allem an unserer Seele, an unserer Fähigkeit zu lieben, uns auf etwas zu beziehen, das uns transzendiert, auf unser Sein selbst. Ist unser Gehetztsein, unsere Geschäftigkeit andererseits nicht immer auch eine »Geschäftigkeit gegen den Tod« (Erich Fromm)?

Das erste, was unser Text in mir auslöste, war Sehnsucht nach Freiheit, nach »Selbstunterbrechung«, wie Fulbert Steffenski es nennt, Sehnsucht, all das, was mir geläufig ist, mich selbst, einmal loszulassen, brachliegen zu lassen, um Zeit zu gewinnen für das Wesentliche, für das, was dann von selbst wachsen würde.

Freunde, Bekannte von mir haben sich ein Sabbatjahr in dieser Weise gegönnt. Ein Freund hat seine psychotherapeutische Praxis in Frankfurt für ein Jahr ruhen lassen, um endlich zum Schreiben zu kommen, um einen Lebensfries zu gestalten aus den Gesichtern, die ihm in den letzten Jahren in den Frankfurter Straßen entgegengekommen waren. Dieser seit seiner Jugend gespürten Begabung zum Schreiben mußte er endlich nachkommen. Er lebte in diesen Monaten von Erspartem.

Eine Freundin, Ende Dreißig, deren Stelle in der Jugendarbeit wegrationalisiert worden war, lebte ein Jahr lang im wesentlichen von den Erträgen ihres Gartens, den sie mit Hingabe bebaute. Daneben ging sie Beeren, Pilze und Kräuter sammeln und lebte den Sommer über, wie sie es sich in den Zeiten sozialarbeiterischen Stresses immer gewünscht hatte, mehr oder weniger im Wald. Dabei bereitete sie sich mit viel Ruhe und Gelassenheit durch ein

Fernstudium auf einen Berufswechsel vor. Sie nahm sich Zeit für Freundschaften und Kontakte, malte und gestaltete. So empfand sie diese »verlorene Zeit« immer wieder zugleich als gewonnene und geschenkte Zeit in besonderem Sinne: als ihr Sabbatjahr.

Damit will ich eine Zeit der Arbeitslosigkeit keineswegs verharmlosen. Sie kann einen aushöhlen, wenn man dem Gefühl der Entwertung nachgibt. Sie kann einen natürlich auch mit der Frage konfrontieren: Was bin ich eigentlich, wenn ich »nichts« bin? Aber jener Freundin ist es gelungen, aus solch einer Phase erzwungener Arbeitslosigkeit, die eine Zeit innerer und äußerer Leere hätte sein können, erfüllte Zeit zu machen.

Ich will auch diejenigen meiner Bekannten nicht unerwähnt lassen, die sich freiwillig oder auch unfreiwillig, zum Beispiel nach dem Verlust ihrer Stelle, einige Monate oder Jahre nehmen, um sehr bewußt in die Stille zu gehen, an einen Ort der Meditation, wo sie einfach mitleben oder auch mitgestalten können. Andere wieder nutzen eine Zeit der Erwerbslosigkeit, um eine persönliche Analyse zu machen.

Eigentlich spricht unser Bibeltext von einem Rhythmus: Alle sieben Tage soll der Sabbat, alle sieben Jahre das Sabbatjahr stattfinden: alle siebenmal sieben Jahre schließlich das Springjahr, das Fünfzigjahr. Rhythmen des Innehaltens, des Atemholens sollten diese Jahre sein – für die Erde, für unseren Leib, für das konkrete Feld unseres Lebens.

Im siebenten Jahr, das für fast jedes Kind die Einschulung bringt, ginge es zuvor noch darum, es noch einmal tief und selbstvergessen in die Welt des Spiels eintauchen zu lassen, in die Welt der Kindheit, damit es sie einbringen könnte in die Schulzeit, in das gesamte Leben.

Das vierzehnte Jahr, die Zeit der Pubertät, gehörte eigentlich der Initiation, der Einführung der Mädchen und Jungen ins Erwachsenenleben, in den Umgang mit der sich entwickelnden Sexualität. Die Konfirmation allein »tut's freilich nicht« – sie könnte aber, recht verstanden, einige Elemente früherer Initiation einbeziehen.

Mit einundzwanzig wäre es vielleicht besser, sich nicht sofort in die Berufsausbildung oder ins Studium zu stürzen, sondern zunächst einmal hinauszufahren in die Welt – wie eine meiner Nichten, die mit griechischen Bauern Oliven erntete und weben lernte.

Viele halten inne vor dem Übergang ins dreißigste Jahr, das den Abschied vom Spiel der unbegrenzten Möglichkeiten bedeutet und eine Entscheidung für die Wirklichkeit, für das Lebbare, sei es eines Berufs, eines Lebensstils oder einer Beziehung.

Im fünfunddreißigsten Jahr, in der Mitte des tätigen Lebens, habe ich manch einen innehalten, ja aussteigen sehen: aus dem bisherigen Beruf, der bisherigen Partnerschaft, aus der bisherigen Einbindung in die Gesellschaft überhaupt. Ein Sabbatjahr in diesem Alter ist nichts Unstimmiges, gilt es doch abzuschließen mit den typischen Problemen der ersten dreißig Lebensjahre: mit der Ablösung von den Eltern und deren Erwartungen, mit der Unterscheidung der Elternbilder vom Partner, um ihn oder sie als die Menschen sehen und akzeptieren zu können, die sie wirklich sind. Ein eigener Mensch zu werden, authentisch zu leben: das ist die Aufgabe, die die Lebensmitte – die Carl Gustav Jung bei 35 ansetzt – unübersehbar stellt. Hält man doch in diesen Jahren sein eigenes Leben wie eine Waage in der Hand, zieht zum ersten Mal die Bilanz von dem, was man schon gelebt hat, und von dem, was man noch leben möchte. Die Endlichkeit des Lebens nämlich kommt nun in Sicht.

Ich erinnere mich an ein Paar, beide Mitte Dreißig, das beschloß, ein Sabbatjahr von seiner Beziehung zu nehmen: Beide wollten in diesem Jahr mehr zu sich selber finden und nach einer allzu engen symbiotischen Phase nun einander stärker zum Gegenüber werden. Im ersten Drittel dieses Freijahres wußte keines etwas Rechtes mit sich anzufangen, beide hingen sie durch – wie sie es ausdrückten –, so ungewohnt war dieses Auf-sichgestellt-sein außerhalb des eingespielten Rahmens ihrer Beziehung, so ungewohnt war für beide diese direkte Konfrontation mit sich selbst. Im zweiten Drittel fanden sie lang vergrabene Interessen und Neigungen wieder und verwickelten sich auch in den Versuch, sich auf neue Partnerschaften einzulassen. Im dritten Drittel des Jahres kam es schließlich zu einer überzeugten und um viele Erfahrungen reicheren Wiederannäherung der beiden Partner.

Gibt es eigentlich so etwas wie ein Springjahr auch im seelischen Bereich und im persönlichen Leben?

Ich habe mich ein wenig umgehört unter Menschen, die im fünfzigsten Jahr stehen oder es eben überschritten haben. Wie haben sie dieses Jahr erlebt?

Eine Sonderschullehrerin schreibt mir: »Ich hatte in diesem Jahr kein Bedürfnis nach einer Reise nach außen; es war ein Jahr mancher Reisen nach innen (der Bau eines Monochords gehört dazu). Im fünfzigsten Jahr habe ich den Zugang zu der für mich wichtigsten Erfahrung des Fastens finden können – erst ein Versuch alleine, dann mit einer Gruppe. Schon eine ganze Welle vorher hatte ich mir diese Erfahrung gewünscht, aber ich mußte warten, bis die Zeit dafür reif wurde – es brauchte das brach und ruhend liegende Land, das die Kräfte zu neuem Wachsen von ganz tief innen holt.«

In einem anderen Brief schreibt sie mir, nachdem sie einen Baum gemalt hat, dessen Wurzeln in große Tiefen reichen: »Als ich in den letzten Tagen manchmal versuchte, mich als Boden zu fühlen, erlebte ich das immer tiefere Hineingeraten nicht mehr als übertrieben, eher als ein Ahnen um Kräfte in der Tiefe, die bisher nicht erreicht werden konnte, also als berechtigtes Sehnen und Ausstrecken danach. An diese Kräfte kann ich nur herankommen, in diese Tiefe kann ich nur gehen, wenn nicht zugleich das bisher Erwartete (von mir und anderen als Ertrag Erwartete) sichtbar sein muß. Für diesen Weg in die Tiefe bedarf es eines ruhenden Bodens. Die Wurzelaugen an meinem Baum wollen ein Wachsein für die Kräfte in der Tiefe ausdrücken. Der Boden braucht die lange Ruhe, weil die Verwandlungsprozesse, die im Boden geschehen, ein Umsetzen, ein neues Zusammenwirken der Kräfte ... der Zeit bedürfen, sonst können sie einfach nicht geschehen. Diese Zeiten der Umwandlung im Boden (von außen nicht sichtbar, in ihren Auswirkungen noch nicht sichtbar) können nach außen hin unter Umständen das Bild eines unfruchtbaren Bodens abgeben; als wüchse nichts Neues mehr. Zur Unterbrechung des Ausgelaugtwerdens ist eine Ermutigung nötig, sich ein Sabbatjahr zu erlauben. Ich als Boden erlebe mich durchlässig, damit auch verletzlich, manchmal auch ausgeliefert: Aber diese Durchlässigkeit ist unumgänglich, damit sich Verwandlungen vollziehen können.«

Sehr konkret hat sich diese Frau in das hineinversetzt, was es heißen kann, sich selbst in seiner leib-seelischen Existenz als Boden, als Erde zu erleben, sich selbst eine Zeitlang brachliegen und ruhen zu lassen, Sabbat zu halten damit sich die Natur in uns erneuern kann.

Eine andere Frau, die im fünfzigsten Lebensjahr steht und bisher in der Entwicklungshilfe tätig war, erzählte mir in diesem Zusammenhang einen Traum, in dem sie mit Freundinnen und Freunden aus den unterschiedlichsten Phasen ihres Lebens zusammen feiert. Es handelt sich wohl um ihren 50. Geburtstag:

Da ist eine Flüchtlingsfamilie aus Guatemala dabei, einfache, sehr warmherzige Leute, die wohl für ihre jetzige Lebensphase stehen, in der sie in Mittelamerika tätig ist. Da ist ein alter Linker aus der 68er-Bewegung, der ihr immer durch seinen weiten politischen Horizont imponiert hat. Er vertritt eine sozialpolitisch engagierte Phase ihres Lebens, die sie nicht missen möchte. Zu der Tisch-

runde gehört aber auch ein feinsinniger, musisch-meditativ
empfindender Theologe, der ihr einmal viel bedeutet hat,
zu dem sie nun nach Jahren gerne wieder einmal Kontakt
aufnähme. Ihr leiblicher Bruder gehört dazu, der ihr oft
und gerne widerspricht und ihr doch auch in vielem
gleicht. Und schließlich findet sich, besonders überra-
schend, in dieser Runde auch eine feine, beseelte junge
Frau in einem hellen Kleid, von der sich die Träumerin
besonders angezogen fühlt, so daß sie auf sie zugeht und
mit ihr anstößt, um gemeinsam mit ihr den roten Wein
zu trinken, der an diesem Abend ausgeschenkt wird.

Diese junge Frau stellt die Überraschung des Abends, die Überraschung dieses Traumes dar, denn es ist eine Person, die es im
Leben der Träumerin bisher nicht gegeben hat. Sie ist eine echte
Traumfigur und damit eine innere Schwester der Träumerin selber, die deren tatkräftig und sozialpolitisch engagierte Art durch
eine zarte und nach innen gewendete Seite ergänzt. Sie ist jünger
als die Träumerin und damit gleichsam deren zukunftsträchtige,
die entwicklungsfähige Seite. Der Traum zeigt sehr anschaulich,
wie im Springjahr, zum fünfzigsten Geburtstag, alle Phasen und
Facetten eines auf vielen unterschiedlichen Ebenen gelebten
Lebens wieder zusammenkommen können, auch lange vernach-
lässigte oder abgeblockte Züge eines Lebens. So kann auf der psychischen Ebene das gleiche geschehen wie das, was das Springjahr
auf der physisch-materiellen verspricht: daß ein jeder wieder zu
dem Seinen kommt.

Auch verlorene Beziehungen, der Verlust eines Partners, ja der Tod
eines Kindes können für das lebendige innere Leben des Betroffenen wiedergewonnen werden: Wenn offene Trauer und Erinnerung
wieder zugelassen werden, wenn alle mit dem verlorenen Menschen zusammenhängenden Gefühle, der Schmerz und die Wut so

gut wie leidenschaftliche Zärtlichkeit, noch einmal durch uns durchströmen dürfen, bis wir spüren, daß unsere Liebesfähigkeit, die sich in jeder dieser Beziehungen entfaltet hat, unverlierbar zu uns gehört – bis wir wieder spüren, was die unzerstörbare Substanz jener Beziehungen war, auf die wir verzichten mußten.

Manche unter uns tragen eine nicht zugelassene, nicht durchgelebte Trauer in sich. Sie meinten damals, tapfer sein zu müssen, um sie überhaupt zu überstehen. Solch eine nicht durchlebte und durchfühlte Trauer aber legt sich wie ein Reif über das ganze Leben, läßt es nicht mehr blühen, läßt es nicht mehr fruchtbar werden.

Wenn wir aber die Spannung des Alltags, der Arbeit loslassen, wenn wir Ruhe haben, Ruhe geben: da kann es sein, daß die unterdrückten Gefühle aufbrechen. Bestandene Trauer hieße, daß wir die Essenz jeder wesentlichen Beziehung unseres Lebens unverlierbar wiedergewinnen und in uns tragen. Alle geliebten Menschen, die sich von uns getrennt haben oder uns durch den Tod genommen wurden: sie gehen – wenn wir zu unserer Liebe stehen unverlierbar in die Substanz unserer Seele, in die Erde unseres Herzens ein.

Ein Letztes: Auch eine blockierte oder abgerissene Beziehung zum Spirituellen kann wieder aufleben, wenn wir uns ein Sabbatjahr gönnen – oder auch nur die eine oder andere wirkliche Sabbatstunde. Denn es geht nicht nur um einen Sabbat im Blick auf das Heilende in unserem Leben. Schon das wäre viel. Es geht aber um einen Sabbat angesichts des Heiligen, das unser Leben umfängt und umgreift: es geht um die eine Beziehung, die uns selber heiligen würde. In keiner unserer Berufs- und Lebensrollen, in keiner unserer Aufgaben gehen wir völlig auf. Alle Gestalten, alle Gehäuse, die wir unserem Leben geben, überragen wir auch. Unsere Sehnsucht tastet über uns hinaus, nimmt Fühlung auf mit umfassenderen Kräften. Hier ist der Ort des Sabbats, des Sabbatjahres, des Springjahres schließlich. Ein Jahr des Gedenkens und der Befreiung soll es sein. Des Gedenkens an die Situationen auch, in denen uns eine Ahnung von Transzendenz, von der Nähe Gottes, schon einmal berührt hat.

Es war für mich nichts als das unbeschreiblich zarte Anheben eines Sommerwindes in dem Blätterwerk eines Waldes: Ich ging diesen Weg damals zum ersten Mal, hatte nach einer langen Zeit der Ratlosigkeit und Unentschlossenheit in jener Gegend eine schöne Arbeitsaufgabe gefunden, die mich zu erfüllen versprach. Ich entdeckte die Gegend, die Wege, es war früher Sommer, Wärme stieg auf, Duft von Blumen, von Baumknospen und Waldboden. Der Wald lag in geheimnisvoller Windstille. Dann kam dieser zarte Wind auf, wie ein Atemhauch, der alles belebt. Ich zog die Schuhe aus, ging auf einmal wie auf heiligem Boden, spürte den feuchten, elastischen Waldgrund, auf dem es sich so gut geht. Es war um die Pfingstzeit, und ich ahnte plötzlich, was das auch heißen könnte: Das Wehen des Geistes …

Ich will nicht verschweigen, daß ich Transzendenz auch schon viel früher und ganz anders erfuhr, in der bitteren Realität des Kriegsendes im Mai 1945: als ich, ein zehnjähriges Mädchen, zum ersten Mal einem amerikanischen Soldaten gegenüberstand, einem der Sieger, und nicht wußte, was geschehen würde, ob ich das überleben würde. Da wollte er mir zu meiner namenlosen Überraschung nicht etwas antun, sondern er wollte mir etwas schenken: eine Büchse Erdnüsse, die er mir fast verlegen entgegenstreckte. Ich zuckte zurück, noch hilfloser vor dieser Geste als vor einer Bedrohung, nahm die Erdnüsse nicht an, mit der Begründung: »… weil ihr noch unsere Feinde seid« – sah sein betroffenes, sein ehrlich trauriges Gesicht und ging weg.

Ich habe diese meine erste Begegnung mit einem »Feind« bis heute nicht vergessen. Sie brachte mein kindliches, von der Propaganda des Nationalsozialismus verzerrtes Freund-Feind-Schema gründlich durcheinander. Auch da brach etwas ein, was meinen damaligen Horizont transzendierte: Ahnung eines Friedens, der mehr wäre als Waffenstillstand.

Sabbat, Sabbatjahre feiern: von den Juden könnten wir es lernen, denn der Sabbat, die Idee des Sabbatjahres sind ihre großen Geschenke an uns alle.

Nirgendwo wurde die »Königin Sabbat« wohl froher und festlicher empfangen als im Ostjudentum, unter ärmlichsten Verhältnissen, wo die tägliche Arbeit, das tägliche Leben oft wirklich ein Geschundenwerden bedeutete. Da hören wir von einem Arbeiter in einer Fischverpackungsfabrik, dem Vater Marc Chagalls: Er war im allgemeinen nach der täglichen Arbeit so erschöpft, daß er über dem Abendessen einfach einschlief. Doch am Sabbat wurde dieser Vater zum Priester: »Vater ist ganz in Weiß«, schreibt Marc Chagall, »und einmal im Jahr, am großen Versöhnungstag, erscheint er mir wie der Prophet Elia.« Mit dem Gruß »Schabbat Schalom« wird der Sabbat noch heute eingeleitet. Ein weißes Tischtuch wird im ärmsten Haus ausgebreitet, die Sabbatkerzen werden entzündet, roter Wein wird ausgeschenkt. Der Segen wird gesprochen, aus Schrift und Haggada gelesen. »Nichts ergreift mich so sehr wie die Haggada, ihre Linien, ihre Bilder und der rote Wein in den vollen Gläsern«, so schreibt Chagall in seinen Jugenderinnerungen, »manchmal schien mir der Wein in Papas Glas noch viel roter. Er strahlte einen Widerschein von dunklem, königlichem Lila aus … «

Noch heute wird in Israel das Schabbat Schalom zur Begrüßung der Königin Sabbat an jedem Freitagabend angestimmt, wie es auch unsere Reiseleiterin tat, als wir in dem Bus vom Toten Meer herauffuhren und die Silhouette der Stadt Jerusalem im Abendlicht vor uns auftauchte. Noch heute kann ein ärmliches kleines Hotel zum Sabbat mit weißen Tischtüchern und Kerzen, mit Lesungen und Gesängen, mit rotem Wein in einen festlichen Ort verwandelt werden, so wie ich es mit jener Reisegruppe in einem Vorort von Jerusalem erlebte.

Und noch heute feiern die Christen den Sonntag, den Tag der Ruhe Gottes, und läuten ihn festlich ein. Mit der Ruhe Gottes am siebenten Tag wird zugleich das Anbrechen der neuen Schöpfung gefeiert und damit die Überwindbarkeit unserer Angst vor dem Tode.

Teilzuhaben an Gottes Ruhe und alles teilhaben zu lassen, was unser Leben trägt, die Erde zuerst: das wäre der Sinn des wiederkehrenden Sabbats, des Sabbatjahres. Es wäre auch der gottgemeinte Rhythmus unseres Lebens.

Rituale des Lebens[1]

Von der Würdigung der Übergänge

Lebensübergänge vor allem brauchen das Innehalten, brauchen ein Wissen darum, daß etwas zu verabschieden, zu betrauern ist, ehe das Neue angegangen und wirklich erreicht werden kann. Das zeigten uns schon im letzten Kapitel die Übergänge bei den verschiedenen Altersstufen. Die Zwischenphase, in der das Alte noch nicht ganz verlassen und das Neue noch nicht erreicht ist, gilt als die schwierigste Zeit.

Um solche Lebensübergänge – deren es viele gibt: auch bei Umzug, Berufswechsel, Krankheits- und Todesfällen bestehen zu können und der ihnen innewohnenden Chaotik ein Auffangbecken zu bieten, eine tragende Form zu geben, sind Rituale entstanden, oft mehr erwachsen als erschaffen.

Am unentbehrlichsten sind sie uns wohl bei Abschieden, bei Trennung und bei Trauer. Entlastend ist es, in seelisch aufwühlenden Situationen Gebärden, Symbole, auch geprägte Abläufe vorzufinden, wie sie zum Beispiel bei Beerdigungsriten bestehen, die wie Gefäße sind, seit Generationen im Gebrauch und geeignet, die chaotischen Gefühle aufzufangen. Manche Situationen allerdings sind so neu, daß sie auch neue Gestaltungen brauchen.

Wichtig erscheint mir vor allem die Fähigkeit zur Wachheit, zur Geistesgegenwart und zur Präsenz in den großen Stunden unseres Lebens, die Fähigkeit, sie wahrzunehmen als das, was sie sind: Brennpunkte intensiver Lebendigkeit, bei denen wir die Chance haben, uns zu wandeln. Entscheidend erscheint mir, daß wir wieder lernen, in Schicksalsstunden, in Schicksalswenden wach zu sein für das, was geschieht, und für das, was sie für uns bedeuten. Es gilt, die Übergangszeiten geistesgegenwärtig als das zu erkennen, was sie sind, und sie als mögliche Lebenswenden zu würdigen. Dazu sind bewußt begangene Rituale gut und wichtig.

Es ist überraschend zu entdecken, daß unsere Psyche solche Gebärden, Worte und Symbole zu kennen scheint, archaische Formen gleichsam, die in der entsprechenden Situation wie aus der Tiefe der Seele auftauchen – manchmal sogar aus Träumen – und uns die Gestaltungselemente zur Verfügung stellen, die auch der neuen Lage gerecht werden können. Sowohl alten wie auch neuen Ritualen, ihrem Sinn und ihrer Funktion für unser Leben will ich in diesem Kapitel nachgehen.

Das breite Interesse, Ja die Faszination, die vor zwanzig Jahren der Wiederentdeckung der Träume, Mythen und Märchen und ihrer Symbole galt, gilt heute der Wiederentdeckung des Rituals. Es geht dabei, so meine ich, um die Verleiblichung, um die Konkretisierung der Symbole.

Der Vorgang ist verblüffend: Noch vor zehn Jahren versuchte man, jedenfalls in Deutschland, alles Rituelle und Ritualisierte abzustreifen zugunsten von Spontanem, Unfeierlichem, Saloppem. Ritualisiertes galt als steif, hohl, muffig, ja verlogen. Ich erinnere mich an die Tafel, die »antiautoritäre« Studenten damals in Hamburg einem festlich gekleideten Professorenzug, der zu einer Ehrung schritt, vorantrugen: »Und unter den Talaren der Muff von tausend Jahren!«

In den Kirchen, jedenfalls in den protestantischen, legten viele Pfarrer und Pfarrerinnen den Talar ab und suchten freiere, natürlichere und alltagsnahe Formen des Auftretens, der Sprache und der Gestaltung kirchlicher Feiern wie Taufe und Hochzeit. Heute suchen oft gerade junge Leute betont die feierliche, die traditionsgebundene Form. Was ist da vorgegangen, was geht da vor?

Brauch, Wahrheit und Recht

Bevor ich darauf eine Antwort versuchen kann, muß ich mich fragen: Was ist das eigentlich, ein Ritual?

Das lateinische Wort »ritus« bedeutet Brauch und hängt mit dem indischen Wort »rta«, das Wahrheit und Recht bedeutet, zusammen. Wahrheit und Recht also drücken sich in einem Brauch, einem Ritus aus – sollen sich in ihm ausdrücken. »Würdig und recht, billig und heilsam ist's … «, so beginnt bis heute die Abendmahlsliturgie.

Ursprünglich galt als Ritual ein komplexer Vorgang innerhalb eines Kultes, der sich aus mehreren Riten: Gebärden und einfachen Symbolhandlungen, zum Beispiel beim Eingießen und Segnen von Wasser, zusammensetzte. In den Religionen der Stammeskulturen erhält der äußere Lebensablauf durch den zeremoniellen, symbolträchtigen Ritus einen Sinnbezug. Sobald das Leben unter dem Aspekt der Auseinandersetzung mit den numinosen, den unbegreifbaren göttlichen Mächten erfahren wird und die Verbindung mittels konkreter Handlungen geschieht, kann alles zum Ritual werden: Saat und Ernte, Fest und Spiel, auch die Rechtsprechung.

In den Phasen jahreszeitlicher und lebensgeschichtlicher Übergänge (Neujahr, Sonnwende, Mondwechsel beziehungsweise Initiation, Hochzeit, Beerdigung etc.) häufen sich die Riten. Schon um 1909 prägte der französische Ethnologe van Gennep den Terminus »rite de passage«; im Deutschen wird er mit »Übergangsritus« oder auch »Durchgangsritus« wiedergegeben. Damit bezeichnete van Gennep die zahlreichen Gebräuche rund um die großen Übergänge, die quer durch die Völker und Kulturen strukturelle Gemeinsamkeiten aufweisen. Es geht dabei fast immer um ein dreiphasiges Geschehen: zunächst um einen radikalen Abschied vom Bisherigen, die Abschieds- oder Trennungsphase. Sodann um eine schwierige Zwischen- oder Schwellenphase, in der der Mensch weder Fisch noch Fleisch ist, dem Alten nicht mehr, dem Neuen noch nicht zugehört – eine gefährliche Phase –, und letztlich um den Neubeginn, die Angliederungs- oder Integrationsphase.

In archaischen Gesellschaften herrscht die Vorstellung, daß eine Lebensphase nur dadurch beendet werden kann, daß sie ausdrücklich aufgehoben wird. Das ist etwas, das uns ganz fremd geworden ist. Wir schleppen oft noch lange mit, was vergangen ist, und kommen dadurch nicht ins Neue. Dieses Übergehen der Lebensübergänge schadet uns.

Ein Kind muß zum Beispiel in archaischen Gesellschaften zuerst der Kindheit und der Mutter absterben, ehe es in die Welt der Erwachsenen aufgenommen werden kann. So wie auch ein Sterbender sich ganz von der Welt des Diesseits verabschiedet und von den Seinigen verabschiedet werden muß, ehe er in die Welt der Jenseitigen, der Ahnen, hinübergelangen kann. Im alten Tibet hat man vierzig Tage lang den Verstorbenen mit rituellen Gebeten begleitet, um ihm zu helfen, hinüberzukommen. Zugleich half man damit natürlich der eigenen Seele, sich abzulösen. Diese vierzig Tage hat man bis hinein in katholische Gedächtnisriten bewahrt.

Die Mädchen und die Jungen wurden in der Pubertätszeit den Eltern ganz konkret für eine Zeitlang weggenommen und in einen Waldbereich oder eine Bergeinsamkeit gebracht – die Eltern sollten die Kinder quasi als gestorben betrachten –, wo sie von den Ältesten ihrer Stämme initiiert wurden in das Mannsein, das Frausein, in deren Sitten und Gebräuche, oft verbunden mit harten Pro-

ben. Die Jungen Sioux-Indianer wurden zum Beispiel auf die sogenannte »Visions-Quest« in die Einsamkeit geschickt, bis ihnen ein
Traum oder eine Vision zeigte, was ihre Berufung sein könnte, ein
Ritus, der heute von amerikanischen Pädagogen und Psychologen
– und auch einigen europäischen – wieder aufgenommen wird. Die
»Visionssuche« wird wieder geübt, sowohl mit Jungen als auch mit
älteren Menschen.

So erfaßten Stammeskulturen das Leben als einen Prozeß von
ständigen Todes- und Geburtsübergängen und transformierten
diese in Gestalt von symbolischen Handlungen, die eigentlich
»Sterbehilfe und Hebammendienst in einem« (Irmtraud Schäfer)
sind. Tod und Leben wurden nicht auseinandergerissen wie bei uns,
sondern als archetypische Verschränkung im Bild einer Doppel-
spirale erfaßt, die auch das Symbol für diese Übergänge war. Leben
und Tod das eine bedingte das andere, so wie Ein- und Ausatmen
einander bedingen.

Initiationshunger und Heimweh

Den Passage-Riten liegt die Auffassung zugrunde, daß Menschen
jeweils die Stadien des Todes durchlaufen müssen, um in neuer
Gestalt wiedergeboren werden zu können. Da es bei uns solche
Initiationen als bewußtes Hineingehen in Erfahrungen von
Abschied und Ende weitgehend nur noch im Untergrund, in den
Subkulturen gibt (abgesehen von bewußt erlebten Krankheits- und
Sterbeerlebnissen), zeigt sich bei uns ein ungeheurer »Initiations-
hunger«, der oft tragisch mißverstanden und konkret ausagiert
wird, gerade unter jugendlichen. Ich denke zum Beispiel an die
unbewußte Todessehnsucht, die sich im Drogenmißbrauch äußert
oder auch in Ritualen, die den Freitod direkt als Kult-Event feiern.
Das sind extreme Formen, aber dahinter steht der Wunsch nach

Sterben im Sinn von Wandlung und Wiedergeburt. Nur schlimm, daß man dann nicht mehr zurück kann.

Gemeinsames Ziel der Passage-Riten war früher die Sicherung des Übergangs einer Person in neuen Lebensabschnitt, verbunden mit der Vorstellung von Reinigung und Wandlung. Dazu bedurfte es eines autorisierten Begleiters – Übergangsriten wurden niemals alleine unternommen – und schließlich der Anteilnahme und Beteiligung des gesamten Stammes, der gesamten Gruppe.

Die verschiedenen Stadien der Übergangsriten zeigen überall eine Ähnlichkeit: Sie beginnen mit der Absonderung der Kandidaten und Kandidatinnen dorthin, wo harte Proben, bis hin zu körperlichen Manipulationen wie Beschneidung und Bemalung ihrer warten. Rituell dargestellt und durchlaufen wurde in der Schwellenphase auch der symbolische Kampf zwischen den Mächten des Lebens und den Mächten des Todes. Schließlich erfolgte die Rückkehr in die Gemeinschaft durch die Feier eines großen Festes mit neuer Einkleidung, verbunden mit Salbung, mit der Verleihung eines neuen Namens. Kleine Reste solcher Feste finden wir noch in Firmung, Konfirmation, Priesterweihe und Ordination. Diese lebenslange Folge von Schwellenüberschreitungen sollte auf den gefährlichsten und feierlichsten aller Übergänge vorbereiten: auf das Sterben.

Der Begriff des Rituals, ursprünglich Ausdruck einer mehrgliedrigen Kulthandlung, die in einer religiösen Tradition verankert ist, wie zum Beispiel in der Meßfeier, ist heute neu geprägt, umgeprägt worden. Er wird umgangssprachlich verwendet für alle Arten symbolischer Handlungen, auch für neu gestaltete, die keine Tradition hinter sich haben, es sei denn die der allgegenwärtigen Archetypik der menschlichen Seele mit ihren Bildern. Sowohl ganz einfache symbolische Gebärden und Gebärdenfolgen wie auch die großen symbolischen Handlungsvollzüge werden heute Ritual genannt. Der Begriff ist dadurch aktualisiert worden, ist dabei aber auch um seine frühere Trennschärfe gekommen. Das müssen wir bedenken.

Auch ich gebrauche das Wort Ritual hier in der heutigen umgangssprachlichen Form.

Die Wiederentdeckung der Rituale hängt gewiß zusammen mit einer Art von Heimweh, das sich zusammensetzt aus:

- Heimweh nach Struktur in einer Zeit, die immer mehr chaotische Umbrüche nach sich zieht;
- Heimweh nach Tradition in einer Zeit zunehmenden Traditionsverfalls;
- Heimweh nach den großen Symbolen der Seele, nach ihrer Verleiblichung vor allem, angesichts einer immer abstrakter und nur noch mittelbar (z. B. durch Medien) erfahrbaren Welt;
- Heimweh nach Wiederbeseelung des Lebens, nach Sinnerfahrung, und schließlich
- Heimweh nach der Kindheit.

Rituale für Kinder

Wo fangen die Rituale in unserem Leben eigentlich an? Ist es schon beim Gestilltwerden des Säuglings, zu dem die typischen Gebärden des Haltens, des Streichelns, des liebevollen Murmelns von seiten der Mutter gehören, das Gehalten- und Getragenwerden, das Beklopfen des Rückens, damit er alles gut verdauen kann? Dieser Übergang vom unlustvollen Bedürftigsein zum lustvollen Sattsein, das mit Getröstetwerden und tiefem Geborgenheitsgefühl verbunden ist, könnte die erste Erfahrung von Ritualen beim Kinde sein. Stillen wird ja oft bei den etwas älteren Kindern direkt zur Tröstung verwendet. Ist das aber wirklich schon ein Ritual?

Oder könnten eher die ersten Tröstungen als Rituale betrachtet werden, die das Kind erfährt, wenn es sich gestoßen hat, hingefallen ist, wenn es einen großen Schmerz, eine Enttäuschung erfahren hat und bitterlich weint und dann aufgehoben, gestreichelt wird, beruhigende Worte bekommt, einen Schnuller vielleicht, ein Lieblingsspielzeug; vielleicht wird ihm auch ein tröstendes Lied gesungen.

Jedenfalls braucht und bekommt das Kind normalerweise Zuwendung, wenn es einen kleineren oder größeren Schmerz erfahren hat. Es braucht und bekommt vertraute Gebärden, Worte, Lieder, ein kleines Trost- oder Übergangsobjekt für Leib und Seele, bis es wieder im Gleichgewicht ist. Und dies geschieht immer wieder, wenn Schmerz entsteht, so daß das Kind das kleine Trostritual auch erwartet und erwarten darf. Wiederholung nämlich und Wiederholbarkeit machen aus einmaliger Tröstung ein Trostritual. Jedes Ritual sei eigentlich die »Rekapitulation eines frühen sakralen Geschehens«, wie Lurker betont, sei Imitation, diene dem Gedächtnis.

Wo erfahren wir diese kleinen Rituale noch als Kind? Ist es nicht immer an Übergängen? Fast überall, wo Kinder leben, selbst in Kinderheimen, gibt es Gute-Nacht-Rituale. Der Übergang vom Tag zur Nacht ist für das Kind noch ein wenig geheimnisvoll und angstbesetzt, und es braucht häufig einen kleinen Trost. Da gibt es das Am-Bett-Sitzen der Mutter, manchmal auch des Vaters oder anderer naher Bezugspersonen, das kleine Gespräch über den Tag, den Rückblick auf das, was gewesen ist, das Lied, das Gebet, den Gutenachtkuß. Unvergeßlich ist mir, wie eine Freundin, Pflegemutter zweier Kinder, sich aus der wichtigsten Tätigkeit, der entscheidenden Gesprächsrunde oder Sitzung, pünktlich erheben und weggehen konnte mit den Worten, die keinen Widerspruch duldeten: »Jetzt muß ich meine Kinder aber versingen und verbeten!«

Wie wichtig sind Versöhnungsrituale bei Kindern: der Handschlag, die Umarmung, der Versöhnungskuß, die selbstgepflückten, zerdrückten Blümchen, die ein kleiner Kerl seiner Mutter, die er verärgert hat, mitbringt. Oder, wenn einer seiner Mutter, die ihn so sehr verärgert hat, großmütig zur Versöhnung sagen kann: »Nur gut, daß ich innendrin noch dein Freund bin!« Die Geste, das Wort, das kleine Versöhnungsgeschenk, ja Opfer, sind wichtig, um zu bekräftigen, daß alles wieder gut ist. Es war seine erste Nachkriegsschokolade, die mein kleiner Bruder seiner Mutter abends zur Versöhnung ins Bett legte – wo sie sie ahnungslos gänzlich zerdrückte.

Wie ähnlich sind doch diese frei gefundenen Opfer- und Versöhnungsrituale – unter Kindern oder von Kindern zu Eltern – jenen, die alte Völker ihren Göttern brachten! Es ist da eine Archetypik, ein Muster in unserer Seele, die die Rituale wieder erstehen läßt, auch wenn wir sie alle vergessen hätten. So gab es in alten Kulturen die versöhnenden Handlungen, die Gelübde gegenüber Göttern, damit diese den Menschen wieder Huld gewährten. Es war sehr wichtig für den Gang des Lebens, daß die Menschen das Gefühl haben konnten, daß die Dinge nun wieder stimmten, daß alles wieder gut war.

Begrüßung und Abschied sind ebenfalls Ursprungsort und weites Feld für Rituale. Das kleine dreijährige Mädchen, das seinem Vater jeweils die Treppe hinunter entgegenrutscht, wenn es nur das Auto kommen hört, und ihm dann, die letzten Stufen überspringend, in die Arme fliegt: es hat sein eigenes Begrüßungsritual gefunden. Das Entgegenspringen gehört dazu, die Umarmung, der Kuß. Zu den Begrüßungsritualen gehören auch der Händedruck, das Sich-Anschauen, die Begrüßungsworte auf die Frage »Wie geht es? Wo kommst du gerade her?«.

Abschiedsrituale

Ja, es gibt noch katholische Eltern, die ihren Kindern vor einer großen Reise ein segnendes Kreuz auf die Stirn zeichnen. Selbst wenn diese Geste nur noch halb verstanden wird, es wird mit Rührung davon berichtet. Glückliche Kinder im Grunde, die spüren, daß sie unter einen höheren Schutz gestellt sind, die spüren, was sie ihren Eltern bedeuten und vielleicht gerade deshalb auf sich selber aufpassen! Zum Abschied gehört die Gebärde, die Umarmung, der Kuß, vielleicht die Träne, gewiß aber das Winken. Zum Abschied gehören Worte, gute Wünsche: »Leb wohl, auf Wiedersehen«. Auch Erinnerung und Dank gehören dazu: »Schön war es bei dir, dein Barschfilet mit Mandeln war einzigartig!«

Das sind die Alltagsabschiede. Schon sie brauchen und haben ihr Ritual. Erst recht benötigen es die großen Abschiede: der Auszug aus dem Elternhaus, der Abschluß der Schulzeit. Fast immer gibt es da ein Übergangsfest, voll von Erinnerung, von Übermut und Wehmut. Manchmal ist der Auszug auch ein Ausbruch – voll Wut und Protest, weil Schulzeit oder gar Elternhaus unerträglich erschienen. Auch wenn es da offensichtlich einer gewaltsamen Abstoßung bedarf: etwas hängt nach, wenn das Abschiedsritual übersprungen wurde, und bedarf eines späteren Versöhnungsrituals. Das ist immer so, wenn ein Ritual übersprungen wird: dann muß es nachgeholt werden.

Das übersprungene Abschiedsritual bei den Eltern wird oft um so bewußter durch ein Einzugsritual mit Gleichaltrigen ersetzt, ein Einzugsfest im eigenen Zimmer, in der eigenen Wohnung. Wohnungsumzugsrituale überhaupt: Wie nötig sind sie! Wie kann uns ein Umzug erschüttern, selbst wenn er in der eigenen Stadt geschieht! Erst recht lösen unfreiwillige Umzüge, bedingt durch die heute so häufigen Stellenverluste, große Erschütterung und Hilflosigkeit aus; am bittersten vielleicht ist der Übergang ins Altersheim. Da sollten nicht nur die nächsten Verwandten, da sollten die Freunde mitmachen, der ganze Freundeskreis, um ein tragendes Netz zu gestalten, das wir brauchen, gerade bei schwierigen Übergängen.

Abschiedsrituale werden von Kindern oft sehr dringlich gebraucht und auch selbst gefunden, wenn zum Beispiel ein geliebtes Tier stirbt, das oft draußen im Garten beerdigt wird. Die Kinder sind sehr darauf bedacht, dem Begräbnis eine symbolische Gestaltung zu geben. Häufig wird sogar ein Kreuz aus Ästen darauf gestellt, dazu Blumen, es wird etwas gesagt, oft etwas gesungen. Danach braucht es etwas zum Trost, zum Beispiel Kakao oder Kuchen, und es wird ganz viel von dem verstorbenen Tierfreund gesprochen, bis man wieder lachen muß. Wie von selbst bildet sich da ein Trauerritual heraus, das in den entscheidenden Elementen mit den Trauerritualen der Erwachsenen eng verwandt ist. Es entsteht aus der Seele.

Um so dringlicher ist das Bedürfnis nach Ritualen, wenn den Kindern wirklich ein naher Mensch stirbt, Großmutter oder Großvater vielleicht, ein Geschwisterkind, auch ein Freund aus der Schule. Es ist ein arger Fehler, wenn dieses psychische Bedürfnis der Kinder nach einem Ritual nicht beachtet wird, weil ihnen die Teilnahme an der Beerdigung erspart werden soll. Die Beerdigung hat ein hartes Element, wenn der Sarg hinuntergelassen wird. Das erschüttert auch uns Erwachsene. Manchmal wollen wir den Kindern diesen Anblick ersparen, aber es hängt ihnen nach, wenn sie nicht dabei waren. Sie können das Nicht-mehr-da-Sein des verstorbenen Menschen noch weniger verkraften, wenn ihnen das zugehörige Abschiedsritual fehlt.

Eindringlich weiß eine dreißigjährige Freundin davon zu berichten, die man, damals sechsjährig, zur Beerdigung ihrer Mutter nach deren Krebstod nicht mitnahm. Und eine Sechzigjährige gar kommt kaum darüber hinweg, daß ihr jüdischer Großvater in der NS-Zeit einfach abgeholt wurde und umkam, ohne daß sie Abschied nehmen, ohne daß sie je sein Grab besuchen konnte. Sie geht heute öfter zu Beerdigungen, als sie müßte, und begleitet auch fremde Menschen auf ihrem Weg in den Tod. Sie braucht das.

Rituale sind lebensnotwendig, nicht nur bei Todesfällen. Bei diesen wissen wir noch, trotz aller Hilflosigkeit, daß ein Trauerritual gestaltet werden muß. Lebensnotwendig sind Rituale auch bei Trennung, zum Beispiel bei Scheidung. Wie selten sind die Paare, die bei der Trennung sich noch einmal zusammensetzen, um ein Abschiedsritual zu vollziehen! Da gäbe es die Möglichkeit, noch einmal gemeinsam zu essen, sich im Gespräch zu erinnern, auch an die guten Zeiten miteinander, einander auch zu danken und persönliche Dinge liebevoll zurückzugeben, sich schließlich Lebewohl zu sagen, nicht ohne eine Umarmung. Manche versöhnen sich beim Abschied, auch wenn dadurch die Trennung nicht aufgehoben wird, aber sie verzeihen einander. Einmal soll sogar gesagt worden sein: »Wenn es uns gar nicht gefällt, geschieden zu sein, dann können wir ja auch wieder aufeinander zugehen.« Bleibt das Abschiedsritual bei sich Scheidenden aus, so kommen beide um so schwerer über die Schwelle zu einem neuen Leben. Oft schreiben sie sich nach Jahr und Tag noch einen Abschiedsbrief, der auch Erinnerung und Dank enthält. Manche treffen sich irgendwann im Leben wieder, um den Abschied nachzuholen, der einfach notwendig ist.

Manchmal bedarf es auch eines Rituals, um die endgültige Trennung von einer unklaren, ambivalenten, das Leben behindernden Beziehung zu vollziehen. Susanne zum Beispiel ist schwanger von Paul, beide freuen sich sehr auf das Kind, das erst jetzt in ihre zehnjährige Ehe kommt. Da spürt sie, daß das weitere Aufrechterhalten einer romantisch-abenteuerlichen Außenbeziehung, die ihr bisher manches bedeutet hat, die innere Einstellung auf ihr Kind und auch die neu intensivierte Beziehung zu ihrem Mann ernstlich beeinträchtigt und ihre Gefühle aufzuspalten droht. So kommt sie auf die Idee, nun mit einer befreundeten Frau zusammen die Briefe jenes Freundes zu verbrennen, und zwar ganz bewußt. Nicht um die damit verbundenen Gefühle einfach zu vernichten, sondern um sie diesem Wandlungselement Feuer anheimzugeben. Sie braucht eine Zeugin, die Freundin, sonst ist es für sie kein Ritual. Es ist für sie keine Frage, daß sie daraufhin auch die langjährige Beziehung in einem guten Abschied zu lösen versucht.

Birgit, die ihren Mann vor nunmehr fünfzig Jahren im Krieg verloren hat – er wurde als vermißt gemeldet –, beschloß in ihren Siebziger Jahren, den Briefwechsel mit ihm zu verbrennen. Wir Freundinnen waren zunächst ganz erschrocken. Aber sie überzeugte uns, sie brauche das, um sich endlich von der illusorischen Hoffnung ablösen zu können, er komme wieder, von einer vielleicht falsch verstandenen Treue, die ihre Beziehungsfähigkeit möglicherweise ein Leben lang blockiert habe. Birgit plant nicht, jetzt, mit siebzig Jahren, eine neue Beziehung anzubahnen, sondern es geht ihr ebenfalls um die Wandlung der in diesem Briefwechsel gebundenen Gefühle, um die Befreiung zurückgehaltener Lebensenergie.

Besonders wichtig sind für unsere Seele nach meiner Erfahrung Rituale für ein vor der Geburt verlorenes Kind. Ob es in den frühen Monaten von selbst abgegangen oder ob es abgetrieben worden ist: Eine Kerze anzuzünden, mit dem Kind zu sprechen, ihm vielleicht einen Brief zu schreiben, das hilft der eigenen Seele, es innerlich wiederzugewinnen und ihm einen Platz zu geben. Selbst Frauen, bei denen der Verlust lange zurückliegt und die aus überzeugenden Gründen dazu stehen können, daß sie dieses Kind in der damaligen Lebenssituation nicht aufnehmen konnten, gibt es Seelenfrieden, dieses Kind innerlich wieder anzusprechen und damit heimzuholen.

Rituale für Paare

Rituale sind Handlungen, die regelmäßig in immer gleicher Form wiederholt werden. »Es muß feste Bräuche geben«, sagt bei Saint-Exupéry jener Fuchs, der eine behutsame Beziehung zum »Kleinen Prinzen« aufbaute, durch alle Scheu hindurch.

Der Partnerin am Morgen Tee ans Bett zu bringen, jedenfalls einmal wöchentlich, kann solch ein Ritual sein, oder die allabendliche Stunde des Plauderns ohne Kinder, vielleicht auch ohne Fernsehen.

Ein Psychologenteam hat herausgefunden, daß Paare, die nach zehn Ehejahren noch verheiratet sind, besonders viele Rituale miteinander pflegen, sprich: den Alltag zelebrieren und ihn damit als wertvoll und verbindend werten. Diejenigen, die sich nach über zehn Jahren Ehe scheiden liessen, hatten wenige gemeinsame Rituale gehabt. Es mangelte ihnen an solchen Glanzpunkten im Alltag. Die Kraft des Rituals liegt nach dieser Studie darin, daß es die Intensität und den Zusammenhalt der Beziehung stärkt, indem sich beide Partner besondere Aufmerksamkeit schenken, indem sie der Routine des Alltags immer wieder durch ein Ritual eine romantische Note abgewinnen, etwa durch das regelmäßige gemütliche Sonntagsfrühstück im Bett. Wer Rituale kultiviert, wertet den Alltag auf und gibt sich und seiner Partnerschaft damit einen neuen Stellenwert. Das Psychologenteam unterschied vier Arten von Alltagsritualen:

- Verbindende Rituale, zu denen bestimmte Gebärden gehören;
- bodenständige Rituale wie das gemeinsame Sporttreiben und Wandern;
- saisonale Rituale, zu denen die gemeinsame Geburtstagsfeier, die Feier von Ostern, Silvester oder des Hochzeitstags gehören;
- Freizeitrituale schließlich spielen eine wichtige Rolle: die gemeinsamen Reisevorbereitungen und schließlich das gemeinsame Reisen; das Besuchen von sportlichen oder kulturellen Veranstaltungen.

Nicht alle Rituale tun gut. Es gibt exzessive oder auch auferlegte Rituale. So hat ein Ehepaar versucht, bei gewünschtem Sexualverkehr bereits mittags ein Lämpchen anzuzünden. Sie hatten eine Weile Spaß daran, dann aber wurde es zum Krampf. Auch Rituale, die der Bequemlichkeit entspringen, aber im Grunde ausgeleiert sind, tun nicht mehr gut. Wir können überlegen, welche Rituale unserer Beziehung guttun, welche vielleicht langweilig geworden sind, und können die abgedroschenen und zur Routine gewordenen aus dem Programm werfen. Dafür gibt es die Möglichkeit, Neues auszuprobieren, am besten gleich gemeinsam mit dem Partner.

Rituale im Tageskreis

Rituale begleiteten früher und begleiten heute den Tages-, den Jahres- und den Lebenskreis.

Es gibt im Tageskreis Morgen-, Mittags- und Abendrituale. In den alten Orden sind alle Tageszeiten, ja alle Stundenübergänge durch das Stundengebet geheiligt, durch liturgischen Gesang, liturgische Gebärden. In manchen frommen evangelischen Familien beginnt man heute noch den Tag, das Frühstück, indem man Luthers Morgensegen spricht, der endet: »Dein heiliger Engel sei mit mir, daß der böse Feind keine Macht an mir findet.« In Franken, wo ich herkomme, habe ich in manchen Familien noch erlebt, daß man beim abendlichen »Sechseläuten« in seiner Arbeit innehielt, den Glocken zuhörte und im stillen mitbetete. Es galt als ungehörig, während des Abendglockenläutens das Gespräch fortzusetzen.

Das sind die kleinen Rituale, die Geborgenheit geben beim Übergang vom Erwachen in den Tag, vom Tag in den Abend. Rituale, deren Spuren wir noch finden und die sich auch erneuern in den Weckritualen von Paaren und von liebevollen Eltern gegenüber ihren Kindern. Heute gibt es eine wachsende Zahl von Menschen, die den Tag mit einer Morgenmeditation beginnen, alleine oder mit Partner oder Partnerin, die in der Stille sitzen im Stile des Yoga, des Zen oder im sogenannten Herzensgebet. Auch das Aufschreiben von Träumen gleich nach dem Aufwachen kann ein kleines Ritual sein, mit dem man die nächtlichen Träume vor dem Vergessen rettet.

Nach meiner Ansicht stimmt es nicht, daß die Rituale alle am Erlöschen seien. Was erlöschen könnte, sind die kollektiven Rituale. Dafür werden die individuellen sehr vielfältig und mit großer Aufmerksamkeit vollzogen. Rituale entsprechen den Bedürfnissen der Psyche und werden spontan neu erfunden, sogar im Traum, wo und wenn sie fehlen. Es war für mich sehr eindrucksvoll, daß zum Beispiel von den Menschenketten und Kerzenprozessionen, die zur Rettung der Umwelt oder zum Protest gegen Ausländerfeindlichkeit überall aufgekommen sind, schon Jahre vorher geträumt wurde. Eine solche Menschenkette mit Lichtern ist mir zum ersten Mal vor etwa fünfzehn Jahren in einem Traum begegnet, in dem eine Frau, die an der Nordsee lebte, ihre tiefe Besorgnis zum Ausdruck brachte, was aus den so stark ausgebeuteten Meeren werden würde. Dann sah sie Menschen, Hand in Hand, um die ganze Ostsee stehen, was zehn Jahre später tatsächlich Gestalt gewann und was wie aus einem gemeinsamen Unbewußten heraus geboren wurde.

Rituale begleiteten früher die Mahlzeiten. In Schweden gefiel mir, daß nach dem Essen alle bei der Mutter vorbeigingen, ihr die Hand reichten und sagten: »Tak for mate«, »Danke fürs Essen.« Wichtig scheint mir auch die Funktion der Rituale, die Regelmäßigkeit der Mahlzeiten in der Familie – wenn möglich – zu erhalten. Erst vor kurzem hörte ich von den bitteren Vorwürfen, die ein Junge seiner Mutter machte, weil diese wegen eigener Berufstätigkeit zu den Mahlzeiten der übrigen nicht mehr kommen konnte.

Gewiß hatte er kein Recht dazu. Aber diese Vorwürfe zeigen das natürliche Bedürfnis nach Regelmäßigkeit, wobei es hier nicht nur ums Essen, sondern vielmehr um das regelmäßige Zusammenkommen der Familie, um den Austausch, um das Gespräch ging.

Es muß feste Bräuche geben, wir kommen gar nicht darum herum.

Rituale im Jahreskreis

Großes Gewicht hatten früher die Übergangsrituale im Jahreskreis, vor allem diejenigen vom Winter in den Frühling und vom Herbst zum Winter. Man war in magisch-mythischen Zeiten der Überzeugung, daß der Mensch mit seinen Ritualen der Natur beziehungsweise der Sonne helfen müsse, wieder aufzusteigen. Beim rituellen Ballspiel im alten Mexiko stellte der Ball die Sonne symbolisch dar, und es kam darauf an, der Sonne in ihrem Aufstieg zu helfen, indem man ihn durch eine Öffnung warf. Von einem rituellen Osterballspiel auf dem Labyrinth der Kathedrale von Chartres haben wir Zeugnis, bei dem der Klerus offenbar in einem Schreittanz ein Ballspiel übte, in dem es ebenfalls darum ging, die Sonne – die Ostersonne – bei ihrem Aufstieg zu unterstützen. Auch heute noch kann man den Beginn des Frühlings daran erkennen, daß mit einem Mal auf den Straßen und Plätzen wieder Bälle rollen und zahlreiche Ballspiele beginnen – als käme alles wieder ins Rollen.

Ebenso begleitete man die Natur mit bitteren Klagen bei ihrem winterlichen Abstieg in die Unterwelt. Auch unsere Totengedenktage »Allerheiligen« und »Allerseelen« liegen im späten Herbst. Um Weihnachten wurde das Licht geboren, der Wiederaufstieg der Sonne begann. Mit der Fastnacht trieb man den Winter aus, und die saturnisch strenge Welt wurde auf den Kopf gestellt. Im Alemannischen, wo ich zur Zeit lebe, sind noch köstliche Bräuche erhalten und werden auch neu erfunden. So wird zum Beispiel in Konstanz am sogenannten schmutzigen Donnerstag die Lehrerschaft um fünf Uhr früh im Nachthemd aus dem Bett geholt und unter lustigen Schildern durch die Stadt geführt.

Zu Ostern schließlich hatte das Licht gesiegt, die Auferstehung der Natur vollzog sich unaufhaltsam, bis an der Sommersonnenwende der Höhepunkt erreicht war und der Umschlag erfolgte. In Vorarlberg, wohin ich vom Bodensee aus sehen kann, werden heute noch die Sonnenräder zu Tal gerollt, wenn der Gipfelpunkt des Jahres erreicht ist und die Wendezeit beginnt. Die Erntezeit hebt an, die im Herbst – wenn sich die Vegetation zurückzuziehen beginnt – mit dem Erntedank endet. Mächtige Feste waren dies in der Zeit bäuerlicher Kultur, die den Menschen bis in die Tiefe seiner Existenz berührten und die er offenbar mit Leib und Seele mitvollzog, mit Gebärden und Gleichnishandlungen, mit Lied und Wort, mit Gebet und Opfer. Da gab es Flurumzüge, die wir heute noch kennen, auch der Fronleichnamsumzug hat Wurzeln in diesem Ritual.

Kirchliche Rituale

Es war weise, daß die christliche Kirche ihren Festkreis mit den alten Festen des Jahreskreises, an denen die Seele des Volkes hing, synchronisierte: daß Weihnachten auf die Wintersonnenwende gelegt wurde, Johanni auf die Sommersonnenwende, daß Ostern auf die Frühjahrs-Tagundnachtgleiche fiel und Erntedank oder das Totengedächtnisfest auf das Herbstäquinoktium. Die christlichen Feste mit ihren vielfältigen Ritualen wirken in ihrer Synchronisierung mit der mächtigen Symbolik der Jahreszeiten, wie wir sie in Nordeuropa kennen, auch in der Psyche gänzlich säkularisierter und kirchenentfremdeter Menschen weiter, wie ich aus den Träumen meiner Patienten im Verlauf eines jeden Jahres sehe. Es ist eindrucksvoll, wie ganz kirchenferne Menschen gefühlsmäßig die großen Kirchenfeste mitvollziehen, wie unweigerlich Weihnachtsmotive, neugeborene Kinder, ein immergrüner Baum im Schnee, neu aufflammendes Licht erscheint, wenn die Adventszeit beginnt; wie um die Osterzeit herum Todesmotive, Trauer-, aber auch Auferstehungsthemen sich in den Träumen häufen in Gestalt von Blumen oder auch blühenden Bäumen auf den Gräbern, von Steinen, die ins Rollen kommen, von Verstorbenen, die einem gesund und rüstig wiederbegegnen.

Für die Wandlungen der Seele ist es wichtig, daß wir den Festkreis des Jahres mitvollziehen können, der uns durch Dunkel, Verlust und Tod, die das Leben uns allen zumutet, hindurchträgt bis zum Wiedererstehen des Lichtes, bis zur neuen Geburt. Bei diesen großen Festen ist es auch bedeutsam, daß wir sie heute zwar individuell, aber doch noch als gemeinsame Festtage feiern, an denen die Glocken läuten und die großen Symbole des christlichen Glaubens gefeiert werden, ob wir nun selbst in die Kirche gehen oder nicht. Mit den Jahreszeiten synchronisierte Feste kennen auch andere Religionsgemeinschaften, so die jüdische Gemeinde das Passah- und das Chanukkafest.

Tief in der Kindheit und den Ritualen der jeweiligen Familie verwurzelt ist das Erleben der Adventszeit, in der die Tage immer dunkler und die Lichter am Adventskranz immer mehr werden. Tage des Singens, des Erzählens an den langen Abenden können das sein, wo die Vorfreude auf Weihnachten wächst, wo am Adventskalender täglich ein Fensterchen mehr geöffnet wird, bis zum Vorabend des großen Festes, wo die Geheimnistuerei, aber auch das echte Geheimnis seinen Höhepunkt erreicht. Daß zu Weihnachten die Überraschung gehört, das Beschenktwerden, und dies am dunkelsten Punkt des Jahres, das zählt zum besonderen Zauber dieses heidnisch-christlichen Übergangsrituals.

Anders ist der Zugang zu Ostern. Während das Licht wiederkehrt, auch der Mond sich füllt, die Pflanzen wachsen, die ersten Blumen hervorkommen, durchlaufen viele von uns eine profane Reinigungskur. Aber auch das rituell bedingte, vorösterliche Fasten findet wieder viele innerlich Beteiligte. Die Passionszeit von Gründonnerstag über Karfreitag, Karsamstag bis hin zur Osternacht wird – auch von evangelischen Christen – heute noch mit großem Ernst und großer Innigkeit durchlebt, beginnend mit der Teilnahme vieler beim heiligen Abendmahl am Gründonnerstag und mit dem Anhören der Johannes- oder Matthäuspassion von Bach. Es ist erstaunlich, wie sehr gerade diese musikalischen Rituale viele Menschen, weit über die Kirchenzugehörigkeit hinaus, ansprechen.

Schließlich kommt die Osternacht, die seit meiner Jugend immer stärker wiederentdeckt wird von beiden großen Konfessionen. Als ich als Sechzehnjährige von einer Osternachtsfeier der Benediktiner in der Abtei Münsterschwarzach erfuhr, etwas, was ich als Evangelische nie zuvor erlebt hatte, da machte ich mich, mit meiner Freundin zusammen, voller Neugierde und Aufregung auf den Weg dorthin. Im Paddelboot fuhren wir am Karsamstag den Main hinunter und erlebten in der Abtei zum ersten Mal die festliche Liturgie mit, in der das Osterlicht entzündet und das Taufwasser geweiht wird, wieder anknüpfend an den uralten Brauch der vorchristlichen Osterfeier in unseren Breiten, die der Göttin Ostara geweiht war, bei der man am Ostermorgen vor Sonnenaufgang das Osterwasser holte und weihte. Oft soll man dabei der Osterjungfrau, der göttlichen Ostara selber, beim Wasserschöpfen begegnet sein. Daß man selbst den Namen der Feier, die der Göttin geweiht war, nämlich Ostern, für das christliche Fest übernahm, entspricht wieder der Weisheit, altüberlieferte Bräuche mit christlichen zu synchronisieren.

Eine schöne, geheimnisvolle Liturgie zur Osternacht ist auch in vielen evangelischen Gemeinden wieder entstanden. In der Konstanzer evangelischen Gemeinde, in der ich wohne, mündet sie in ein gemeinsames Osterfrühstück bei Sonnenaufgang. In einigen Gruppen der sogenannten Frauenkirche, die sich vor allem in der Schweiz entwickelt, gehört ein nächtlicher Gang durch den Wald zu einer Quelle dazu, in der neues Lebenswasser, auch neues Taufwasser geschöpft wird.

Unbeschreiblich ist die Intensität dieser Feier in der griechisch-orthodoxen, aber auch in der russisch-orthodoxen Kirche. Wer einmal zu Ostern in diese Länder kommt, spürt wieder, was es sein kann, wenn sich bei Sonnenaufgang wildfremde Menschen in die Arme fallen und küssen mit dem Ruf »Christus ist auferstanden!« und der Antwort: »Er ist wahrhaftig auferstanden« Man feiert in der Ostkirche nicht nur die Auferstehung Christi, sondern gleichzeitig die Auferstehung der ganzen, heute so bedrohten Natur, nimmt sie in die Auferstehungskraft des kosmischen Christus hinein. Übrigens wurde in diesen Ländern das alte, vorchristliche Ritual vom sterbenden und auferstehenden Gott, der mit unendlicher Klage betrauert und mit unendlicher Freude wiedergefunden wurde, am lebendigsten gefeiert.

Rituale von Frauen

Frauengruppen vor allem entdecken heute hinter den noch lebendigen christlichen Festen und ergänzend zu ihnen die alten Jahreszeitenfeste wieder, für die sie bewegende neue Rituale finden, darunter auch alte Feste für Frauen wie Walpurgis oder Halloween. Eine solche Feier – es war zur Sommersonnenwende –, die ich selber auf Einladung einer Frauengruppe hin mitgestaltet habe, möchte ich kurz schildern:

Am 20. Juni kamen wir zusammen und eröffneten die Feier mit einigen sommerlichen Kreistänzen und Ingeborg Bachmanns großem Gedicht »An die Sonne«, zu dem wir uns Gedanken machten, die wir austauschten, auch Gedanken an die Wende, an den Tod, der in der Sonnwendfeier enthalten ist und wegen dem »ich Klage führen werde über den unabwendbaren Verlust meiner Augen«, wie es in Bachmanns Gedicht heißt. Dann wanderten wir gemeinsam durch den Abend, durch die reifen Felder und dem Waldrand entlang, überquerten einen Bach, stiegen höher, bis wir zuletzt durch stelle Stufen einen hochgelegenen Ort erreichten, der seit alters als ein besonders kraftbeladener Ort gilt: eine Waldwiese, eingefriedet von hochstämmigen Bäumen.

Dort hatten einige Frauen schon Stunden zuvor ein weitläufiges Labyrinth gestaltet. Mit roten Bändern hatten sie es kunstvoll über den Waldboden gebreitet. Jede einzeln und in großer Stille wanderten wir hindurch. Man mußte gut auf den Boden achten, mit den Augen und mit den Füßen die Wurzeln wahrnehmen, die Pflanzen, die Steine, die Erhebungen und Absenkungen des Bodens. Wir durchschritten den symbolischen Weg, der auch für den Lebensweg steht, immer näher auf die Mitte zu. Wie vieles vom eigenen Lebensweg zog uns da durch den Sinn! In der Mitte es war dunkel geworden während des Weges – hatten einige ein Feuer entzündet, Symbol des Lichtes, der Wärme, des Lebens. Einer jeden von uns wurde eine Fackel gereicht, die am Feuer der Mitte, dem Licht der Mitte, entzündet worden war. Mit den brennenden Fackeln in der Hand tasteten wir uns nun den dunklen Weg durch das Labyrinth zurück. Es war so umfangreich, daß eine jede etwa eine Viertelstunde lang zu gehen hatte, bis es durchschritten war.

Anschließend ging es mit den Fackeln die Naturtreppe hinunter, über den Bach, durch den Wald und zurück an den Kornfeldern entlang. Singend gingen wir durch die Nacht, bis die Fackeln langsam erloschen und die Sterne heraufstiegen.

Zurückgekommen zum Anfangsort, einem weiten Raum, der mit Ährenzweigen und Sommerblumen geschmückt war, fanden wir uns zur »Teilete«, wie man in der Schweiz sagt, zusammen, das heißt zum Miteinander-Teilen von mitgebrachten Speisen, von Salaten, Gemüsen, Sommerbeeren, Sommertees und vor allem dem köstlichen Holundersekt, den einige noch zu brauen verstehen aus Holunderblüten, die man zur Gärung ansetzt – ein altes Rezept, das aus dem Umkreis des Kultes um Frau Holle, der Frau Hulda oder auch der Frau Perchta stammt. Nach lebhaftem Austausch und Gespräch während der »Teilete« über das Erlebte, den Gang in den Abend zum Labyrinth, die Rückkehr in die Nacht hinein, den Abstieg mit den brennenden Fackeln, schlossen wir uns noch einmal zu einigen Kreistänzen zusammen. Beim Abschied gab es herzliche Umarmungen.

Rituale im Lebenskreis

So wichtig die Feiern der jahreszeitlichen Übergänge auch sind, individuell noch wichtiger sind diejenigen zu den persönlichen Lebensübergängen, angefangen von der Pubertät. Wie wichtig wäre ein Initiationsfest für junge Mädchen, zum Beispiel zur ersten Menstruation, die wir auch heute noch oft eher schamvoll übergehen. In einigen Familien wird sie wieder gefeiert wie ein Geburtstag, wie ein Geburtstag zur Frau-Werdung.

Wie wichtig ist es auch für die Jungen, daß sie nicht allein gelassen sind in dieser Umbruchzeit. Manche Erwachsene knüpfen wieder an das alte Ritual der Visionssuche in den Bergen an und gehen mit den Jungen für einige Tage in die Natureinsamkeit.

Nicht weniger wichtig ist der Übergang in die Wechseljahre. Es kommt hier wie bei allen Passage-Riten darauf an, Abgeschlossenes wirklich loslassen zu können, um das Neue zu entdecken. Auch der Eintritt in die Wechseljahre wird von einigen Frauen, selbstverständlich in großer Intimität, in einem Ritual gefeiert wie ein kleines Fest.

Ein Ritual zur Feier eines sechzigsten Geburtstages, gestaltet von den nächsten Freunden und Freundinnen der Betreffenden, erlebte ich mit. Nach einer Polonaise, den humorvollen Darbietungen eines sogenannten »Jugendchors« aus alten Freundinnen, die die Schlager ihrer Jugend aus den fünfziger Jahren ausgegraben hatten, wurde auch die astrologische Geburtskonstellation dargestellt. Die Planeten und ihre Beziehungen zueinander wurden von einigen Freundinnen und Freunden im Rollenspiel übernommen, und die »Sterndeuterin« bezog die Geburtskonstellation auf das inzwischen ja schon sichtbar gelebte und das noch zu lebende Leben. Um Mitternacht schließlich, Höhepunkt jenes dreitägigen Festes, wurde ein großes Übergangsritual mit tiefem Ernst vollzogen. Die ganze Runde von gegen hundert Gästen formierte sich zu einer Begleitprozession, an deren Spitze die Frau von ihren nächsten Freunden über die Schwelle zu ihrem sechzigsten Lebensjahr geführt wurde, wie eine Initiantin mit verbundenen Augen. Denn wie die künftigen Schritte zu finden und wie der Übergang ins Neuland jenseits der Sechzig zu finden sei, das konnte sie nicht im voraus wissen, das konnte sie nur ertasten. Dies wurde hier symbolisch vollzogen. Im Schweigen aller und unter leisem rhythmischem Trommeln spielte sich dieser Übergang ab, wurde ein Spiralweg zur Mitte hin durchschritten. Als alles vollzogen war, die Binde abgetan und der Blick wieder offen, löste sich auch die ganze Prozession in einem ausgelassenen Tanz auf. Jemand setzte sich spontan ans Klavier, andere ergriffen Flöten und Streichinstrumente, Schellen und Trommeln, und der tiefe Ernst des Übergangs, des Loslassens vom Alten, wich einem ausgelassenen Fest des neuen Lebens. Es ist sehr schön, wenn diese Übergänge von einem Netzwerk von Freundinnen und Freunden getragen werden, die dann ja auch in die weiteren Jahre hinein mitgehen. Darin ist ja auch das Bekenntnis einer jeden und eines jeden enthalten: »Ich gehe weiter mit«.

Ein Sterbe-Ritual

Nun kommen wir zu dem gefährlichsten und dem feierlichsten aller Lebensübergänge, zum Sterben. Der letzte Lebensübergang wird heute von vielen wieder bewußter vollzogen, unter Einbeziehung der kirchlichen Rituale, wobei aber viele das Bedürfnis haben, ihn persönlich zu gestalten.

Ich berichte von dem Lebensübergang einer lieben Freundin, die in ihrem siebenundfünfzigsten Jahr stand. Sie gestaltete ihr eigenes Übergangsritual, indem sie bis wenige Tage vor ihrem Tod malte. Ein ganzes Leben lang war sie künstlerisch tätig gewesen, vor allem als Batikerin (in ihrem Hauptberuf war sie Sozialpädagogin).

So sah ihr Übergang aus:

Ihr neuer Partner, den sie, nach einer mißglückten und geschiedenen ersten Ehe, gefunden hatte, begleitete sie in der letzten Phase. Sie war zu Hause, wollte zu Hause sein nach der Gallenoperation, die die weit fortgeschrittene Krebserkrankung erst im Januar des gleichen Jahres, also fünf Monate zuvor, zutage gefördert hatte. Seit einem Traum ahnte sie, daß die Krankheit tödlich verlaufen würde, nach dem unmißverständlichen Traumbild, in dem eine dunkle Frau zu ihr kam, um sie abzuholen, eine Frau, dunkel in Kleidung und Hautfarbe. Schon während des Traumes wußte die Träumerin, daß es sich um niemand anders als um die »Schwester Tod«, wie sie auch Franz von Assisi genannt hatte, handeln könne. Zunächst erschrak sie zutiefst, als diese dunkle Frau kam, um sie abzuholen. Doch da, als sie genauer hinblickte, entdeckte sie, daß diese dunkle Frau etwas Eigenwilliges trug: einen farbenfrohen, phantasievollen Hut. Dieser Hut war dazu angetan, in der selbst sehr eigenwilligen und mit Farben vertrauten Träumerin Vertrauen zu erwecken, Vertrauen zu einer Frau, die sich durch den Hut selbst als ganz unkonventionell erwies. Sollte Schwester Tod unkonventionell und vielleicht sogar kreativ sein? Meine Freundin begann nach diesem ungewöhnlichen Traum ein behutsames Vertrauen zu dieser Schwestergestalt zu fassen, das anhielt bis in die letzten Tage hinein, die einbrachen, früher als sie je vermutet hatte. So malte sie, solange sie sich aufrecht halten konnte, in einer stillen Erwartung, wie das sein würde: zu sterben. Sie malte Schmetterlinge, die für sie das große Symbol der Wandlung waren, bis zuletzt.

Drei Tage vor ihrem Tod begann sie langsam das Bewußtsein zu verlieren. Streckenweise erzählte sie noch von inneren Bildern, die sie überkamen. Ihr Gefährte saß Tag und Nacht bei ihr. Freundinnen besuchten sie, Schülerinnen, befreundete Kollegen. Einer, der Musiker ihrer Schule, kam mit einer Kalimba, einem alten Saiteninstrument, tönte eine Saite an und ließ sie schwingen. Etliche Stunden saß er so da, und unter diesen Tönen starb sie. Die Freunde, der Gefährte, die Töchter wachten bei der Toten, während sie über Nacht im Haus blieb. Erst am nächsten Nachmittag wurde sie abgeholt, früher ließen sie alle es nicht zu. Dann geleiteten wir den Sarg hinaus, faßten uns unwillkürlich an den Händen, wir alle, die ihr nahe gewesen waren, denn das ist der schlimmste Moment, das wissen wir alle, wenn der Sarg aus dem Haus getragen wird. Lange winkten wir ihr noch nach mit einem Regenbogentuch, denn der Regenbogen war ihr ihr Leben lang besonders wichtig gewesen als das Symbol der Versöhnung und des Zusammenspiels aller Farben. Bis der Wagen mit dem Sarg hinter der Wegbiegung verschwunden war, winkten wir ihr.

Einige Tage später träumte eine der Freundinnen, die das Regenbogentuch geschwungen hatten, daß sie ihr im Traum gesagt habe, immer wenn sie den Regenbogen sehe, sei sie ihr nahe.

Das Abschiedsritual bereiteten wir ihr und uns vierzig Tage später im Angesicht ihrer Urne. So hatte sie es sich gewünscht. Alle der Teilnehmenden, Verwandte, Freunde und Kinder, waren gebeten worden, etwas zum Thema Schmetterling oder Metamorphose mitzubringen, da sie selbst ihren Tod im Zeichen des Schmetterlings, der sich wandelt, verstanden und auch als eindrucksvolles

Batikbild zu diesem Thema gestaltet hatte. Es stand neben der Urne. Eine Freundin las ihr und uns allen das große Schmetterlingsgedicht der Nelly Sachs mit den Anfangszeilen »Welch schönes jenseits ist in Deinen Staub gemalt« vor und beschrieb anhand dieses Gedichts das Leben der Freundin, das sich in vielen Metamorphosen vollzogen hatte und deren Einstellung zu Leben und Tod im Zeichen des sich wandelnden Schmetterlings gegründet war. Genau ein Jahr zuvor hatte sie an der Verwandlung einer Schmetterlingslarve zum wunderschönen Falter unmittelbar vor ihrem Haus teilnehmen können und hatte diesen Vorgang von Phase zu Phase fotografisch dokumentiert. Auch diese Bilder reichten wir uns während der Feier von einem zum andern. Dann holte ihr Bruder einen Bildband hervor, in dem er von ihrer gemeinsamen Schmetterlingsbeobachtung nach dem Krieg am Stadtrand des zerstörten Wuppertal erzählte, wo sie beide als Kinder damals in den Schmetterlingen ein Zeichen des Lebens, das alles übersteht, gefunden hatten. Auch Kinder waren bei dieser Feier dabei, sie hatten Bilder gestaltet, in denen Schmetterlinge ihre Flügel in Bewegung setzen und fliegen konnten. Diese Schmetterlinge reichten sie nun von einem zum andern und ließen sie herumfliegen; ein etwas ungewöhnlicher Teil des Abschiedsrituals, der aber unserer Freundin mit ihrer Freude an der Kreativität der Kinder gewiß entsprochen hätte.

Die älteste ihrer Freundinnen legte schließlich das Regenbogentuch über die Urne. Der befreundete Musikkollege spielte noch einmal auf seiner Kalimba, der gleichen, auf der er bei ihrem Sterben gespielt hatte, als sie sich hinüberimaginierte in ihre neue Weise, zu sein. Am Schluß betrachteten wir alle miteinander noch ihre zuletzt gemalten Schmetterlingsbilder, und alle, die an der Abschiedsfeier beteiligt waren, bekamen diese Bilder als Farbfotos mit. Mit einem großen, liebevollen Abschiedsfest, einer »Teilete« in ihrem Haus und einem schön bereiteten Buffet, wie die Verstorbene es oft und oft ihren Freunden bereitet hatte, klang die Feier aus: »Damit haben wir uns vor Mutter sicher nicht blamiert«, sagten ihre Töchter mit verschämtem Stolz.

Und so klang dieses Abschiedsritual aus, wie seit alters alle Beerdigungen und Gedächtnisfeiern ausklingen, mit einem Mahl. Früher habe ich darüber manchmal gelächelt. Heute tue ich das gar nicht mehr. Es ist das Mahl, das Leib und Seele wieder zusammenbringt, das die Menschen, die der Verstorbenen nahestanden, intensiver noch als zuvor, miteinander verbindet, auf daß sie über der Lücke, die der Tod gerissen hat, einander ein tragendes Netz werden. Das Mahl aber vor allem ist es, das schließlich die Zunge löst und zu vielen, vielen Erzählungen von der Verstorbenen Anlaß gibt, beim Auskramen vieler Begebenheiten, bis schließlich auch deren komische Seite die ja jeder Mensch hat – aufersteht in unseren intensiven Erinnerungen. So wird jeder und jede Verstorbene auf neue Art präsent. So entsteht auch die Gelegenheit zu fragen, wo und wie sie jetzt wohl existiere. In unserer Seele gewiß, da ist sie plötzlich ganz gegenwärtig. Aber auch als eigene Seele? Die Frage muß offen bleiben.

Das ganze Ritual dieser Feier, das ich beschrieben habe, fand vierzig Tage nach ihrem Tod statt, wie schon im alten Tibet und in der katholischen Kirche die Gedenkfeiern am vierzigsten Tag abgehalten werden. Dabei hatten wir gar nicht gemerkt, daß genau vierzig Tage verstrichen waren, wir stellten es erst nachträglich fest. Vierzig Tage offenbar braucht unsere Psyche, um die Metamorphose einer Verstorbenen nach dem Gleichnis eines Schmetterlings ins Gefühl und ins Bewußtsein zu bringen. So viele Tage braucht die Psyche mindestens, um den Tod, auch den künftigen eigenen, der bei jeder Abschiedsfeier von einem anderen Menschen anklingt, unter eine neue Perspektive zu stellen.

Wenn wir heute die Übergangsrituale wieder vollziehen, merken wir, wie sehr unsere Seele sie braucht. Bei dem Versuch, sie neu zu gestalten, spüren wir, daß unsere Psyche längst um die notwendigen symbolischen Vollzüge weiß: was es heißt, Abschied zu nehmen und den Durchgang zu wagen, um schließlich anzukommen in einem neuen Land. Was die Psyche weiß, das weiß auch unser Leib. Er findet die Gebärden wieder, samt den Lichtern, den Blumen, den Gegenständen, deren wir zu jeder dieser Feiern bedürfen. Geht es doch um nichts anderes als um die unseren Vorfahren noch vertraute Kunst, die sie die ars moriendi nannten, die »Kunst zu sterben« – Sterben nicht nur am Ende, sondern an allen Schwellensituationen, die unser Leben uns immer wieder zumutet, und die es uns auch schenkt.

VERTRAUEN FASSEN

GEHEILT AUS VERTRAUEN – DIE HEILUNG EINES EPILEPTISCHEN KNABEN[2]

Was »Seelenruhe«, was »Geistesgegenwart« sein können, möchte ich in diesem Kapitel anhand der Jesusgestalt beleuchten, wie Markus sie uns schildert. Jesus ist bei diesem ein Meister über die Krankheitsgeister aufgrund eines Vertrauens, das alle Dinge möglich macht. »Was heißt das schon: wenn du etwas vermagst« – so entgegnet er dem zweifelnden Vater eines anfallkranken Jungen, ehe er zu der starken Aussage kommt: »Alle Dinge sind möglich, dem der vertraut.«

Seine therapeutische Haltung, aus der tragenden inneren Ruhe heraus gewonnen, wie sie der Offenheit für transzendente Kräfte entspringt, wird in der Heilungsgeschichte des epileptischen Knaben zur Frage an alle, die sich in der Umsorgung und Verarztung dieses jungen Patienten versuchen: seinen Vater und die Jünger, die Meisterschüler ihres Meisters. Was ihnen fehlt – sonst könnten sie ihn heilen, so gut wie er –, ist nichts als sein Vertrauen; seine Gelassenheit, mit der er sich, aller Hektik abhold, in Ruhe über Geschichte und Verlauf der Krankheit des Jungen kundig macht, ehe er mit beherzter Geistesgegenwart den von einem Anfall zu Boden geworfenen Jungen wieder aufrichtet.

Sein geheimnisvoller Hinweis auf »Gebet und Fasten«, welche die »vertrauenslose Art« der Menschen, die nicht zu helfen vermögen, verändern könnten, wird uns im folgenden beschäftigen. Es könnte darin ein hilfreicher Rat nicht nur für die Eltern und Therapeuten damals, sondern auch für uns stecken!

Ob wir zu den Kranken gehören oder zu den Angehörigen und Freunden von Kranken oder zu denen, die Kranke zu pflegen und zu therapieren suchen, dieser Bericht über die Heilung eines »fallsüchtigen« Knaben – eines Epileptikers wohl – könnte ein Text für uns sein. Ich habe ihn dem Markusevangelium (9, 14-29) entnommen, das mehr als alle anderen Evangelien Jesus als den Meister zeigt, als den Meister über die »krankmachenden Geister« auch, in denen man nach damaliger Volksmeinung die Krankheitsursachen sah.

Markus zeigt Jesus mehr als alle anderen Evangelisten als Meister über die Geister, die krank machen. Bei Matthäus ist Jesus in erster Linie Lehrer, bei Lukas Heilender. So gestaltet jeder der Evangelisten sein Bild von Jesus mit eigenen Akzenten. Wenden wir uns also diesem für uns eher fremdartigen Jesus des Markus zu. Wie sieht er den Zusammenhang zwischen Krankheit und Heilung? Ich stelle den Text zunächst in einer neuen Übersetzung[3] mit eigenen Vorschlägen vor. (Er beginnt mit der Rückkehr des Meisters und seiner Begleiter vom Berg Tabor zu den anderen Jüngern.):

> [14] *Doch wie sie wieder zu den anderen Jüngern kamen, sahen sie viel Volk um sie her und Schriftgelehrte, die Vorbehalte gegen sie geltend zu machen suchten.*
> [15] *Doch all die Leute – kaum daß sie Jesus sahen, erschauderten sie, kamen auf ihn zugelaufen und begrüßten ihn.*
> [16] *Er fragte sie: »Warum habt ihr Vorbehalte gegen sie?«*
> [17] *Da antwortete ihm einer aus dem Volk: »Meister, ich habe meinen Sohn zu dir gebracht – er hat einen sprachlosen Geist;*
> [18] *und wo immer der ihn packt, reißt er ihn hin und her, daß*

er schäumt und schnarrt mit den Zähnen, und dann wird er ganz starr. Und so habe ich deinen Jüngern gesagt, sie sollten ihn austreiben, doch sie konnten es nicht.«

¹⁹ Da gibt er zur Antwort und sagt ihnen: »O, ihr vertrauenslose Art, wie lange noch soll ich bei euch sein? Wie lange noch soll ich euch aushalten? Bringt ihn zu mir!«

²⁰ Und sie brachten ihn zu ihm. Doch der Geist, sobald er ihn sah, zog ihn zusammen, so daß er auf die Erde fiel und sich wälzte, schäumend.

²¹ Da fragte er seinen Vater: »Wie lange Zeit ist es schon, daß ihm dies geschieht?« Der sagte: »Seit Kindertagen!

²² ja, oft hat er ihn sogar ins Feuer geworfen oder auch ins Wasser, um ihn zu vernichten. Darum: wenn du etwas vermagst, komm uns zu Hilfe, hab Erbarmen mit uns!«

²³ Jesus aber sagte ihm: »Was heißt schon: wenn du etwas vermagst – alles ist möglich dem, der vertraut.«

²⁴ Sogleich, aufschreiend, der Vater des Kindes: »Ich möchte vertrauen; hilf meinem Nicht-Vertrauen.«

²⁵ Wie aber Jesus sah, daß das Volk herbeilief, herrschte er den unreinen Geist an und sprach zu ihm: »Sprachloser und tauber Geist, ich gebiete dir: Fahre aus von ihm und fahre nie mehr in ihn hinein.«

²⁶ Da, aufschreiend und heftig hin und her ziehend, ist er ausgefahren. Da ward er wie tot, daß die meisten sagten: »Der ist gestorben.«

²⁷ Jesus aber faßte ihn bei der Hand und richtete ihn auf, daß er aufstand.

²⁸ Und wie nach Hause gekommen, unter sich, fragten die Jünger ihn: »Warum vermochten wir ihn nicht auszutreiben?«

²⁹ Da hat er ihnen gesagt: »Diese Art vermag durch nichts auszufahren außer durch Gebet und Fasten.«

Ich beginne beim Schluß dieses Textes, der uns noch in den Ohren klingt: »Diese Art vermag durch nichts auszufahren außer durch Gebet und Fasten.« An die Jünger richtet sich diese Aussage, an die Jesus-Schüler, die therapieren wollten und sollten und die es doch nicht konnten – auch an uns, die heutigen Therapeuten also. Nicht die Erkrankten, nicht deren Väter und Mütter, die verzweifelt nach Hilfe suchen, trifft dieses Wort zuerst, sondern uns, die wir uns aufgerufen fühlen zu therapieren: daß wir die Dämonie einer Krankheit, den »Geist«, der einen Menschen krank macht, nur auszutreiben vermöchten durch Gebet und auch durch Fasten.

Dieses Wort trifft uns »Mit-«Therapeuten! Doch was soll das heißen, wenn es wirklich wörtlich gemeint ist, zu heilen durch Beten und Fasten? – Was mir dazu einfällt, ist zunächst dieses: Beides, das Beten wie das Fasten, geschieht nicht in der Art und Weise des Tuns, des Machens, sondern in der Weise des Lassens, des Los-Lassens ...

Beim Beten, wenn es denn echtes Beten ist, gebe ich die Sache aus der Hand und lege sie gleichsam in größere, in kompetentere Hände – in die des »göttlichen Arztes«, wenn wir es so nennen wollen. Beim Fasten, da enthalte ich mich, real und symbolisch, aller Speise, aller gierigen Bemächtigung, da verzichte ich, überlasse mich den geheimnisvollen Kräften des größeren Lebens und lasse mich von ihnen tragen und reinigen.

Und dies soll heilende Kräfte freisetzen können? Dies Lassen und Loslassen aller Eigenmächtigkeit?

Erinnern wir uns: Gab es nicht auch in unserer Arbeit schon Situationen, in denen wir nur dann therapeutisch etwas zu bewirken vermochten, als wir losließen? Schon bei der Diagnosestellung stehen wir uns selbst im Wege, wenn wir allzu rasch, allzu zielgerichtet erkennen wollen, was vorliegt. – Wir brauchen Zeit, Zeit für uns selbst und unseren Klienten, um der Intuition Raum zu geben, damit sie aus unserem tieferen Wissen schöpfen kann. So berichtete mir eine Ärztin, wie sie, als sie in einer anthroposophischen Klinik zu arbeiten begann, erstaunt darüber war, daß die Kollegen öfters sagten, sie müßten erst einmal darüber schlafen, ehe sie eine Diagnose wagen könnten; sie müßten es erst einmal in sich arbeiten lassen ... Gebet und Fasten – Abstinenz von schnellen, gängigen Diagnoseklischees – brauchen wir also bereits bei dem Versuch, die Krankheit zu diagnostizieren. Denn: Diagnosen können auch stigmatisieren und damit sozial ausgrenzen!

Noch mehr bedarf es dieser inneren und äußeren Ruhe angesichts einer bedrohlichen Krise. Gerade wenn scheinbar alles dazu drängt, hektisch zu werden, gerade dann bedarf es einer göttlichen Gelassenheit, wie Jesus sie immer wieder erkennen läßt. Auch in unserer Geschichte vom epilepsiekranken Jungen. Seelenruhig und geistes-gegenwärtig nimmt er eine Art Anamnese auf, führt ein Gespräch mit dem Vater über den Krankheitsverlauf, während der Krankheitsdämon den Jungen bereits anfällt. Nicht einmal Jesus überspringt die Geschichte, die Genese einer Krankheit: sie ist offenbar sehr wichtig!

Natürlich soll es nicht bei dieser Gelassenheit bleiben. Aber aus ihr heraus ergibt sich die Geistes-Gegenwart, der treffsichere Blick für das, was dem Jungen wirklich fehlt. Wir müssen uns ja vor allem einlassen auf den Patienten und dazu braucht es Zeit und Ruhe.

Am meisten gelernt und erfahren über das, was Loslassen heißt, habe ich während der lebensgefährlichen Krise einer Klientin, die aus todernster suizidaler Absicht heraus mehrere Wochen lang nichts mehr aß – und entschlossen war, sich am Ende dieses Prozesses mit Tabletten das Leben zu nehmen.

Diese noch junge Frau war mir ans Herz gewachsen in den Wochen des Ringens um Leben und Tod, auch hatte ich ihre Motive aus ihrer qualvollen Kindheitsgeschichte heraus immer besser verstehen gelernt: Mit ihrer Geburt habe das Krebsleiden der Mutter angefangen; sie habe die Mutter »vergiftet«, besagte der Familienmythos. So stand ihr Leben unter dem Vorzeichen einer abgründigen Schuldzuweisung, verinnerlicht als eine abgründige Selbstverneinung.

Ich hatte sie erst in dieser Krise kennengelernt; diese machte mir tiefe Angst – noch nie hatte jemand in meiner psychotherapeutischen Praxis so nahe vor dem Suizid gestanden. Alles, was in meiner Macht stand, methodisch, inhaltlich, versuchte ich, erprobte ich, zumal ich diese junge Frau mit ihrem Schicksal immer mehr zu achten lernte. Ich kämpfte in den ersten Wochen dieser Krise bis zum Äußersten meiner therapeutischen und menschlichen Möglichkeiten um ihr Leben, ängstigte und sorgte mich um sie bis in den Schlaf hinein. Und merkte doch, daß ich sie mit diesem Kampf nur immer mehr dazu brachte, ihre Sehnsucht nach dem Tode und ihr Recht zu sterben gegen mich zu verteidigen. Sie sann auf Möglichkeiten, in aller Heimlichkeit irgendwo im Wald zu sterben. Wie besessen war sie von diesem Gedanken. Es gab keine Möglichkeit, sie dazu zu überreden, sich in den Schutz einer Klinik zu begeben. Ich hätte dies nur gegen ihren Willen veranlassen können – auf die Gefahr hin, ihr Vertrauen gänzlich zu verspielen.

Mein therapeutischer Kampf gegen ihr Sterbenwollen schien hoffnungslos. Wer mit ähnlichen Situationen konfrontiert war, weiß, wovon ich spreche und wie einem da zumute ist.

Es gab nur eines – in einer Nacht verzweifelter Meditationsversuche dämmerte es mir auf –, es gab nur eines: loszulassen. In den Vorstellungen unseres Textes hieße dies nichts anderes als: zu beten und zu fasten, loszulassen auf ein größeres Vertrauen hin, in ein größeres Vertrauen hinein, das das Leben oder auch das Sterben dieses Menschen einschloß – denn, das ging mir auf: War denn etwa ich Herrin über Leben und Tod dieser Frau? Die Anmaßung, die in dieser Vorstellung steckt, drängte sich mir plötzlich auf.

Wie es ausging bei diesem dramatischen Fall, der mir so viel bedeutete, ich werde es gleich berichten. Doch halten wir zunächst diese Erfahrung ins Licht unseres Textes!

»Beten und Fasten«: Jesus selbst hat es gelernt, wie Markus berichtet, als er in der Wüste, bei vierzigtägigem Fasten, dem versucherischen Dämon der eigenmächtigen Machtausübung widerstand, dem Dämon des selbstherrlichen Wundertuns, mit dem er Gott hätte versuchen und herausfordern können. Damals, vor Beginn seines Wirkens, wurde er von dem Versucher auf einen hohen Berg geführt, von wo aus er die Welt zu seinen Füßen liegen sah, mit der Frage, ob er sie beherrschen wolle – das vermag man ja als Wunderheiler. Auch unserer Geschichte geht ein Bericht von einem Berg voraus. Er handelt vom Berg Tabor, auf dem Jesus, jetzt auf der Höhe seines Wirkens, jene geheimnisvolle Transformation widerfuhr, die die Evangelisten »Verklärung« nennen. Es ist der Bericht über eine tiefste Verbundenheit mit Gott, in der er wie transparent, wie durchschimmernd wurde für die Lichtfülle und die Kraftfülle seines Gottes.

Aus dieser Erfülltheit, dieser Gott-Erfülltheit heraus trifft Jesus auf die verwirrte, ratlose, unter sich uneinige und streitende Menschenmenge. Verschiedene Gruppen heben sich heraus: die Jünger; die Schriftgelehrten, die eben noch mißtrauisch mit den Jüngern diskutierten; das Volk und schließlich einer aus dem Volk, der seinen kranken Sohn mit hergebracht hat.

Die Leute aus dem Volk durchläuft ein Schauer, ein ehrfürchtiger Schauder, als sie Jesus vom Berge Tabor kommen sehen, sie spüren seine Ausstrahlung. Jesus fragt sie, worum es gehe zwischen den Schriftgelehrten und den Jüngern. Doch es ist der Vater, der ihm spontan antwortet und ihm berichtet, daß alles damit begonnen habe, daß er seinen kranken Sohn zu ihm, dem Meister, habe bringen wollen. Und er erzählt von dem Leiden seines Sohnes, von dessen »Fallsucht«, wie die alten Übersetzer es nennen:

Er hat einen sprachlosen Geist; und wo immer der ihn
packt, reißt er ihn hin und her, daß er schäumt und
schnarrt mit den Zähnen; und dann wird er ganz starr.
Und so habe ich deinen Jüngern gesagt, sie sollten ihn
austreiben, doch sie konnten es nicht.

Darüber, daß die Jünger diesen Geist nicht austreiben konnten, war
der Streit mit den Schriftgelehrten offenbar entbrannt, über ihre
Legitimation, ihre Vollmacht – und damit wohl zugleich, wie so
oft, über die Legitimation Jesu selbst. Angesichts dieses Hin und
Hers, dieses Legitimitäts-Getues bei so großer menschlicher Not
und so naher heilender Kraft, bricht es aus Jesus hervor, der eben
die Fülle Gottes auf dem Berge erfahren hat:

O ihr vertrauenslose Art:
wie lange soll ich noch bei euch sein?
Wie lange soll ich euch aushalten?

So schildert Markus den Meister: voll Ungeduld mit dieser vertrauenslosen, dieser kleingläubigen Art der Menschen. Es ist eine
Aufwallung heiligen Zorns, wie sie uns von Jesus in seltenen, für
das Verständnis seines Auftrages aber sehr wichtigen Momenten
berichtet wird.

Was hier unüberhörbar ist: der Zorn, die Ungeduld, gilt nicht
den Schriftgelehrten, die ohnehin in Gegensatz zu Jesus und seinen
Leuten stehen, nein, der Zorn gilt den Jüngern, den Meisterschü-
lern, die es besser wissen könnten.

O ihr vertrauenslose Art,

so heißt es hier. Und: »Diese Art vermag durch nichts auszufahren
außer durch Gebet und Fasten«, heißt es am Ende. Auf nichts anderes läßt sich der Ausdruck »diese Art« so deutlich beziehen wie auf

die Vertrauenslosigkeit der Jünger – nicht auf den sprachlosen und tauben Geist, nicht auf das Anfallsleiden des Jungen!

Es geht nicht darum, daß man nur durch Beten und Fasten solche Geister auszutreiben vermöge – sondern daß nur durch Beten und Fasten diese Art in uns selbst erlöst wird, die nicht fähig ist zu vertrauen und die dadurch auch nicht zu hellen vermag. Diese Art, die sich nicht lösen, die nicht loslassen, die sich nicht der Heilungskraft »des Lebens selbst« oder Gottes (ich übersetze den Ausdruck »Gott« gerne mit »das Leben selbst«) überlassen kann, gilt es durch Beten und Fasten auszutreiben.

Aber Jesus läßt sich von seinem Unmut nicht aufhalten. Er ist bereit zu helfen. »Bringt ihn zu mir«, so fordert er den Vater im Blick auf dessen kranken Sohn auf. Doch sobald der Knabe, vielmehr der »Geist«, der den Jungen im Griff hat, Jesus sieht, kommt es erneut zu einem dieser Anfälle, die Markus in Übereinstimmung mit der damaligen Volksmeinung von einem Krankheitsdämon ausgelöst sieht:

> *Doch der Geist, sobald er ihn sah,*
> *zog ihn zusammen,*
> *daß er auf die Erde fiel*
> *und sich wälzte, schäumend.*

Der Anfall hängt also damit zusammen, daß der Kranke oder der in ihm wohnende »Geist« Jesus erkennt. Das ist uns Therapeuten vertraut: Oft wagt sich das Leiden in seiner ganzen Schwere erst dann hervor, läßt sich der Kranke in sein Kranksein erst dann hineinfallen und hält sich nicht mehr tapfer zurück, wenn ein Mensch, der möglicherweise zu heilen vermag, erscheint. Auch eignet den krank machenden Geistern – dem »Geist«, der uns krank macht – ein eigentümliches Witterungsvermögen für die Nähe des Heilenden und des Heiligen. Sie erkennen nach den Berichten der Evangelien oft früher als die gesunden und verstandesklaren Menschen, wer in der Person Jesu in Erscheinung tritt und aus welcher Kraft er handelt, »wes Geistes Kind« er ist.

Jesus bringt eine große Gelassenheit in all den Tumult: die Gottverbundenheit vom Berge Tabor. Er wendet sich dem aufgeregten Vater zu, der ja für den Jungen und dessen »sprachlosen« Geist spricht, und fragt ihn, wie lange der Junge schon geplagt sei. Wir erfahren, daß es sich um ein chronisches Leiden handelt, und ahnen, was dieser Vater gewiß doch auch die Mutter! Wo bleibt sie in diesem Text? – all die Jahre mitgemacht hat wegen dieses Kindes mit seinem Anfallsleiden.

Was machen Eltern mit, was stehen die Geschwister eines solchen Kindes durch an Sorge und Angst! Darf man es doch praktisch nie alleine lassen! Es könnte sich verletzen bei einem plötzlichen Anfall; könnte irgendwo hinunterstürzen; könnte ins Wasser und ins Feuer fallen! Wer unter uns ein in dieser Art gefährdetes Kind hat, weiß, wovon ich spreche. Man lebt in einer ständigen Angst! Heute bringen viele Eltern aus solcher Herzensangst heraus ihre anfallkranken Kinder früh in entsprechende Kliniken, wo diese lernen, für sich selber Sorge zu tragen und mit der ständigen Gefahr von Anfällen zu leben, so daß sie sich nicht in allergrößte Gefahr bringen. Sie lernen auch, autonomer zu werden und die neurotischen Folgen der Überbetreuung abzubauen. Zudem schützt eine medikamentöse Einstellung vor allzu häufigen Anfällen. Dies war zu den Zeiten Jesu und des Markus nicht möglich.

Was machten die Eltern des Jungen an Angst mit, an Beschämung und Verlegenheit, auch im Blick auf die Umwelt, gerade auf die religiöse Umwelt, schien man doch an der Krankheit selber schuld zu sein. Krankheit galt als Strafe – und wie konnte gar ein Dämon, ein krank machender Geist, in eine fromme Familie geraten? Tiefe Selbstvorwürfe, Selbstzweifel pflegen mit solchen Überlegungen verbunden zu sein: »Wie kommen wir zu solch einem Kind? Liegt es nicht doch auch an uns … ?«

Was mag auch an Ambivalenz, an wechselnden Gefühlen von Liebe und Ablehnung dem Jungen gegenüber in den Eltern hochgekommen sein! Wie mögen sie das Gefühl, mit diesem Kind gestraft zu sein, überkompensiert haben durch Überfürsorge, liebevolle Bevormundung und eine gewisse Vergewaltigung dieses sprachlosen Jungen!

Und was mag sich wiederum in diesem selbst an Wut über sein Schicksal, über die Isolation, über die Bevormundung durch die Eltern und über deren ambivalente Gefühle aufgestaut haben – eine tiefe Wut, die er wiederum wegen der Verpflichtung zur Dankbarkeit und der damit verbundenen Schuldgefühle keineswegs herauslassen durfte. – Wer unter uns ein körperlich oder seelisch krankes, ein behindertes Kind war, kann sich in ihn hineinversetzen, weiß um diese widerstreitenden Gefühle. Allein schon die Wut darauf, immer nur angstvolle, also schwache Eltern zu erleben … Freilich ist man zugleich der Mittelpunkt der Familie und hat auch Gewinn von einem Leben, das um die Krankheit kreist.

Vor allem zwischen Vater und Sohn könnte sich solch ein circulus vitiosus von Anhänglichkeit, heimlicher Wut und Abhängigkeit eingespielt haben. Der Vater kümmert und bekümmert sich sichtlich über die Maßen um diesen Jungen, um den Sohn, auf dessen Geburt er doch stolz war, mit dessen Entwicklung er wahrscheinlich große freudige Erwartungen verbunden hatte. Und nun dies! Er liebt ja diesen Sohn, doch vor allem unter der Bedingung, daß er wieder gesund wird. So wie er ist, kann er ihn wohl kaum akzeptieren. Daß er so fixiert ist auf die Angst um den Sohn: ist das vielleicht die Krankheit des Vaters? Ein Leiden, das unbewußt mithilft, die Krankheit des Sohnes festzuschreiben, den Sohn unmündig zu halten?

Und wo bleibt denn nun eigentlich die Mutter? In einem symbolischen Text, einem Traum, einem Märchen oder auch einer Erzählung würde man dieses Nicht-Vorkommen der Mutter als Problem ansehen, ja, gerade dies als das ursächliche Problem betrachten! Denn das Grundvertrauen, die Akzeptanz dieses Jungen, wie er nun einmal ist, das wäre es, was eine Mutter hier einbringen könnte!

Nun besteht nach heutiger Einsicht in die psychodynamischen Zusammenhänge zweifellos ein Zusammenspiel zwischen einer nach außen nicht losgewordenen, einer gestauten Wut und einem Anfallsleiden, in dem sich die blockierte Wut explosionsartig entlädt, gegen den Betreffenden selber gerichtet, und ihn in lebensgefährliche Situationen bringt.

Was ist das für eine Krankheit, die hier so auffällig genau beschrieben wird wie kaum eine sonst im Neuen Testament? Diese Krankheit »zog ihn zusammen«, so heißt es, »daß er auf die Erde fiel und sich wälzte, schäumend« (V. 20). Oder zuvor (V. 17/18): »Er hat einen sprachlosen Geist; und wo immer der ihn packt, reißt er ihn hin und her, daß er schäumt und schnarrt mit den Zähnen, und dann wird er ganz starr.« Man könnte mit vielen früheren Exegeten darin die ungefähre Beschreibung einer Epilepsie wiedererkennen. Drewermann sieht hier eine besondere Spielart von Epilepsie, eine sogenannte Hystero-Epilepsie oder Affekt-Epilepsie, die Freud als erster in ihrer Dynamik beschrieben hat und die im Gegensatz zur symptomatischen Epilepsie, welche auf einer organischen Störung im Gehirn beruht, psychisch zumindest mitbedingt und damit auch psychotherapeutischer Behandlung zugänglich ist. Freud sieht die Psychodynamik, die sich in der Hystero-Epilepsie ausdrückt, in einer verdrängten Aggression des Sohnes gegenüber der ödipalen Kastrationsdrohung seitens des Vaters. Auch in diesem Krankheitsverständnis fehlt das seelische Gegengewicht der Mutter!

Die Krankheit des Jungen wäre dann eine Variante der unheimlichen, schwer behandelbaren Epilepsie, an der unter anderem auch van Gogh und Dostojewski litten. Die Anfälle haben einen ganz bestimmten Ablauf: nach einem besonderen Moment, in dem sich die sogenannte »Aura« zeigt, folgen Schmerz, Sturz und Krämpfe mit Zähneknirschen und Schaum vor dem Mund, schließlich eine totengleiche Starre – ein in der Plötzlichkeit seines Auftretens erschreckendes Krankheitsbild, das in der Frühmedizin als »Morbus sacer«, als heilige Krankheit, galt, weil man die Götter an ihr beteiligt sah. In der Volksmedizin des alten Israel brachte man sie mit der Besessenheit durch einen Geist in Verbindung – in Unkenntnis dessen, daß Hippokrates sie bereits im fünften Jahrhundert vor Christus mit der fehlenden Schleimabfuhr im Gehirn zu erklären und damit zu entdämonisieren suchte.

Die antike, volksmedizinische Vorstellung von einem Geist, der für die Krankheit verantwortlich sei, ermöglichte es immerhin, mit diesem Geist – einem autonomem Komplex – zugleich auch die Krankheit von dem betroffenen Menschen zu unterscheiden und diesem zu helfen, sich und seinen gesunden Anteil aus der Identifizierung mit seiner Krankheit zu lösen. So wie wir auch bei der psychotherapeutischen Behandlung versuchen, den krank machenden Anteil bewußtzumachen und damit den Betroffenen zu bewegen, sich von dem schädigenden Seelenanteil zu unterscheiden.

Es wäre zum Beispiel möglich, eine stumme, sprachlose Wut dieses Jungen, die er nicht artikulieren kann und die ihn im Anfall niederwirft, mit jenem »sprachlosen Geist« zu identifizieren, der ihn reißt und schäumen läßt (man spricht ja auch bildhaft von einer »schäumenden Wut« oder einem »Wutanfall«). Die Sprachlosigkeit des Geistes drückt eben dies aus, daß der Junge seinen Affekt nicht loswerden kann, daß er keine Worte dafür findet, vielleicht auch, daß er keine Worte dafür wagt. So bietet ihm denn Jesus mit seinem Wort, seinem Befehl an den Geist, auszufahren, einen Katalysator an, der einen Reinigungsprozeß in Gang bringt. Er verschafft ihm so etwas wie einen Blitzableiter, durch den die Energie, die, nach innen gerichtet, Krämpfe auslösen muß, nach außen auszufahren vermag.

Wir haben unserem Text etwas vorgegriffen. Wir sind auch nicht so weit, daß wir die Krankheit des Jungen wirklich genau bestimmen könnten – es ist, um die Botschaft der Geschichte zu verstehen, auch gar nicht nötig, sie genau zu diagnostizieren. Zwar ist wichtig, daß wir nachvollziehen können, woran dieser Junge leidet, was gerade ihm fehlt das Zutrauen beispielsweise zu einem angstfreien Menschen sowie das Zutrauen zu seinen eigenen Möglichkeiten –, damit wir Jesu antwortendes Handeln darauf als Heilung verstehen können. Doch geht es in diesem Text nicht nur um diese einmalige Heilung, es geht in ihm viel umfassender um die Einstellung Jesu zu Krankheit und zum Heilen – und letztlich um das, was die Jünger, die Meisterschüler, gewissermaßen auch wir selber, sofern wir mit heilenden Kräften umgehen, angesichts von Krankheit vermögen.

Wenden wir uns also wieder der dramatischen Begegnung zwischen dem Vater des kranken Jungen und Jesus zu: Nachdem der Vater mit allen Zeichen der Verzweiflung die Leidensgeschichte des Jungen vorgebracht hat, fleht er Jesus buchstäblich an:

> *Darum: wenn du etwas vermagst*
> *komm uns zu Hilfe,*
> *hab Erbarmen mit uns.*

Hier hören wir jemanden bitten, der wohl schon zu vielen Ärzten gegangen ist, vergeblich, wie jene »blutflüssige« Frau, von der die Evangelien auch berichten, und von der hier im dritten Kapitel die Rede sein wird. Und doch wagt er es noch einmal, und er sagt glaubend und zweifelnd zugleich: »Wenn du etwas vermagst ...« – Wenn er denn wirklich etwas könne, so meint er, dann möge er doch nicht zögern, endlich therapeutisch tätig zu werden!

Hier nun hakt Jesus ein. Er, dem noch die Frage in den Ohren klingen mag, warum seine Jünger die heilenden Kräfte nicht zu entbinden vermochten, sagt zu dieser Situation ein entscheidendes

Wort, ein Wort, das später in der christlichen Kirche, wie ich meine, noch nie genügend bedacht und ernst genommen worden ist. Er sagt:

> *Was heißt schon: wenn du etwas vermagst –*
> *alles ist möglich dem, der vertraut.*

Wie ich dieses Wort verstehe, so wehrt Jesus hier auf der einen Seite mit aller Vehemenz etwas ab: die gewaltige Projektion der Jünger und des Volkes nämlich, daß nur er und er allein der Heilende, der Heiland sei, der göttliche Arzt. Er sagt ja nicht: »Mir ist alles möglich«, sondern »Alles ist möglich dem, der vertraut«, also grundsätzlich jedem, der sich auf dieses Vertrauen einläßt. »Was heißt schon, wenn du etwas vermagst« – er wehrt es ab, einen Beweis seines Könnens als Wunderheiler zu geben. Was er vermag, das vermag jeder: jeder, der vertraut.

Und damit nimmt er auf der anderen Seite mit aller Vehemenz etwas in Anspruch, was keinen Zweifel duldet: nämlich, daß er gewiß alles vermag, aber eben als derjenige, »der vertraut«. Diese Aussage ist äußerst direkt, und zugleich ist sie paradox. Denn von welchem Vertrauen kann die Rede sein, wenn von ihm gilt, daß demjenigen, der es hat, nicht weniger als »alles« möglich sei? Es ist, wie das griechische Wort, »pistis«, sagt, ein Vertrauen, unmittelbar verwandt mit dem religiösen Begriff »Glauben«. Für »Vertrauen« könnte hier, wie viele Übersetzungen – auch die Luthers – zeigen, ebensogut »Glauben« stehen.

Es ist ein Glaubens-Vertrauen gemeint, wie man es einem Menschen entgegenbringt, dem man sich völlig anvertraut, zu dem man sagen könnte: »Ich glaube an dich« – im Blick auf seine Vertrauenswürdigkeit, aber auch im Blick auf seine Fähigkeiten und Möglichkeiten. Zu einem Therapeuten könnte man dies sagen, dem man ganzheitlich vertraut, letztlich aber zum »göttlichen Arzt« selber, der außer uns und weit über unsere Möglichkeiten hinaus zu wirken vermag, aber doch auch in uns und durch uns.

Und wenn ich dem »göttlichen Arzt« vertraue, dann vertraue ich auch dem Patienten und seinen selbstheilenden Möglichkeiten, dann kann ich ihm sagen: »Ich glaube an dich!« – und damit sein Vertrauen in die heilenden Kräfte wecken. Ein ganzheitliches Vertrauen »Ins Leben selbst« – in Gottes Wirklichkeit – meint diese Vorstellung: »pistis«.

Wenn ich »Vertrauen« hier mit »Glauben« übersetze, wie Luther es tut, also »alles ist möglich dem, der *glaubt*«, dann betone ich vor allem das religiöse Schwingungsfeld dieses Wortes, verenge aber dessen Schwingungsbreite auf wenige Frequenzen: es klingt dann in heutigen Ohren, als ginge es nur um Glauben im Sinne der christlichen Lehre, etwa um die Überzeugung, daß »Jesus Christus Gottes Sohn« sei. Diese Aussage, die zur Zeit, da ich dies schreibe, merkwürdigerweise in riesigem Format an vielen Schweizer Plakatwänden und auf den Rückwänden von Bushaltestellen angeschlagen ist, kann als dogmatische Formel allein gewiß noch keine Heilungskräfte entbinden. Nicht um Glauben im Sinne der Lehre geht es hier, sondern um ein umfassendes Vertrauen in göttliche Wirklichkeit und Wirksamkeit so wie Jesus selbst es hatte und übte. Es geht um Vertrauen in »das Leben selbst«, wie ich schon sagte, oder in »das Sein selbst«, wie Paul Tillich das Wort »Gott« umschrieb.

Als er dies ahnend versteht, schreit der Vater des kranken Jungen auf, mit einem wilden, unartikulierten Schrei, und stößt die Worte hervor:

Ich möchte vertrauen;
hilf meinem Nicht-Vertrauen!

Wir müssen uns einen Schrei vorstellen, der aus jahrelanger stummer Ohnmacht heraus sich geformt hat, aus der Qual der Zerrissenheit zwischen Liebe und Haß zu seinem Sohn, zwischen Hoffnung auf dessen Heilbarkeit und endgültiger Resignation – ein

Schrei aus der Verschlossenheit seines Lebens heraus, das sich wohl seit Jahren nur noch um die Krankheit dieses Sohnes drehte. Mitsamt seinem Hin- und Hergerissensein zwischen Vertrauen und tiefer Resignation vertraut er sich in diesem Moment Jesus an, in verzweifelter Aufrichtigkeit.

Sein Schreien ist im Urtext mit einem starken griechischen Ausdruck bezeichnet, der auch das Schreien Jesu am Kreuz und zugleich das Schreien der kosmischen Frau der Apokalypse bei der Geburt ihres Kindes charakterisiert: Ein Todesschrei also ist es und zugleich der Schrei bei der Geburt. Etwas stirbt – das habituelle Mißtrauen, mitsamt der Vorstellung, Vertrauen irgendwie »produzieren« zu können –, und etwas anderes wird dafür neu geboren: die unmögliche Möglichkeit, sich anzuvertrauen. Indem er sich mit diesem Todes- und Geburtsschrei, mit seinem Nicht-Trauen und Doch-Trauen Jesus entgegenwirft, kommt dieser Vater auch aus dem verzweifelten Krampf des Helfen-und Rettenwollens um jeden Preis heraus. Er läßt sich und den Jungen los und fällt wie von selbst in die Geborgenheit hinein, in der auch dem Jungen geholfen werden kann – vom göttlichen Arzt selber. Denn durch dessen Wort wird es möglich, den kranken Anteil des Jungen, den »sprachlosen und tauben Geist«, in dem er nichts ausdrücken und auch nichts aufnehmen konnte, der ihn hin- und hergerissen hat zwischen Lähmung und Explosion, anzusprechen, zu konfrontieren, bewußtzumachen.

Dieses energisch-befreiende Wort Jesu wird zum Katalysator, so sagten wir, mit dessen Hilfe ein kathartischer Prozeß in Gang kommen kann. Auch der krank machende Geist, so berichtet Markus, fährt aus mit einem Schrei: mit einem Todesschrei in diesem Falle.

Den zunächst wie tot daliegenden Jungen aber, der seine bedrohliche, auf ihn selbst gerichtete Wut hinausschreien und loswerden konnte, nimmt Jesus bei der Hand. Er berührt ihn körperlich und richtet seinen zu Boden geschmetterten Körper auf, bis er seine aufrechte Menschengestalt wiedergewonnen hat. Welch eine Erfahrung angesichts dieses niederwerfenden Leidens, dieses demütigenden Leidens für einen jungen Mann: Er wird durch Jesus, durch dessen Vertrauen, seinen Glauben an ihn aufgerichtet, so daß es ist, als auferstehe er, der schon Totgesagte. Was für ihn jetzt beginnt, ist ein neues Leben, das eigentliche Leben, in das er hineinschreitet mit einem aufrechten, selbstbewußten Gang – nicht mehr vom Vater gegängelt, sondern aus dem Vertrauen lebend, das Jesus in ihn setzt und ihm vermittelt. Dieser Junge ist der erste Auferstandene im Markusevangelium. An ihm sollen wir erkennen, was Auferstehung heißt.

Hierzu fällt mir ein Gedicht von Rose Ausländer ein, der deutsch-jüdischen Dichterin, die, im Düsseldorfer jüdischen Altersheim lebend und dem Tod entgegengehend, dennoch Gedichte schrieb wie dieses:

Wo sind
die Auferstandenen
die ihren Tod
überwunden haben
das Leben liebkosen
sich anvertrauen
dem Wind

kein Engel
verrät ihre Spur[4]

Unser ehedem anfallgeplagter Junge gehört zu ihnen, auch meine ehedem von Gedanken an Suizid geplagte Patientin. Sie konnte ihre Besessenheit vom Selbstmordgedanken, vom Geist der Selbstzerstörung loslassen, eben dann, als ich selbst losließ, als sich der Zirkel meiner Angst um sie öffnete und ich sie dem größeren Arzt anheimgeben konnte, auch falls sie sterben wollte und müßte.

Dadurch, nur dadurch konnte offenbar der Bann durch den Geist, der sie krank machte, gelöst werden. Der Geist des Vertrauens begann zu tragen, sie merkte, wie ich ihr und ihrer Entscheidung traute, in dem Maß, als ich selbst mich den tragenden Kräften überlassen konnte und nichts mehr ertrotzen mußte. Ich imaginierte in den Momenten, in denen mich die Angst um sie doch wieder überfallen wollte, einen warmen Mantel des Vertrauens aus dunklem Blau, den ich um sie legte. Sie spürte ihn wohltuend, auch wenn sie nichts von meiner Imagination wußte. Indem ich, so schmerzvoll die Vorstellung auch war, mich bereit machte, innerlich mitzusterben, falls es verlangt war, mußte sie nicht mehr die Partei des Todes gegen mich verteidigen, sondern begann, behutsam und noch immer auf der Hut, die Partei des Lebens selber zu ergreifen, gegen den krank machenden Geist und die Last einer lebenslangen Schuldzuweisung, die bis dahin auf ihr gelegen hatte. Und eines Tages konnte sie diesen Geist, der sie krank gemacht hatte, so gut erkennen, durchschauen, daß sie sich von ihm zu unterscheiden und schließlich zu trennen vermochte. Sie selbst konnte ihm den Abschied geben. Der Geist des Vertrauens begann zu tragen.

Verstehen wir uns recht: Ich möchte hier nicht von etwas berichten, was mir schließlich doch noch gelungen wäre, sondern von etwas, was mich wirklich überstieg, was mir wie ein Wunder erschien, wie das rettende Eingreifen des göttlichen Arztes selbst. Ich mußte dazu bereit sein, auch den möglichen Suizid dieser Frau zu ertragen, ja anzunehmen – so wie jeder Arzt den Tod eines oder mehrerer seiner Patienten hinnehmen muß – als einen Entscheid des göttlichen Arztes. Nicht wir sind Herrinnen über Leben und Tod!

Beten und Fasten: Es ist Tun durch Nicht-Tun, durch ein inneres Sich-Überlassen, sich Überantworten an den göttlichen Arzt, der durch unser Vertrauen hindurch zu handeln vermag. Beten – was es im Ernstfall hieße, hat Jesus in Gethsemane gezeigt: Für ihn bedeutete es nicht, Gott unter allen Umständen umzustimmen, ihm etwas abzuringen, ihn für seine Sache in Anspruch zu nehmen, nicht einmal für seine Todesangst, sondern zu wissen und zu vollziehen: Alles ist Gott möglich, auch »den Kelch« vorübergehen zu lassen. Wir wissen, wie er gebetet hat: »Nicht wie ich will, sondern wie du ... « Beten ist ein Ringen um das Mitschwingenkönnen mit dem Handeln Gottes.

Alles zu vermögen, ist bei Markus (10, 27; 14, 36) zunächst eine Eigenschaft, die nur Gott zukommt. Martin Buber, der große deutsch-Jüdische Religionsphilosoph, versteht Beten so: »Daß dem Glaubenden alles möglich ist, gilt von ihm ... nur für sein in den Bereich Gottes Hineingenommensein. Er hat nicht die Macht Gottes: wohl aber hat dessen Macht ihn, wenn und wann er sich ihr gegeben hat und ihr gegeben ist.«

Ich will es noch einmal anders, paradox sagen: Die Auferstehung des Vaters und seines kranken Sohnes aus dem Kreisen um die Krankheit heraus und ins Vertrauen hinein, sie gälte auch dann, wenn der Junge nach der Begegnung mit Jesus weitere Anfälle gehabt hätte.

So läßt der Epileptiker Dostojewski seine ebenfalls als anfallkrank geschilderte Romanfigur Fürst Myschkin zuletzt in einem paradoxen Akt des Vertrauens sein Anfallsleiden, das weiter besteht, bejahen:

> *»Er [Myschkin] dachte jetzt daran, daß es in seinem epileptischen Zustand einen Moment gab, der dem Anfall fast unmittelbar vorausging, da es inmitten der Traurigkeit, des seelischen Dunkels und der Depression in seinem Gehirn für Augenblicke gleichsam aufflammte und alle seine Lebenskräfte sich plötzlich mit einem außerordentlichen Ruck anspannten. Das Empfinden des Lebens und des Selbstbewußtseins verzehnfachte sich fast in diesen Augenblicken, die nur die Dauer eines Blitzes hatten. Verstand und Herz wurden von einem ungewöhnlichen Licht*

durchdrungen, alle seine Zweifel und alle seine Unruhe
schienen sich auf einmal zu besänftigen und in eine baum-
hafte Ruhe aufzulösen, die von einer hellen harmonischen
Freude und Hoffnung und von der Vernunft und Erkennt-
nis der Endursachen erfüllt war. Diese lichten Momente
waren aber nur die Vorahnung jener endgültigen Sekunde
(es dauerte nie mehr als eine Sekunde), mit welcher der
Anfall selbst begann. Diese Sekunde war natürlich uner-
träglich. Wenn er später, wieder in gesundem Zustande,
über diesen Augenblick nachdachte, sagte er sich oft, daß
dieses ganze blitzartige Aufleuchten des höheren Selbstge-
fühls und Selbstbewußtseins und folglich auch ›des höhe-
ren Seins‹ nichts anderes als Krankheit, das Aufhören des
normalen Zustands sei. In diesem Falle könnte das aber
gar nicht ein höheres Sein genannt werden, sondern
müßte im Gegenteil zu den niedrigsten Momenten des
Lebens gezählt werden. Und doch gelangte er endlich zu
dem folgenden, außerordentlich paradoxen Schluß: ›Was
folgt denn daraus, daß es eine Krankheit ist‹, fragte er
sich, ›wen geht es etwas an, daß diese Spannung anormal
ist, wenn das Resultat selbst, wenn der Augenblick dieser
Empfindung, im gesunden Zustand betrachtet und ins
Gedächtnis zurückgerufen, sich als im höchsten Grade
harmonisch und schön erweist und ein bis dahin nie
gekanntes Gefühl der Fülle, des Gleichmaßes, der Versöh-
nung und des begeisterten, an ein Gebet erinnernden Auf-
gehens in die höchste Synthese des Lebens ergibt?‹«[5]

Dies ist gelebtes Vertrauen auch im Falle einer weiter bestehenden
unheilbaren Krankheit. Seelisch-geistig ist dieser Mann geheilt,
der Zirkel der Angst und des Kreisens um die Krankheit sind
durchbrochen: er ist vom Nicht-Vertrauen ins Vertrauen hinüber-
geschritten.

In diesen Tagen hörte ich von einem jungen Mann, der seit seiner Pubertät von epileptischen Anfällen heimgesucht wird und der, trotz seines Leidens im Leben und im Beruf stehend, sagen kann: »Wenn es diese wie so viele andere unheilbare Krankheiten gibt, warum sollte ich sie nicht haben und ertragen können?« – Auch er hat zu einer spirituellen Weise des Sich-hinein-Gebens, des »Betens« gefunden.

Und wie steht es heute mit dem »Fasten«? In den letzten Jahren haben es viele unter uns, auch ich, wieder gelernt, wieder geübt. Beinahe war sie in Vergessenheit geraten, die alte Praxis und Kunst des Fastens – auch haben fast sämtliche Handschriften des Neuen Testaments den Zusatz über das Fasten aus unserem Text gestrichen oder gar nicht erst aufgenommen. Aus welchen Gründen auch immer dies so ist: Viele unter uns haben es in den letzten Jahren wieder kennengelernt in seiner tiefgreifenden reinigenden Wirkung – physisch, aber auch psychisch.

Psychisch besteht es vor allem in einem Lassenkönnen, einer befreienden Ablösung von so manchem Selbsterhaltungskrampf. Man überläßt sich den tragenden Kräften und erfährt, was das heißen könnte: »Alle eure Sorgen werft auf ihn, denn er sorgt für euch.«

Vielleicht geht es ja auch in unserem Text gar nicht in erster Linie um das leibliche Fasten, sondern um das »Fasten des Herzens«, von dem man nicht erst in der christlichen Mystik und im Mönchtum, sondern schon im altchinesischen Taoismus viel verstand:

> »Yen Hui sprach: ›Darf ich fragen, was das Fasten des Herzens ist?‹ Kung Dsi sprach: ›Dein Ziel sei Einheit. Das äußere Hören darf nicht weiter eindringen als bis zum Ohr, der Verstand darf kein Sonderdasein führen, so wird die Seele leer und vermag die Welt in sich aufzunehmen.

Und der Sinn, das Tao ist's, das diese Leere füllt. Dieses Leersein ist das Fasten des Herzens.‹«[6]

Die Seele, die »leer« ist und deshalb die Welt in sich aufzunehmen vermag, sie ist es, die den Geist des Fastens im Sinne unseres Textes verwirklicht. Zum Beispiel auch in konkreten Fastenaktionen wie denen der Friedensbewegung und zahlreicher Kirchengemeinden, die viele von uns als Zeichen gegen die Besessenheit vom Ungeist des Krieges und der Überbewaffnung, gegen den Geist, der die Menschheit krank macht, mitvollzogen haben; ein Fasten für unsere eigene Reinigung konnte dies sein, aber auch ein Fasten in dem Sinne, daß wir uns in ihm mit den Opfern der Kriege geistig-seelisch verbinden und heilende Kräfte für sie zu entbinden suchten. Besteht doch ein geistigseelisches Netzwerk, ein spirituelles Kraftfeld unter und über der äußerlich sichtbaren politischen Wirklichkeit, die sie umfängt aus größerer Tiefe, überspannt aus größerer Höhe – ein psychisches Kraftfeld, in dem unser Beten und Fasten, in dem unser Vertrauen seine Wirkung tut.

Ein letztes noch: Hildegard von Bingen, die große Mystikerin und heilkundige Frau des hohen Mittelalters, hat eine »Besessene« – eine schizophrene Frau nach heutigem Verständnis –, die in der ganzen Gegend des Rheingaus vor allem wegen ihres Lästerzwanges gefürchtet war, tatsächlich geheilt, indem sie sie in ihre Klostergemeinschaft aufnahm, sie mitleben ließ in dieser Gemeinschaft, ohne jeden therapeutischen Aufwand, ohne etwas »zu machen«. Nur: Hildegard und ihre Mitschwestern, die ganze Gemeinschaft, nahmen diese Frau in ihre Tagzeitengebete und in ihr vorösterliches Fasten mit auf, in dem sich die Gemeinschaft zu reinigen versuchte von allen eigenmächtigen, angstvollen und vertrauenslosen Anwandlungen, um sich ganz zu öffnen für ein größeres Vertrauen. So hielten sie es die ganze Fastenzeit hindurch bis Ostern. Am Auferstehungstag, in einem Gottesdienst, erkannten sie, daß die zuvor von einem krank machenden Geist Geplagte nun geheilt war, befriedet und klar, im Vollbesitz ihrer geistigen Kräfte.

Was war geschehen? Hildegard wie auch die Mitschwestern, die alle keine Ärztinnen waren und keine sein wollten, hatten die Worte ernst genommen: »Diese Art« – unsere eigene vertrauenslose Art – »fährt durch nichts aus außer durch Gebet und Fasten.« Nichts hatten sie getan, als diese psychisch gestörte Frau mit hineinzunehmen in ihr gemeinsames Leben mit seiner Struktur und seiner spirituellen Mitte, hinein in eine Gemeinschaft und ihr geordnet zentriertes Leben, das – wie auch die heutige Psychiatrie belegt – wie nichts anderes geeignet ist, psychotische Menschen wieder »zu sich« zu bringen.

Am Anfang dieses Weges aber steht für jede und jeden von uns, ob wir Therapeuten, Angehörige oder Freunde von Kranken, ob wir selbst Kranke sind, auch heute nichts anderes als jener Schrei, der der Schrei eines Sterbenden und einer Gebärenden in einem ist:

Ich möchte vertrauen; hilf meinem Nicht-Vertrauen!

»Brannte nicht unser Herz in uns?« – Die Emmaus-Geschichte als Trauerweg[7]

Vertrauen wiedergewinnen, nachdem es bis ins Innerste erschüttert wurde durch den Tod eines geliebten Menschen ist dies menschenmöglich? Gewiß nicht unmittelbar nach dem Schock des Verlustes, aber dann, nach Tagen, Wochen, wenn nach der ersten Reaktion des »Nicht-wahrhaben-Wollens« der Trauerprozeß fortschreitet, der in seinen verschiedenen Stadien einer Wegbegehung gleicht, dann kann sich auch nach schwerstem Verlust die Hoffnung wieder rühren. Von einem solchen Trauerweg, der in der Wiederbegegnung mit dem Verlorenen und seiner Sache mündet, berichtet auch die von Lukas erzählte Geschichte, in der zwei Jesus-Jünger die Hauptstadt Jerusalem verlassen und nach Emmaus wandern, weil sie nach dem Tod ihres Meisters und dem damit wahrscheinlich gewordenen Untergang seiner Sache keinen existentiellen Ort mehr in der Hauptstadt Jerusalem zu haben meinen.[8]

Sie kehren zurück in die ländlichen Städtchen, woher sie gekommen sind, ehe der Ruf des Meisters sie traf, der sie herausrief aus ihrer Alltagsexistenz. Sie sind dabei, in einen trostlosen, visions- und illusionslosen Alltag zurückzukehren. Da erfolgt auf dem Wege, mitten in der Erinnerungs- und Trauerarbeit, in der diese Gefühle und Emotionen aufbrechen, die innere Wiederbegegnung mit dem Verlorenen, eine physisch spürbare Erfahrung, die sie in die Frage kleiden: »Brannte nicht unser Herz in uns, da er mit uns redete auf dem Wege?« Es ist dies eine Wiederbegegnung durch die Erinnerung an den Verstorbenen hindurch und an das, was mit ihm verbunden war, wie sie auch Trauernde zu unserer Zeit erleben können, wenn sie die Stufen des Trauerweges bewußt und offen durchschreiten. Es kristallisiert sich dabei etwas aus, was die Substanz der gelebten Beziehung mit dem Verstorbenen ausmachte; er kann in einer neuen Weise präsent werden, in der wir ihn nicht mehr verlieren können.

In diesem Kapitel will ich die Lukanische Emmaus-Geschichte als Beispiel eines Trauerwegs bis zur Wiedergewinnung der Hoffnung darzustellen versuchen, eines Trauerwegs, wie wir ihn mutatis mutandis alle durchschreiten können. Ich werde sie weniger als historische denn als symbolische Geschichte vorstellen, die auch uns heutige Menschen angeht. Dabei beziehe ich auch die Erfahrungsschritte mit ein, die bei einem bibliodramatischen Mitvollzug von einer Gruppe, die sich davon berühren läßt, gemacht werden können.

Bemerkenswert ist die Geistesgegenwart der Jünger, die es ihnen möglich macht, das Brennen in ihrem Herzen, das die innere Gegenwart des Auferstandenen anzeigt, wahrzunehmen und ihn schließlich am Abendbrottisch, an seiner Art, das Brot zu brechen, wiederzuerkennen. Es ist eine Geistesgegenwart – eine Gegenwart des Geistes! –, die ihnen nach chaotischem Gefühlsaufruhr und tiefer Herzensangst ihre Seelenruhe wiederschenkt.

Immer und immer wieder hat mich die schmerzvolle und geheimnisvolle Geschichte der »Emmaus-Jünger«, wie man sie nennt, berührt, erinnert sie mich doch stark an die Erfahrungen, die wir Menschen überhaupt mit dem Tod geliebter Menschen machen. Alles ist vorbei, der Sterbensprozeß in all seiner Pein, die Beerdigung, man geht nach Hause, vielleicht sogar froh um einen langen

Fußweg, auf dem man sich körperlich abreagieren kann nach der emotionalen Erschütterung, die ja noch in einem steckt, die in einem wühlt.

So machen die beiden Jünger den Zweieinhalbstunden-Weg zu Fuß von Jerusalem nach Emmaus, überzeugt, es habe keinen Sinn mehr, länger an der Stätte, in der Stadt der Katastrophe zu bleiben. Anders denn als Katastrophe kann man die Vorgänge um die Hinrichtung ihres Meisters nicht bezeichnen. Es war der unersetzliche Verlust eines verehrten, geliebten Menschen – und noch viel mehr: der Zusammenbruch einer Sinn-, ja Heilshoffnung für ihr Leben und das ihres ganzen Volkes.

Die Herrschenden hatten ihn umgebracht, er und mit ihm seine Sache schienen verloren, ausgelöscht. Das bohrt, wühlt in den Trauernden, bei jedem Schritt. Da gesellt sich ein geheimnisvoller Begleiter zu ihnen, der weiß anscheinend von nichts, läßt sich alles noch einmal erzählen, ermöglicht den beiden also, von allem Geschehenen zu sprechen, wieder und wieder, wie es das Bedürfnis aller Trauernden zu sein scheint; ermöglicht ihnen damit, den Verstorbenen allmählich, Schritt für Schritt, innerlich wiederzugewinnen.

»Brannte nicht unser Herz in uns, als er mit uns redete auf dem Wege?« So fragen sie sich nachträglich. Das »Brennen des Herzens« rührt mich immer an, diese leidenschaftliche Emotion, diese Sehnsucht nach dem Verlorengeglaubten, die einmündet in ein aufflammendes Spüren seiner unerwartet neuen Gegenwart in diesem Gespräch über ihn, das unversehens ein Gespräch mit ihm wird! Bis hin zu seiner Gegenwart im Mahl verdichtet sich seine Präsenz für die beiden, verdichtet sich ins Sichtbare. Aber indem er ihnen sichtbar wird, indem ihnen »ein Licht« aufgeht, entschwindet er auch schon vor ihren Augen: Er ist nicht festzuhalten in dieser neuen Existenzweise.

Unüberbietbar hat Rembrandt in einer seiner Radierungen zur Bibel diesen Augenblick festgehalten: Die Gegenwart Jesu besteht für die Jünger in dem Licht, das ihnen über seinem Platz an ihrem Tisch aufgeht – und indem sie das Licht seiner spirituellen Gegenwart sehen, entschwindet er als die Person, die er war, die man festhalten und anfassen konnte. Außer sich vor Staunen springen die beiden Jünger auf!

Auch wenn diese Erzählung des Lukas – wir finden sie in den Evangelien nur bei ihm! – gewiß etwas Einzigartiges berichten will, das den Jüngern mit Jesus geschah und ihnen die zuvor »gehaltenen« Augen nun wieder für ihn öffnet, für die Unzerstörbarkeit seines Lebens und Wirkens, so erscheinen mir doch die Parallelen dieses Geschehens mit dem, was Trauernden überhaupt geschieht, unübersehbar zu sein. Da die Emmaus-Geschichte exegetisch ausführlich behandelt worden ist, möchte ich hier nur beleuchten, inwiefern der Weg der Emmaus-Jünger ein Trauerweg, ein Trauerprozeß ist, der auch für heutige Trauernde hilfreich sein kann. Ich werde auch beschreiben, wie sich diese Geschichte, dieser Weg mit anderen als nur verbalen, auch mit bibliodramatischen Mitteln erschließen läßt.

Doch zunächst soll der ganze Text in der Übersetzung von Herrmann Menge noch einmal wahrgenommen werden, damit der Vergleich mit einem Trauerweg sinnfällig wird:

Die Emmaus-Jünger (Lukas 24, 13-35)

[13] *Und siehe, zwei von ihnen waren an demselben Tage auf der Wanderung nach einem Dorf begriffen, das sechzig Stadien von Jerusalem entfernt lag und Emmaus hieß.*

[14] *Sie unterhielten sich miteinander über alle diese Begebenheiten.*

[15] *Während sie sich nun so unterhielten und sich gegenseitig aussprachen, kam Jesus selbst hinzu und schloß sich ihnen auf der Wanderung an;*

[16] *Ihre Augen jedoch wurden gehalten, so daß sie ihn nicht erkannten.*

¹⁷ *Er fragte sie nun: »Was sind das für Gespräche, die ihr*
da auf eurer Wanderung miteinander führt?« Da blieben
sie betrübten Angesichts stehen.

¹⁸ *Der eine aber von ihnen, namens Kleophas, erwiderte*
ihm: »Du bist wohl der einzige, der sich in Jerusalem
aufhält und nichts von dem erfahren hat, was in diesen
Tagen dort geschehen ist?«

¹⁹ *Er fragte sie: »Was denn?« Sie antworteten ihm: »Das,*
was mit Jesus von Nazareth geschehen ist, der ein Prophet
war, gewaltig in Tat und Wort vor Gott und dem ganzen
Volk.

²⁰ *Ihn haben unsere Hohenpriester und der Hohe Rat zur*
Todesstrafe ausgeliefert und ans Kreuz gebracht.

²¹ *Wir aber hatten gehofft, daß er es sei, der Israel erlösen*
würde; aber nun ist bei dem allen schon der dritte Tag,
seit dies geschehen ist.

²² *Dazu haben uns aber auch noch einige Frauen, die zu*
uns gehören, in Bestürzung versetzt: Sie sind heute in
der Frühe am Grab gewesen

²³ *Und haben, als sie seinen Leichnam nicht gefunden hat-*
ten, nach ihrer Rückkehr erzählt, sie hätten auch noch
eine Erscheinung von Engeln gesehen und diese hätten
gesagt, daß er lebe.

²⁴ *Da sind denn einige der Unseren zu dem Grabe hingegan-*
gen und haben es so gefunden, wie die Frauen berichtet
hatten, ihn selbst aber haben sie nicht gesehen.«

²⁵ *Da sagte er zu ihnen: »O ihr Gedankenlosen, wie ist*
doch euer Herz so träge, um an alles das zu glauben,
was die Propheten verkündet haben!

²⁶ *Mußte denn Christus dies nicht leiden und dann in*
seine Herrlichkeit eingehen?«

²⁷ *Darauf fing er bei Mose und allen Propheten an und legte*
ihnen alle Schriftstellen aus, die sich auf ihn bezogen.

²⁸ So kamen sie in die Nähe des Dorfes, wohin die Wanderung ging, und er tat so, als wollte er weiterwandern.

²⁹ Da nötigten sie ihn mit den Worten: »Bleibe bei uns, denn es will Abend werden, und der Tag hat sich schon geneigt!« So trat er denn ein, um bei ihnen zu bleiben.

³⁰ Als er sich hierauf mit ihnen zu Tisch gesetzt hatte, nahm er das Brot, sprach den Lobpreis, brach das Brot und gab es ihnen:

³¹ Da gingen ihnen die Augen auf, und sie erkannten ihn; doch er entschwand vor ihren Blicken.

³² Da sagten sie zueinander: »Brannte nicht unser Herz in uns, als er unterwegs mit uns redete und uns den Sinn der Schriftstellen erschloß?«

³³ Und sie machten sich noch in derselben Stunde auf, kehrten nach Jerusalem zurück und fanden dort die Elf nebst ihren Genossen versammelt. Die riefen ihnen entgegen:

³⁴ »Der Herr ist wirklich auferweckt worden und ist dem Simon erschienen!«

³⁵ Da erzählten auch sie, was sich unterwegs zugetragen hatte, und wie er von ihnen am Brechen des Brotes erkannt worden war.

Es sind also nicht nur die beiden Jünger, die auf dem Weg nach Emmaus seine Präsenz erlebten, anderenorts waren es die Frauen, denen Engel die Botschaft seiner Auferstehung gebracht haben sollen, und in Jerusalem selbst war es Simon, sein Meisterschüler.

Erschließung der Emmaus-Geschichte
mit bibliodramatischen Elementen

Über mehrere Gruppen, die mit Elementen des Bibliodramas[9] versuchten, die Emmaus-Geschichte als Paradigma eines Trauerweges zu erschließen, möchte ich im folgenden berichten. Die Treffen fanden jeweils am Wochenende (meist von Freitag bis Sonntag) statt, zweimal mit einer Studenten- und einmal mit einer Gemeindegruppe. Hierbei ging es mir beziehungsweise uns – ich beziehe mich auf die gelegentliche Zusammenarbeit mit Yorick Spiegel, Frankfurt – zunächst darum, das Wegmotiv, das die Emmaus-Geschichte durchzieht, dergestalt aufzugreifen, daß wir die Stationen des Emmaus-Weges in dem Raum, in dem wir uns aufhielten, und bei anderer Gelegenheit auch im Freien, markierten.

Im Gruppengespräch über den Text erschienen vor allem die folgenden Stationen der Markierung wert:

1. Jerusalem (oder auch die Jünger, die in Jerusalem zurückbleiben).
2. Zunächst der erste Teil des Weges nach Emmaus: die anfängliche Wegstrecke, soweit die Jünger sie noch ohne Begleiter gehen.
3. Dann die letzte Wegstrecke nach Emmaus, auf der die Jünger den unbekannten Begleiter bei sich haben.
4. Das Innehalten auf der Schwelle des Hauses in Emmaus, wo die beiden Jünger ihren Begleiter bitten: »Herr bleibe bei uns, denn es will Abend werden und der Tag hat sich geneigt!«
5. Die Situation bei Tisch im Haus in Emmaus (wo Jesus von den Emmaus-Jüngern an seiner Art, das Brot zu brechen, erkannt wird).

6. Der Rückweg von Emmaus nach Jerusalem (den die Jünger zurückeilen, um den dort Zurückgebliebenen die Erfahrung der Auferstehung zu vermitteln).

Nachdem uns die Struktur dieses Weges von Jerusalem nach Emmaus und zurück klar geworden war, gestalteten wir in dem Raum, in dem wir uns befanden, oder auch im Freien die Stationen mit entsprechenden Schildern, die wir aushängten.

1. Das Schild mit der Aufschrift »Jerusalem« (dazu Stühle, einige mauerartige Schränke);
2. sodann einen Wegweiser »nach Emmaus 10 km« (erste Wegstrecke);
3. einen zweiten Wegweiser »nach Emmaus 5 km« (zweite Wegstrecke);
4. ein Schild »Eingang des Hauses von Emmaus« (dazu ein paar Stufen markierend, eine Tür);
5. ein weiteres Schild mit der Aufschrift »Tisch des Hauses in Emmaus« (Tisch, Stühle zusammengestellt);
6. schließlich noch einen Wegweiser für den Rückweg »nach Jerusalem 15 km«.

Nun griffen wir die uralte rituelle Bewegungsform des Umwanderns, des Umgehens auf, die noch in unserem heutigen Ausdruck »umgehen mit etwas« steckt und die immer schon dem Sich-Annähern an einen Inhalt und dessen Innewerden diente: Zunächst umwanderten, durchwanderten wir als ganze Gruppe die markierten Stationen der Emmaus-Geschichte, mehrmals, mindestens dreimal, um mit der Dynamik unserer Geschichte, ihrer inneren Bewegung, umgehen zu lernen und in sie einschwingen zu können. Sodann bat ich die Teilnehmer und Teilnehmerinnen, sich jeweils einer der markierten Stationen der Geschichte zuzuordnen, und zwar derjenigen, die dem inneren Ort, an dem sie sich hier und heute befanden, am ehesten entsprach, und sich dort aufzuhalten. Wir ließen uns Zeit zu diesem Auffinden des inneren Ortes in der Geschichte. Manche der Teilnehmer und Teilnehmerinnen wurden eine Zeitlang zwischen zwei oder mehreren Stationen hin- und hergerissen, pendelten zwischen beiden und fühlten sich schließlich doch zu einer bestimmten Situation am stärksten hingezogen.

An jeder dieser Stationen hatten sich ein, zwei oder auch mehr Personen eingefunden, die sich eben hier in ihrer momentanen Befindlichkeit am ehesten angesprochen und zugehörig fühlten. Die meisten fanden sich auf der ersten oder der zweiten Wegstrecke zwischen Jerusalem und Emmaus ein, etliche auch auf der Schwelle des Hauses von Emmaus, wenige, aber immerhin einige wagten sich bis an den Tisch des Hauses von Emmaus vor. Eine einzige wählte den Wegweiser zurück nach Jerusalem, hatte also eine Erfahrung gemacht, die sie an diejenigen weitersagen wollte, die sich noch in Jerusalem verbarrikadiert hielten.

Nun regte ich an, sich untereinander etwas von dem mitzuteilen, was einen jeden, eine jede gerade an diese Station der Geschichte hingeführt hatte.

Jerusalem

Einige, die in Jerusalem geblieben waren, sagten, daß sie es gar nicht fertiggebracht hätten, von der Stelle all der schrecklichen Ereignisse um Jesu Tod wegzugehen (es ließ sich aus diesen Gesprächen bereits herausspüren, daß sie, indem sie von Jesu Tod redeten, zugleich von dem Tod ihnen naher Menschen sprachen, aus deren letztem Lebensraum, der Wohnung zum Beispiel, mit all ihren vertrauten Gegenständen, aus deren Stadt, von deren Grab sie sich nicht wegbegeben wollten).

Manche derer, die in Jerusalem blieben, hielten es im Grunde auch gar nicht für wahr, daß Jesus beziehungsweise ihr eigener Angehöriger – wirklich gestorben war.

Andere sagten, daß sie sich aus dem Freundes- und Jüngerkreis des verstorbenen Jesus nicht fortbewegen wollten, weil da die einzige Gelegenheit gegeben sei, wenn er schon selbst nicht mehr unter ihnen wäre, mit ihm verbunden zu bleiben (auch hier tönte in den Gesprächen durch, daß sie zugleich vom Freundes- und Familienkreis eines nahen Verstorbenen sprachen, von der Kirche, der Gemeinde oder auch einer anderen weltanschaulichen Gruppierung, bei der sie bisher geblieben waren und weiterhin bleiben wollten, auch wenn der einst inspirierende Leiter und inspirierende Geist nicht mehr in der Gruppe anwesend war). Wörtlich: »Wenn Bhagwan auch tot ist, oder gerade darum, halte ich mich jetzt weiter an jene, die zu ihm gehört haben« (ein Mann, 26). Oder weiter: »Man kann doch da gar nicht weggehen, wo jemandem etwas passiert ist. So war es auch nach dem tödlichen Unfall meines Bruders. Es war mir, als wäre er noch immer anwesend an dieser Stelle« (eine Frau, 50). Oder: »Als Mutter gestorben war, haben wir jahrelang nichts in ihrem Zimmer verändern mögen« (ein Mann, 29).

Erste Wegstrecke

Bei der Gruppe derer, die auf dem Wege von Jerusalem weg nach Emmaus waren, noch ehe der unbekannte Begleiter zu ihnen getreten war, herrschten Enttäuschung, Wut, Schmerz und die bittere Frage nach dem Warum des Geschehens vor. Wenn die Teilnehmerinnen und Teilnehmer dieser Gruppe, die recht zahlreich waren, von ihrer Enttäuschung und ihrer anklagenden Warum Frage, auch gegenüber Gott – »Wir aber hofften, er würde Israel erlösen.« –, berichteten, gingen die Gespräche von der Geschichte oft auf eine reale Verzweiflung am Glauben über. Sie sprachen, als hätten sie ihren Glauben an Jesus verloren, auf den sie doch fast alle irgendwann im Leben einmal ihre Hoffnung gesetzt hatten. Wörtlich: Ach kann leider an überhaupt nichts mehr glauben, seit mich eine extrem pietistische Gruppe so sehr enttäuscht hat. Als ich sie einmal in ihrer Engstirnigkeit kritisierte, sahen sie allen Ernstes einen Dämon in mir und versuchten, ihn auszutreiben. Ich habe fast einen seelischen Knacks bekommen. Dabei hing ich an den Leuten, an ihrer warmen Gemeinschaft. Leider ist mir damals auch Jesus selbst ›gestorben‹« (eine Frau, 24).

Andere sprachen implizit von enttäuschten Hoffnungen auf andere religiöse oder auch politische Utopien, wie es beispielsweise die Bhagwan-Bewegung, aber auch der Aufbruch der 68er-Bewegung gewesen waren.

In dieser Gruppe wurde auch bald über die reale Lebensgeschichte der einzelnen mit ihren Verlusterfahrungen erzählt: Berufserwartungen, die sich zerschlagen haben, mißglückte Beziehungen, verlorene Gesundheit, Unglücks- und Todesfälle.

Hier ist immerhin die Tendenz zu spüren, die enttäuschende Lebenssituation, an der doch noch viel von der verlorenen Hoffnung hing, hinter sich zu lassen (Jerusalem zu verlassen), um irgendwohin wegzugehen, unterzutauchen, vielleicht auch an das alte Leben, wie es vor dieser Hoffnung, vor dieser Beziehung war, wieder anzuknüpfen. Diese Teilnehmer sind vom Ort großen öffentlichen Geschehens fortgegangen und haben sich »in ihre Dörfer« zurückgezogen, in ihr privates und berufliches Leben. Wörtlich: »Ja, ich hab' mal an den Sozialismus geglaubt, hab' mich eingesetzt, war begeistert, hatte eine Aufgabe in der FDJ. Und jetzt kommt dieser Saustall heraus, mit all diesen Stasi-Akten. Ich denke, daß ich nie mehr richtig an etwas werde glauben können. Ich will auch einen ganz pragmatischen Beruf – Taxifahrer oder so« (ein Mann, 20).

Zweite Wegstrecke

Auf dem zweiten Teil der Wegstrecke nach Emmaus schließlich, wo der geheimnisvolle Begleiter zu den Jüngern trat und mitging, begegneten sich die Menschen, die, trotz allem, was geschehen war – Jesu Hinrichtung, die eigene, verlorengegangene Hoffnung, verlorengegangene Menschen –, eine unerwartete neue Hoffnung in sich spürten, daß ihr Leben lebenswert weitergehen könnte. Es war, als sei einer, der Hoffnung geben konnte, zu ihnen getreten.

So stellten sie, wie er es tat, das Geschehen von Jerusalem in einen größeren Zusammenhang, erinnerten sich mit ihm, daß auch das Alte Testament schon den Gerechten, den Gottesknecht kannte, der stellvertretend leidet; daß ein geheimnisvoller Sinn in allem äußerlich so Widersinnigen verborgen sein könnte. So stellten sie im Gespräch miteinander auch andere Ereignisse ihres Lebens in einen großen Zusammenhang, fragten, suchten, von einer geheimnisvollen Sehnsucht nach Klärung, nach »Sinn« durchdrungen: »Brannte nicht unser Herz in uns, da er mit uns redete auf dem Wege?«

Mit der beunruhigenden Erinnerung an die Frauen gar, die das Grab leer fanden und sich zu der Erfahrung bekannten, daß Christus lebe, wurde für diejenigen, die sich auf der Wegstrecke mit dem unbekannten Begleiter befanden, eine neue Dimension von Hoffnung eröffnet: Sie sprachen nun auch davon, daß es eine Hoffnung auf Wiederbegegnung mit dem Verlorenen, dem Verstorbenen geben könnte ...

Auf der Schwelle

Auf der Schwelle zu dem Haus in Emmaus trafen sich nun diejenigen, die schon berührt worden waren von einer wiederkehrenden

Hoffnung – auch im Blick auf ihre eigene religiöse Suche, ihren Glauben, auch im Blick auf ihren Umgang mit Trennung und Trauer im engsten Beziehungskreis. Hier trafen sich diejenigen, die diesen Hoffnungsfunken, diesen Hoffnungsträger festhalten wollten, ehe die Nacht hereinbrach, welche alle Ängste und Schmerzen überdimensional zu vergrößern drohte: »Herr bleibe bei uns, denn es will Abend werden, und der Tag hat sich geneigt.« Hier fand sich die Gruppe derer ein, die sich angesichts einbrechender Nacht und Not zu einem Gebet durchringen konnten, die eine Bezogenheit zu dem innerlich wieder mitgehenden Christus, dem »Christus in uns« spürten – wenn auch noch mit großen Ängsten und Zweifeln. Sie trauten sich noch nicht über die Schwelle des Hauses in Emmaus, doch waren sie bereits auf der Schwelle angekommen.

Beim gemeinsamen Mahl

Immer wieder haben auch einige der Teilnehmer die Schwelle überschritten und sich an dem Tisch zusammengesetzt, um miteinander und mit dem unbekannten Wegbegleiter das Abendbrot zu essen, wobei dieser im Augenblick des Erkennens vor ihren Augen verschwand. Dafür ging ihnen auf, wer er war, auf welche Weise er jetzt gegenwärtig sein und mit ihnen weitergehen konnte: »Brannte nicht unser Herz in uns, als er mit uns redete auf dem Wege?«

Die Menschen, die sich hier versammelten, sprachen miteinander entweder von ihrer großen Sehnsucht nach solch einer Erfahrung, die innere Gegenwart eines geliebten Verstorbenen oder gar die innere Gegenwart Christi erleben zu können – oder sie sprachen, meist zögernd und scheu, von erlebten Erfahrungen solcher Qualität. Wörtlich: »Manchmal ist es mir jetzt, zwei Jahre nach dem Tod meines Mannes, als sei er so eine Art Schutzengel für mich geworden, mit dem ich anfallende Entscheidungen durchsprechen kann. Und seit ich mich mit seinem Unfalltod auszusöhnen beginne, kann ich darüber innerlich auch wieder sprechen, auch mit Christus im Gebet« (eine Frau, 48).

Es kann sich um Glaubenserfahrungen handeln bei der Tischgemeinschaft mit bestimmten Menschen, auch beim Abendmahl, oder um die beglückende Wiederbegegnung mit einem Verstorbenen im Traum oder in der subjektiven Erfahrung, so daß er innerlich wieder als gegenwärtig erlebt wird, daß er als innere Gestalt, als Bruder, Schwester, als Geliebte oder Geliebter in mir – in meinem Leben – mitgeht.

Rückkehr noch Jerusalem

In einem der Wochenendseminare, in denen wir die Emmaus-Geschichte durchsprachen, war es nur eine einzige Frau, die sich auf die letzte Station des Weges, auf den Rückweg nach Jerusalem, begab; in dem anderen der beiden Seminare, die ich zu dieser Geschichte durchführte, waren es immerhin zwei gewesen: Sie erzählten einander, daß sie wirklich selbst etwas erlebt hatten, derart, daß ein zu Anfang verzweiflungsvoll vermißter Verstorbener eines Tages zum tröstenden inneren Begleiter geworden sei. Die erste Frau (56) wörtlich: »Ich hätte doch wirklich nicht gedacht, daß in einem meiner Träume Jesus vorkommen kann. Ich geniere mich fast, davon zu sprechen; aber ich wußte, daß er es war. Er ging an unserem Seeufer entlang, und wo er ging, brachen Blumen auf, wurde es Frühling. Und so war auch meine Stimmung im Traum: auf einmal wieder hoffnungsvoll – wie sie es nie mehr gewesen war seit dem Tod meines Sohnes.«

Und die zweite (29): »Ich hätte mir nie vorstellen können, daß ich mich mit dem schweren Krebstod meiner Mutter je würde aussöhnen können. Es sind jetzt drei Jahre her, und irgendwie staune ich selbst, daß es nicht mehr ausdrücklich weh tut. Mutter ist mir vielmehr so etwas wie eine innere Beraterin geworden, mit der ich vieles durchsprechen kann. Es ist mir auch, als sei sie noch weiser geworden, als sie es bei Lebzeiten war. Und ich spüre jetzt, wer sie im Kern ihres Wesens war und ist, erlebe sie jetzt frei von all den Schwierigkeiten und Nervositäten, die sie im Alter so an sich haben konnte.«

Wie wir sehen, sind die Stationen der Emmaus-Geschichte von denen, die sich ihnen jeweils zugeordnet haben, immer auf zwei unterschiedlichen, wenn auch miteinander verbundenen Ebenen erlebt worden: einerseits auf der Ebene der biblischen Emmaus-Geschichte selbst, ihren Bildern und Gestalten, ihren Situationen und Figuren, in denen der beiden Emmaus-Jünger und ihres unbekannten Begleiters, andererseits aber auf der Ebene des eigenen psychischen Erlebens, auf der jeder und jede der Teilnehmer und Teilnehmerinnen Verlust und Trauer schon selbst erfahren und auch um das mögliche Wiederfinden eines geliebten Menschen oder auch eines Glaubens gerungen hatte – psychisches Erleben, das durch vergleichende und mit der Emmaus-Geschichte zusammenklingende Vorgänge erneut ausgelöst und freigelegt werden konnte.

Zunächst war es uns Leitern darum gegangen, den ganzen Weg, den der Erzähler der Emmaus-Geschichte ausschreitet, noch einmal im Zusammenhang miterleben und durchschreiten zu lassen, indem alle Gruppenteilnehmer ihre jeweils gewählten Stationen im Spiegel der anderen kennenlernten und im Gespräch näher bestimmten.

Um nach dem Ausschreiten und Durchspielen ihrer einzelnen Stationen die Emmaus-Geschichte als Ganzes noch einmal erfahrbar machen zu können, wurde nun die Rolle eines fragenden Zeitgenossen, eines fragenden Zeitzeugen der Emmaus-Jünger, eines Berichterstatters gleichsam (unter dem wir uns auch den künftigen

Evangelisten vorstellen können) eingeführt. Diese Rolle konnte grundsätzlich von jedem der Gruppenmitglieder, aber auch vom Gruppenleiter selbst übernommen werden.[10]

Der Berichterstatter

Dieser Berichterstatter oder künftige Evangelist geht nun fragend und geleitet von seinem Interesse, die Geschichte wahrheitsgemäß zu erfahren, von Station zu Station und befragt unter denjenigen, die sich hier eingefunden haben, entweder einige oder auch alle, was sie gerade hierher geführt habe. Er fragt sie im Sinne der Geschichte, zum Beispiel, wie sie es denn erlebten, daß sie Jesus verloren haben, gar durch Hinrichtung, wie sie es denn überhaupt beurteilten, daß das geschehen konnte (erste Station); sodann, ob sie irgendeine Verstehensmöglichkeit für das Ganze gefunden und wie sie das Gespräch mit dem unbekannten Begleiter erlebt hätten, wie sie es überhaupt hätten wahrnehmen können, daß er von einer bestimmten Situation an mit ihnen gegangen sei (zweite Station).

Eine sehr wichtige Funktion dieses Fragenden, dieses künftigen Evangelisten, der das Vorgefallene hier noch nicht kennen kann – »Bist du der einzige, der nicht weiß, was vorgefallen ist?« – ist die, daß er die Trauernden zum Sprechen, zum ausführlichen Erzählen bringt, dazu, wieder und wieder das Erlebte durchzugehen, nach Zusammenhängen zu suchen. Diese Möglichkeit, jemandem von einem schrecklichen Vorfall zu erzählen, sich bei jemandem auszusprechen, die Dinge hin und her zu wenden, scheint für jeden Trauernden ein großes inneres Bedürfnis zu sein.

Schließlich wird der Berichterstatter auch diejenigen befragen, die vor der Tür des Hauses von Emmaus verharrt haben, ohne doch hineinzugehen – und letztlich auch diejenigen, die sich getraut haben, sich am Tisch des Hauses zu versammeln. Gerade diejenigen, die sich an diesen beiden Stationen in Emmaus eingefunden haben, diesseits der Schwelle des Hauses und auch jenseits von ihr, brachten beim abschließenden Gespräch immer wieder zum Ausdruck, daß sie es als sehr ernst, ja erregend empfunden hätten, als der befragende Berichterstatter an sie herantrat. Während auf der ersten und zweiten Station des Weges dem Berichterstatter gelegentlich auch ausweichende oder ironisch-sarkastische Antworten gegeben wurden, als er fragte, wurde es hier sehr ernsthaft und sehr ehrlich; es kamen absolut aufrichtige Antworten, die oft von tiefen Ängsten (bei denen, die auf der Schwelle sitzen geblieben waren), aber auch von bewegenden inneren Erlebnissen berichteten. Das »Spiel« erreichte hier und auch bei der letzten Station, dem Rückweg nach Jerusalem, einen existentiellen Ernst, der die Betreffenden sehr bewegte.

Die Stationen eines Trauerprozesses

In der nächsten Sequenz unseres Umgangs mit der Emmaus-Geschichte – es lag bei jedem unserer zwei- bis dreitägigen Seminare eine Nacht zwischen der einen und der nächsten Sequenz, was zur inneren Verarbeitung beitrug – ging es uns nun ausdrücklich darum, die Stationen eines Trauerprozesses, die in den Strukturen der Geschichte enthalten sind, herauszuarbeiten und mit den Teilnehmern und Teilnehmerinnen diesen Prozeß als einen Weg mit Ausgangspunkt und Ziel zu durchschreiten und zu durchleben. Wir informierten uns zunächst noch einmal über die Stationen des Trauerprozesses, wie sie einerseits von Verena Kast und andererseits von Yorik Spiegel herausgearbeitet worden sind.
Die Phasen des Trauerprozesses nach Verena Kast:
Nach Verena Kast besteht der Trauerprozeß aus folgenden vier Stationen oder Phasen:

Erste Phase des »Nicht-wahrhaben-Wollens«, in der
die Trauernden die Tatsache, daß der geliebte Mensch
einen wirklich verlassen hat oder wirklich verstorben ist,
einfach noch nicht zur Kenntnis nehmen wollen. Er wird
in jedem Augenblick wieder zurückerwartet. Eine
besonders quälende Form des Nichtwahrhaben-Wollens
geht mit plötzlichem Fühllos-Werden einher, einem Er-
starren quasi zu Stein, das sich einstellen kann, um den
Schmerz nicht aufkommen zu lassen, der unweigerlich
aufkäme, wenn man die Tatsache des Verlustes an sich
heranließe.

In der Emmaus-Geschichte können sowohl die in Jerusalem
Zurückgebliebenen zu denen gehören, die den Tod Jesu nicht wahr
sein lassen wollen (sie halten seinen Tod etwa für einen Scheintod,
erwarten sein Wiederkommen in Kürze, rühren sich nicht von der
Stelle), als auch diejenigen, die nach Emmaus gehen, noch ehe der
unbekannte Begleiter zu ihnen getreten ist. Sie meinen entweder,
Jesus werde wieder auftauchen und alles könnte wieder werden wie
zuvor, oder aber sie könnten doch zumindest in ihr altes Leben
zurückkehren, das sie vor der Begegnung mit Jesus geführt hatten,
als sei nichts gewesen – unter Überspringen aller Trauer.

Die zweite Phase des Trauerns ist nach Verena Kast die
»Phase der aufbrechenden Emotionen«, in der alle die
Emotionen, die mit dem Verstorbenen zusammenhängen,
noch einmal leidenschaftlich zum Ausdruck kommen,
nachdem die Tatsache des Verlusts eines geliebten Men-
schen, die endgültige Trennung oder gar der Tod innerlich
als wahr akzeptiert worden sind: Liebe, auch Wut, Wut
darüber, verlassen worden zu sein, Schuldgefühle über
Versäumtes, aber auch Scham können plötzlich in großer
Wucht über einen hereinbrechen. Hier ist es sehr wichtig,

daß unser Zorn auch ausgedrückt werden kann, daß die
notwendige Auseinandersetzung mit unseren Schuldgefüh-
len geschieht und nicht in der Suche nach einem anderen
Schuldigen steckenbleibt, da sonst die notwendige Trau-
erarbeit nur verschleppt würde und unausgetragen bliebe.
Wichtig ist auch, daß alle Gefühle, die für uns mit dem
Verstorbenen und unserer gemeinsamen Beziehung ver-
bunden waren, noch einmal durch uns hindurchziehen
können, bis sich ausfiltert, was die »Substanz« dieser
Beziehung war, was der geliebte Mensch aus uns heraus-
geholt, herausgeliebt hat – dies ist durch die Trennung
nicht zu zerstören.

In der Emmaus-Geschichte ist diese Phase in der zweiten und
dritten Station des Emmaus-Weges wiederzuerkennen. Hier spielt
die Panik, die zur Flucht der beiden Jünger aus Jerusalem führt, die
Warum-Frage, die Anklage und die Suche nach dem Schuldigen
an diesem Tod eine große Rolle, zugleich aber auch die liebevolle
Erinnerung und Hoffnung: »Und wir dachten, er würde Israel
erlösen … «

> *Die dritte Phase des Trauerprozesses ist nach Verena*
> *Kast diejenige »des Suchens und Sich Trennens«: Hier*
> *ereignet sich für den Verlassenen nach seinem unentweg-*
> *ten Suchen nach dem Verlorenen, nach seinem Aufsuchen*
> *aller Erinnerungen, Gegenstände und Orte, die mit jenem*
> *verbunden waren, schließlich ein Wiederfinden, eine*
> *Wiederbegegnung auf neuer Ebene. Ein Traum kann bei-*
> *spielsweise den Verstorbenen enthalten, ihn zeigen, un-*
> *verletzt, gesund und in bestem Alter – wie erneuert. So*
> *entsteht ein innerer Kontakt. Bei Tage verschwindet zwar*
> *das konkrete Bild wieder, der Verlassene kann den Ver-*
> *storbenen nicht anfassen, nicht festhalten. Doch dann,*

in der Phase, in der kein Rückfall in ein Nicht-wahrha-
ben-Wollen des Todes mehr zu befürchten ist, dann,
wenn der Tod akzeptiert ist bis in die Träume hinein,
wird das neue Bild des Verstorbenen sichtbar, das sich
nun als eine Art von innerem Begleiter, innerer Beglei-
terin konstituiert, die künftig mitgeht und sich nicht
mehr auflöst.

Der genannte Übergang vom Suchen zum Sich-Wiederfinden auf
neuer Ebene, was schließlich auch die endgültige Trennung vom
konkret faßbaren und festhaltbaren Menschen bedeutet, kündigt
sich in der Emmaus-Geschichte schon in der dritten Station an, als
sich der unbekannte Begleiter zu den Wandernden gesellt und ihnen
alles aus größeren Zusammenhängen heraus erklärt; in der vierten
Station, auf der Schwelle des Hauses von Emmaus, wollen schließlich die Jünger den Begleiter wirklich festhalten: »Herr, bleibe bei
uns!« Er bleibt als der innere Begleiter, der sie das Geschehen verstehen und annehmen lehrt, in der Tat bei ihnen, sogar als der, der
ihnen das Brot bricht. Erst als sie ihn erkennen, als sie ihn rückbe-
ziehen auf den verlorenen konkreten Jesus, ihn wiederhaben wollen als den, der er war, entschwindet er offenbar vor ihren Augen.
Denn sie müssen der alten Beziehungsform absagen. Auch was sie
auf den verstorbenen Menschen beziehungsweise auf Jesus proji-
ziert haben, zum Beispiel das Gottvertrauen, die Gottverbundenheit, kann und muß noch von ihm zurückgezogen und abgelöst und
zu einem eigenen Grundvertrauen, zu einem eigenen »Glauben«
werden.

Die vierte Phase schließlich, die Phase des neuen Selbst-
und Weltbezugs, kann einsetzen, wenn die Such- und
Trennphase in das Stadium getreten ist, in dem sie nicht
mehr das gesamte Sinnen und die gesamte Phantasie des
Trauernden beansprucht: »Voraussetzung dafür ist, daß

der Verstorbene nun eine ›innere Figur‹ geworden ist; sei
dies, daß der Trauernde den Verstorbenen als eine Art
inneren Begleiter erlebt, der sich auch wandeln darf, sei
es, daß der Trauernde spürt, daß vieles, was zuvor in der
Beziehung gelebt hatte, nun seine eigenen Möglichkeiten
geworden sind.«[11]

Mit Jesus als innerem Begleiter können die Emmaus-Jünger in
unserer Geschichte zu den in Jerusalem Zurückgebliebenen kommen, um ihnen die Botschaft vom Auferstandenen zu bringen, die
diese inzwischen auf ähnliche Weise selbst erfahren haben. Diese
Übereinstimmung im Erleben macht den Vorgang noch überzeugender: Der neue Selbst- und Weltbezug öffnet wieder für die anderen, teilt sich samt allem Erlebten neu mit, bringt sich ein.

Die Phasen des Trauerprozesses nach Yorick Spiegel sind den
genannten ähnlich. Er bezeichnet die vier Trauerphasen, die jeder,
der einen Verlust erlitten hat, durchläuft, als

1. Die Phase des Schocks.
2. Die kontrollierte Phase (in der man sich selbst wie von
   außen sieht).
3. Die Phase der Regression.
4. Die Phase der Adaption.[12]

Der bibliodramatische Trauerweg

In unserem bibliodramatischen Spiel errichteten wir am folgenden
Tag im Freien – einmal war es ein kleiner Garten in der Stadt; ein
andermal ein wildes Gelände, das zu dem Innenhof einer Burg
gehörte – die Stationen des Trauerweges noch einmal, nun aber

nicht mehr direkt auf die Stationen der Emmaus-Geschichte, sondern auf den emotionalen Vorgang des Trauerns selbst bezogen: So errichteten wir eine erste Station, die des »Nicht-wahrhaben-Wollens«, dann eine zweite, die wir die »Station der aufbrechenden Emotionen« nannten; schließlich die Station mit den Stichworten »einander suchen – einander wiederfinden – sich trennen« und zuletzt diejenige, die wir den »neuen Selbst- und Weltbezug« nannten. Nach Art einer Prozession, schweigend oder auch singend, wanderten wir anschließend durch alle Stationen, durchschritten dabei den Garten oder das Burggelände, hielten jeweils bei einer der Stationen an, hielten inne und sannen noch einmal – durch einige Stichworte und Gedanken vom jeweiligen Initiator und Geleiter der Prozession (einmal war es Yorick Spiegel) unterstützt – über die Bedeutung dieser Station nach und schrieben dann auf einem Zettel nieder, was uns zu dieser Station besonderes einfiel, was uns hier besonders bewegte und was wir hier niederlegen und damit auch loslassen wollten. Diese Zettel der einzelnen wurden weder verlesen noch besprochen. Ganz geschützt sollten sie das Erleben eines jeden enthalten. Zuletzt wurden sie in ein großes »Osterfeuer« geworfen, das zugleich als ein symbolisches Feuer der Auferstehung und der Verwandlung aufgefaßt werden konnte.

Hier wurde eine Zugangsweise zu der Emmaus-Geschichte gesucht und dargestellt, die sowohl theologisch in den Wandlungsvorgang hineinversetzt, der vom äußeren Jesus, der verlorengehen kann, zum unverlierbaren »Christus in uns« führt, als auch psychologisch den verwandelnden Trauerprozeß aufzeigt, der vom Verlust eines Menschen bis zu dessen Wiedergewinnung als innere Gestalt reicht. Insofern kann der Umgang mit dieser Geschichte als das Begehen eines Weges erlebt werden; eines sowohl theologisch wie auch psychologisch beschreibbaren Weges, einmal aus der Perspektive des Glaubens, des Hoffens; das andere Mal aus der Perspektive des Trauerns, des Trauerns auf Wandlung hin.

Einmal habe ich das Seminar zu dieser Geschichte in die Oster-zeit gelegt, ein andermal in die Zeit der Totengedenktage im November. Im einen Fall war es ausdrücklich für solche Teilneh-merinnen und Teilnehmer gedacht, die vor kurzem eine Trennung in ihrer Beziehung erlebt hatten, ein andermal ausdrücklich für Menschen, in deren Leben der Tod eingebrochen war.

Zu Beginn haben wir die Geschichte Jeweils vorgelesen, beim Hören die aufkommenden Bilder imaginiert und anschließend auch gemalt und dadurch bereits die eigene Berührungsstelle zwi-schen uns selbst und der Geschichte herausgefunden, die dann in der Wahl der »Station«, zu der wir uns als einzelne gesellten, noch einmal wahrgenommen werden konnte.

Bei einer Gruppe von Theologiestudenten und -studentinnen haben wir der ersten Sequenz – einem meditativen Zugang zu der Geschichte mit freiem Imaginieren – eine zweite Sequenz gegen-übergestellt, in der die Studierenden einige der wichtigsten Ergeb-nisse historisch-kritischer Forschung herausarbeiteten und mit den Einsichten, die ihr meditativer Zugang zum Text erbracht hatte, verglichen.« Viele der Einsichten, die auf dem einen oder dem anderen Weg der Annäherung an den Text gewonnen wurden, stimmten miteinander überein; andere wieder, vor allem die Ein-sichten, die sich der Einfühlung in die Emmaus-Jünger, der Empa-thie beziehungsweise dem persönlichen Betroffensein verdankten, blieben dem meditativen und imaginativen Zugang vorbehalten.

Was ich hier beschreiben wollte, ist ein Modus der Annäherung an eine biblische Geschichte, bei dem die Erzählung mit Hilfe biblio-dramatischer Elemente in ihrer Struktur – der dynamischen Struk-tur eines Weges mit mehreren Stationen aufgeschlossen und leib-seelisch mit durchschritten wird, ohne jedoch alle Szenen in einer direkten Weise nachzuspielen. Die erzählten Stationen werden viel-mehr als existentielle Situationen sichtbar gemacht, in die die Be-troffenen eintreten und in die sie sich einbringen können im Kontext ihrer realen Verlust- und Trauererfahrungen. Wir haben gesehen, daß sich der Erzählverlauf analog zum Trauerprozeß gestaltet – was auch an einigen weiteren Auferstehungsgeschichten der Bibel festgestellt werden kann. Somit bietet die Emmaus-Geschichte besondere Chancen, die Trauererfahrung der Betroffenen anhand des darin aufgezeigten Weges noch einmal zu durchschreiten und in seinem Licht aufzuarbeiten, wie auch anhand der eigenen Trauererfahrung neue Perspektiven dafür zu gewinnen, den »auferstandenen Christus« als inneren Begleiter neu zu begreifen.

TABUS BRECHEN

DIE STILLUNG DES BLUTES
– VON WEIBLICHER SCHEU UND WEIBLICHEM WAGEMUT

Alteingefahrene Tabus zu brechen, bedarf der Seelenruhe und der Geistesgegenwart wie kaum etwas anderes, vor allem wenn diese Tabus, wie früher wohl alle Tabus, tief in der religiösen Tradition verankert sind. Wenn den religiösen Traditionen sogar noch die religiöse Gesetzgebung zugrunde liegt wie im alten Israel, bedarf es geradezu eines Löwenmuts, Tabus zu übertreten oder gar für sich selber außer Kraft zu setzen. Mehr noch: Es bedarf der Gegenwart des Geistes.

Einige der härtesten Tabugebote betrafen – nicht nur in Israel, sondern weithin im Alten Orient – die Frau, vor allem in ihrer leiblich-sexuellen Existenz, zu der die Monatsblutung, die Schwangerschaft und das Gebären gehören. Solche Tabus, die ursprünglich Heiliges schützten, wurden im Zuge patriarchaler Überlieferung vielfach abgewertet und zu Vorschriften, die nur noch den Mann vor kultischer Verunreinigung bewahrten. Mit dieser Abwertung war vielfach eine Minderbewertung der Frau überhaupt verbunden. Fast ständig ging von ihr die Gefahr aus, Männer unrein zu machen durch Berührung mit ihrem Blut: während jeder Menstruation, nach jeder Schwangerschaft, vor allem aber auch bei Dauerblutungen, welche bei gewissen Zyklusstörungen damals wie heute entstehen.

Von der Tabuierung weiblich-körperlichen Daseins handelt die im folgenden besprochene, ursprünglich von Markus (5, 21-43) berichtete Geschichte. Sie erzählt von der damit verbundenen Not und der daraus entstehenden Notwendigkeit, das Bluttabu zu durchbrechen, ja, es zu überwinden und außer Kraft zu setzen. Es ist die Geschichte einer verzweifelt wagemutigen Frau, die mit einer Geschichte über ein verzweifelt entmutigtes Mädchen engstens verbunden ist.

Die Frau wagt das Tabu zu brechen und damit die Heilkraft für sich zu beanspruchen und freizusetzen, die von Jesus ausstrahlt. Wie sein Verhalten – geistesgegenwärtig! – das Bluttabu, das über der Frau, aber auch über ihm als Mann lag, grundsätzlich aufhebt, soll in diesem Kapitel bedacht werden. Es wird sich dabei zeigen, wie aktuell diese Geschichte der Befreiung einer Frau von traditionellen Vorstellungen über ihre Sexualität und ihre Rolle ist – und wir werden sehen, daß es sich im Grunde auch um die Geschichte einer Selbstbefreiung handelt, die jedoch von Jesus von Anfang an aufgenommen und mitgetragen wird.

Die Perspektive, mit der ich an diese Tabugeschichte einer chronisch blutenden Frau, der sogenannten »blutflüssigen Frau«, herangehe, ist die einer feministischen Befreiungstheologie, wie sie zu diesem Thema vor allem von Carter Heyward in ihrem Buch »Und sie rührte sein Kleid an«[14] entwickelt wurde. Es ist eine Blickrichtung, die vor allem die Situation der beiden Frauen, von denen in dieser Doppelperikope[15] berichtet wird, fokussiert: diejenige der Frau mit ihrer Dauerblutung (Menorrhagie), die sie abgesehen vom Leiden an der Krankheit zu einer chronischen kultischen Unreinheit verdammt, und diejenige eines zwölfjährigen Mädchens, das an der Schwelle der Pubertät – aus welchem Grund auch immer – dem Tode nahe ist. Hängen die Notlagen der beiden Frauen womöglich eng miteinander zusammen?

In dieser Sicht ist die Heilungsgeschichte einer Frau durch Jesus und an Jesus vor allem eine Beziehungsgeschichte, die von einer an der Abwertung ihrer weiblichen Existenz leidenden Frau ausgeht und sich an einen Mann richtet, der an dieser Abwertung so sehr zu partizipieren vermag – er läßt sich ja von der für unrein erklärten Frau berühren und dadurch verunreinigen –, daß in der gegenseitigen Bezogenheit aufeinander Heilung geschieht, geschehen kann.

Mit diesem Zugang zu der Geschichte verbinde ich eine weitere Perspektive, die in den Augen mancher gerade die Gegenposition zu einer Beziehungs- und Befreiungstheologie bildet, nämlich die tiefenpsychologisch-symbolische Perspektive, mit den Vorstellungen von Carl Gustav Jung im Hintergrund, aber auch mit denjenigen von Christa Mulak, Hildegunde Wöller und Maria Kassel. Diese Perspektive zerlegt einen Text nicht in erster Linie exegetisch und hinterfragt ihn historisch-kritisch, sie bleibt jedenfalls nicht dabei stehen, sondern nimmt ihn als symbolisches Sprachgefüge, als Sprachgefäß für einen hochbedeutsamen Inhalt, der nur so und nicht anders vermittelt werden kann. Wie bei einem Traum oder einem Mythos ist dabei jeder Einzelzug wichtig und als ein innerer Anteil der Heldin oder des Helden der Geschichte zu verstehen. Eine Interpretation gilt dabei nur dann als stimmig, als überzeugend, wenn jeder Einzelzug der Geschichte mitinterpretiert und in seinem Stellenwert erkennbar werden kann. Zum Beispiel die Ortsbeschreibung: daß Jesus hier soeben den See überquert hat – also nun an einem neuen Ufer angekommen ist und daß die Geschichte an einem See spielt – also nahe der unbewußten Tiefe der Seele –, ist in diesem Zusammenhang bedeutsam.

In dieser symbolischen Betrachtungsweise nimmt man es als gegeben, ja als bedeutsam, daß uns die Geschichte von der »blutflüssigen Frau« eingebettet, ja eingeschachtelt in die Geschichte einer anderen Frauenheilung überliefert ist, in diejenige des sogenannten »Töchterleins des Jairus«. (Auf die symbolische Bedeutung dieser Verschachtelung hat Drewermann hingewiesen.)

Was hat doch die historisch-kritische Forschung daran herumgerätselt, ob diese beiden Geschichten wohl zusammengehören oder einzeln überliefert wurden, ob erst Markus sie zusammenge-fügt hat oder ob er sie schon in dieser Form als eine sogenannte »Schachtelperikope« vorfand. Interessante Forschungen zur Ent-stehungsgeschichte des Textes, des Evangeliums, gewiß, aber unsere Annäherung, unsere Verstehensbemühung gilt dem jetzt vorliegenden Text, wie immer er entstanden sein mag, wie wir uns auch sonst der autorisierten Letztgestalt einer Dichtung zuwenden.

Wenn wir die sogenannte Schachtelperikope als zusammenge-höriges Ganzes nehmen, dann springt uns sofort die enge und bewußte Bezogenheit der beiden Heilungsgeschichten aufeinander ins Auge:

Zwölf Jahre lang leidet die Frau am Blutfluß (vielleicht seit ihrer ersten Menstruation – dann wäre sie Jetzt vierundzwanzig Jahre alt). Zwölf Jahre alt wiederum ist das Töchterlein des Jairus – genau in dem Alter, in dem üblicherweise die Monatsblutung beginnt. Sollte das Leben, das Leiden beider Frauen etwas mitein-ander zu tun haben? so frage ich mich erneut.

Es ist, bei unserem jetzigen psychologischen Wissen, denkbar, daß das Mädchen die Entwicklung zur Frau ebenso radikal ablehnt, wie es zum Beispiel in der heute verbreiteten, in schweren Fällen lebensbedrohenden Magersucht der Fall ist, bei der das Schreckbild einer aus der Blutung gar nicht mehr herauskommen-den Frau durchaus entstehen kann. Wenn wir davon ausgehen – gesagt ist es nicht –, daß das zwölfjährige Mädchen an seiner Angst vor dem Frauwerden leidet, der Ablehnung des reifenden weib-lichen Körpers in all seinen biologischen Funktionen, und daran bis auf den Tod krank geworden ist, dann muß Jesus in der Tat erst diesem Schreckbild der »Blutflüssigen« begegnen und sie hellen, ehe er das angsterstarrte Mädchen heilen kann! Was und wer sie so sehr verwundet haben mag, werden wir noch bedenken. Hier möchte ich nur, gleich zu Anfang – auf den ersten Blick sozusagen –, auf die innere Stimmigkeit dieser Schachtelperikope hinweisen: Jesus kann das Mädchen, das auf der Schwelle zur Pubertät und sexuellen Reifung vor Angst und Ablehnung wie blockiert ist, nicht hellen, nicht aufrichten und ins Beziehungsleben hineinlocken, ehe er nicht die an ihrem Frausein leidende, in ihrer intimen Weiblichkeit verwundete, isolierte und als unrein marginalisierte Frau gesehen und durch liebevolle Spiegelung von ihrem zwölf Jahre lang mitgeschleppten Leiden befreit hat. So gesehen wäre die »Blutflüssige« die Schattenschwester der Jairus-Tochter, diejenige, die verkörpert, was jene fürchtet!

Wenn wir umgekehrt von der »Blutflüssigen« her denken und erleben, sie als Heldin der Geschichte verstehen, dann wäre die zwölfjährige Tochter des Jairus, die lieber sterben als menstruieren und Frau werden möchte, deren Schattenschwester, die das verkörpert, was man als erwachsene Frau in einer patriarchalen Welt unter Umständen erleben kann. Als »Vaters Töchterlein« ist es wohl möglich, in dieser Männerwelt zu leben, nicht aber als erwachsene, den Vätern entwachsene Frau mit eigener – nicht mehr von den Vätern abgeleiteter – Identität! Lieber sterben, lieber auf der Schwelle zum Erwachsenwerden schon gestorben sein, als die chronische kultische Unreinheit und soziale Isolation einer Frau erleben zu müssen, die wie die hier geschilderte, im Intimbereich eine einzige Wunde ist!

Die beiden Frauen wollen wir zwar durchaus als zwei verschiedene Personen sehen, wie die Handlung der Geschichte es will, aber wir wissen jetzt bereits, daß sie viel miteinander gemeinsam haben.

Die blutflüssige Frau

Zuerst soll die Frau, die an Blutfluß leidet, näher betrachtet werden. Und so wird sie im Text[16] beschrieben:

²⁵ *Und es war eine Frau, die litt zwölf Jahre am Blutfluß,*
²⁶ *und sie hatte viel mitgemacht mit vielen Ärzten und all ihr*
Gut aufgewendet und es hatte ihr nichts geholfen sondern
es war vielmehr schlimmer mit ihr geworden.

Was heißt es, an dem sogenannten Blutfluß zu leiden, und dies zwölf Jahre lang? Was heißt es heute, und was hieß es damals?

Heute: Da kommt mir eine Frau in den Sinn, damals Mitte Dreißig. Sie litt an Menorrhagie mehr als drei Jahre lang – nur ein Viertel der Zeit, in der die »Blutflüssige« sie ertragen mußte, doch auch für sie schienen die Blutungen gar nicht mehr aufzuhören. Ach bin wie eine einzige Wunde«, sagte sie manchmal, »ich blute einfach aus.« Sie ging ihrem Beruf als Lehrerin tapfer weiter nach, doch ständig müde von dem unablässigen Blutverlust, ständig mit einem schmerzhaften Ziehen im Bauch und im Kreuz, ständig in einer labilen, leicht depressiven Stimmungslage, wie sie viele von uns Frauen kurz vor oder auch während der Periode kennen. Und dauernd mußte sie sich, selbstverständlich, vor Verunreinigung und Geruchsbildung schützen, wie alle Frauen das während der Periode tun – aber dies nun drei Jahre lang ununterbrochen.

Wie war es zu dieser unstillbaren Blutung gekommen? Das wußte sie nicht zu sagen. Sie wußte nur den Zeitpunkt ziemlich genau, zu dem es angefangen hatte: als ihr langjähriger Partner, ein um acht Jahre jüngerer, von ihr sehr geliebter Berufskollege, sie verlassen hatte, um einer Frau willen, die seines Alters war. Als Begründung dafür hatte er sie nur dies wissen lassen, daß sie auf die Dauer einfach zu kompliziert für ihn sei, zu eigen, zu anspruchsvoll, auch zu nervös.

Nun ist sie in der Tat keine Allerweltsfrau: Ich würde sie nicht kompliziert nennen, sondern differenziert, nicht anspruchsvoll, sondern niveauvoll in ihren geistigen und religiösen Interessen, nicht nervös, sondern feinfühlig und sensibel, empfänglich für die Dinge, die in der Luft liegen, auch für Stimmungsumschwünge. –

Aber das ist mit den Augen einer Freundin gesehen. Vor allem war sie zu der Zeit sehr beziehungsbedürftig und angewiesen darauf, in ihrem Wesen als Frau von einem Mann wirklich gesehen zu werden.

In ihrer Jugend hatte sie eine Mißbrauchserfahrung gemacht, und sie konnte, in christlichem Milieu aufgewachsen und von einem hohen ethischen Anspruch an sich selbst erfüllt, diese Erfahrung nicht verarbeiten, behielt sie schamvoll bei sich, war aber seither in der Entfaltung und Bejahung ihrer drängenden Sexualität stark blockiert. So mißglückten ihr die Versuche, in tiefere Beziehung zu Männern zu kommen, immer wieder auf das schmerzlichste. Die Beziehung zu dem jüngeren Kollegen, die an der Schwelle zu ihrem dreißigsten Jahr begann, war für sie die erste mehrere Jahre bestehende Beziehung. Durch sein Verdikt, sie sei »zu kompliziert« für ihn, fühlte sie sich als Frau gänzlich entwertet, in Richtung »Blaustrumpf« und »Hysterica« abgeschoben. Und seitdem blutete sie. Im Zentrum ihres Frauseins, ihrer in Liebe entfalteten Sexualität und der entsprechenden Organe war sie nahezu tödlich verwundet, blutete sie aus ... »Ich bin drei Jahre lang ununterbrochen gestorben«, sagte sie einmal im Rückblick auf diese Zeit. Und daß sie mit diesen Beschwerden gar nicht daran denken konnte, eine neue Beziehung einzugehen, versteht sich von selbst. Sie schämte sich ihrer Psychosomatik, schämte sich ihres verwundeten, verstörten Frauseins. Schämte sich ihrer unstillbaren Sehnsucht nach einem Partner ... – Eine Geschichte aus unserer Zeit ist dies.

Die »blutflüssige Frau« nun, eine namenlose übrigens, nur durch ihr Leiden gekennzeichnet, lebt, wie wir gesehen haben, in einem soziokulturellen Umfeld, in dem bereits die natürliche Monatsblutung unrein macht. Nach jeder Monatsblutung gilt eine Frau – und mit ihr jeder Mann, der sie sexuell berührt – noch sieben Tage lang als unrein, also gut zehn bis zwölf Tage in jedem Monat. Darüber hinaus aber ist jeder, der mit solch einer unreinen

Frau in irgendeiner Weise in Berührung kommt, und sei es nur durch das Handgeben, kultisch unrein bis zum Abend. Unrein sind Tisch und Stuhl, Eßgefäß und Besteck, Kleider und Schuhe. Eine ganze Kettenreaktion der Unreinheit wird damit in Gang gesetzt. Die Unreine muß vor allem selbst darauf achten, daß sie nicht weiteres Gerät, weitere Menschen verunreinigt, denn auch wo es unwissentlich geschieht, gilt dieses Gesetz. Es geht dabei um religiös-kultische Unreinheit im Sinne eines Tabus und einer Tabuverletzung, eben bei der Berührung mit Menstruationsblut. Bis heute besteht ja auch bei uns in bestimmten Kreisen noch ein gewisser Aberglaube im Blick aufs Menstruationsblut!

Versetzen wir uns in diese Frau hinein: Seit zwölf Jahren steht sie unter dem Berührungstabu der Unreinheit, das nicht nur vom Synagogenbesuch und von der Teilnahme an religiösen Festen ausschließt, sondern von jeglichem nahem Kontakt mit Menschen. Sie muß sie geradezu vor sich schützen, als habe sie eine ansteckende Krankheit. Dies alles kommt noch zu dem hinzu, was ständiger Blutfluß bedeutet – was ich am Beispiel meiner Freundin bereits geschildert habe.

Ausführlich beschrieben wird nun, daß die Frau nicht weniger als alles eingesetzt hat, um dieses unerträgliche Leiden loszuwerden:

> [26] *Und sie hatte viel mitgemacht mit vielen Ärzten und all ihr Gut aufgewendet und es hatte ihr nichts geholfen sondern es war vielmehr schlimmer mit ihr geworden.*

Geradezu modern mutet diese Beschreibung an, die eine bittere Klage, ja Anklage enthält: die üblichen Behandlungen, irgendwelche Salben und Tränke, vielleicht durchaus gewissenhaft angewandt, hatten den Kern des Leidens nicht erreichen können, den Kern, der, wie bei meiner Freundin und unzähligen anderen Frauen, seelischer Natur war und wohl nicht nur individuell psychischer, sondern kollektiv psychischer Art, nämlich sozio-kultu-

136

rell und religiös bedingt. Ihre Krankheit war ein Leiden an der Abwertung und Ablehnung als Frau in ihren leibseelischen Funktionen, zu denen die Monatsblutung gehört.

Was können noch heute bestimmte, meist männliche, Frauenärzte anrichten, wenn sie ohne Beachtung psychischer, auch kollektiv-psychischer, Zusammenhänge Frauen behandeln und beispielsweise zur möglicherweise vorschnellen Ausschabung oder gar zur Entfernung von Gebärmutter und Eierstöcken raten. Gewiß, dann hört die physische Blutung auf – aber die psychische hebt erst recht an!

Gerade auf dem Hintergrund ihrer Negativerfahrung mit den üblichen Ärzten, so berichtet uns Markus, hebt sich die ganz andere Begegnung der »blutflüssigen« Frau mit Jesus ab:

> 27 *Als sie nun von Jesus gehört hatte, kam sie unter dem Volke von hinten herzu und rührte seine Kleider an,*
> 28 *denn sie sagte (sich): Wenn ich auch nur seine Kleider anrühre, werde ich gesund werden.*

Was gibt ihr diese ungeheure Zuversicht, diesen Mut, Jesus, den Gottesmann, von dem sie gehört hat, leibhaftig berühren zu wollen und es auch wirklich zu tun? Sie, die Unreine, ihn, den Reinen, den sie durch diese Berührung unzweifelhaft mit ihrer Unreinheit ansteckt!

Hat sie nur vom Hörensagen vernommen, daß Jesus eine Art von Wunderheiler sei? – Oder setzt ihr spontanes Zutrauen, im Grunde ihr Löwenmut, voraus, daß sie bereits etwas von ihm begriffen, ihn »erkannt« hat als denjenigen, der das Tabu, das auf ihr liegt, aufheben kann und muß, nachdem sie selber es durchbrochen haben würde? Bisher hat sie sich behandeln lassen, jetzt wird sie selbst handeln!

Hat sie von dem völlig neuen, unbefangenen Umgang dieses jungen Rabbi mit Frauen gehört, die unabhängig und frei ihn begleiten, wie seine Jünger und Meisterschüler? Wird er den Bruch in ihrer Beziehungsfähigkeit und in ihrer Selbstachtung als Frau, der die Dauerblutung ausgelöst hat, überwinden, hellen können mit seiner tief menschlichen, vielmehr göttlichen Fähigkeit, Beziehung anzunehmen, aufzunehmen und neu zu begründen? Sie hat offensichtlich nicht nur von ihm gehört, sondern etwas Wesentliches in ihm erkannt – es fließt bereits etwas von ihr zu ihm, als sie seiner angesichtig wird und den entscheidenden Schritt wagt, ihn anzufassen. Wir dürfen es nicht übersehen: Nicht Jesus, sondern sie nimmt den Kontakt auf, bringt etwas zwischen ihnen beiden zum Fließen!

Alles müssen wir uns vergegenwärtigen: ihre Scham, die sie hoffen läßt, bei der verstohlen-heimlichen Berührung unbemerkt von seiner Kraft abzapfen zu können; ihren Mut, das Risiko einzugehen, den verehrten Meister mit Unreinheit anzustecken, und das Zutrauen, geheilt zu werden! Sie hofft im Ernst, dies alles unbemerkt tun und geschehen lassen zu können. Denn die Verunreinigung des Heilers zu riskieren und dennoch von ihm akzeptiert und angenommen zu werden: diese Vorstellung ist offenbar noch zu kühn, als daß sie sie hätte bewußt zulassen können zu kühn auch für sie, die mutige Frau.

Wie viel ist darüber gerätselt worden, was sich diese Frau von der Berührung der Kleider Jesu erhofft und was für eine Kraft, was für eine Dynamis dies sein könnte, die bei der Berührung dann tatsächlich von Jesus ausgeht: ob dies eine dynamistisch-magische Vorstellung sei, reichlich primitiv und noch jenseits personaler Bezogenheit.

Eine dynamistische Vorstellung ist es gewiß, die hier ausgeschöpft wird, doch muß sie deshalb primitiv sein? Wer von uns hat denn nicht schon die Kleider eines geliebten Menschen gestreichelt und hat sich dabei warm durchströmt gefühlt? Und umgekehrt: Wenn wir die Kleider eines geliebten Menschen, der uns durch den Tod genommen ist, berühren: wie überwältigt sind wir da von dem

Gefühl, etwas von ihm selber zu berühren, der doch nicht mehr da ist! Und wie schmerzlich spüren wir zugleich seine Abwesenheit! Vor allem: Wie sollten Menschen, die an magische Kräfte, die an die verunreinigende Dynamis der Berührung mit Blut glauben, nicht erst recht an die reinigende Dynamis der körperlichen Berührung mit einem gottgesandten Heiler glauben? Es geht mir nur darum zu klären, daß es bei dieser Berührung der »Blutflüssigen« um mehr als um primitiv-magisches Empfinden geht, daß es um tiefste Beziehungssehnsucht geht, wenn sich diese Frau sagt: Wenn ich auch nur seine Kleider anrühre, werde ich gesund werden. Sie nahm die Beziehung zu ihm auf, indem sie sein Gewand berührte: »Berühren heißt, eine bereits existentielle Beziehung deutlich machen. Es ist ein Ausdruck des Vertrauens in die Dynamis, in die Kraft der Beziehung.«[17]

Was geschieht nach Markus bei dieser Berührung?

> [29] *Und alsbald versiegte der Quell ihres Blutes,*
> *und sie spürte es am Leibe, daß sie von ihrer Qual*
> *geheilt war.*
> [30] *Und alsbald spürte Jesus an sich selbst,*
> *daß eine Kraft – Dynamis – von ihm ausgegangen war,*
> *wandte sich unter dem Volke um*
> *und sagte: Wer hat meine Kleider angerührt?*

Die heilende Beziehung kommt zustande! Indem zwischen der Frau, die die Beziehung eröffnet, und Jesus, der sich davon ergreifen läßt, etwas ins Fließen kommt, kann das bisher ersatzweise, anstelle einer Beziehung schmerzhaft ausfließende Blut gestillt werden. Die Frau spürt am Leibe, im Leib, daß das Bluten aufhört. Die Beziehungswunde zwischen der herabgesetzten Frau und dem bisher überhöht gesehenen Mann, hier in Jesus verkörpert, beginnt sich zu schließen. Jesus partizipiert an dem unrein machenden Blutfluß der Frau – und wird damit selber, wissentlich oder unwissentlich, kultisch unrein, jedenfalls solange das alte Gesetz besteht.

Nun tendiert die traditionelle Auslegung dieser Stelle immer wieder zu der Meinung, Jesus sei durch den unbotmäßigen Zugriff, ja Übergriff der Frau »geschwächt« worden. Er sei bestürzt und rüge die Menge mit seiner Frage, wer denn seine Kleider angerührt habe.

Aus einer feministischen Sicht, aus der Perspektive der Beziehung, stellt sich die Szene ganz anders dar: Da ist Jesus bewegt, weil Kraft von ihm ausgegangen ist: »Heilen und die Intimität, die es begründet, ist ein gegenseitiger Prozeß, in dem der Heilende vom Geheilten (bzw. Heilungsuchenden) ergriffen wird.

Im Falle der ›blutflüssigen Frau‹ so außerordentlich, daß Jesus sich alsbald umwandte und fragte, wer ihn berührt habe, wer es möglich gemacht habe, daß die Dynamis von ihm ausging.« So Carter Heyward.[18]

Es braucht jemanden, der die potentiell heilende Kraft, das Potential an heilender Kraft im Therapeuten entbindet durch das Vertrauen, das der Leidende, die Patientin ihm oder ihr entgegenbringt; das ist das A und O auch heutiger Heilung, vor allem in der Psychotherapie. Die entstehende Vertrauensbeziehung ist die Basis jeder etwas bewirkenden Therapie.

Der Therapeut, die Therapeutin, die vom Patienten oder von der Patientin nicht berührt wird, sich nicht berühren ja rühren – läßt, kann ihre therapeutische Dynamis nicht einsetzen, nicht fließen lassen, und umgekehrt. Und so gilt es selbst im Blick auf Jesus: Die Heilung wurde nicht durch Jesus »an und für sich«, durch einen objektiven Jesu gleichsam, möglich, sondern nur durch einen »Jesus in Beziehung« (Heyward). Sie »wurde von der Frau selbst, die ihre Hand ausstreckte, ihn zu berühren, erst freigesetzt«.[19] Und die Heilung kam in Gang, ins Fließen, weil Jesus sich berühren, sich anrühren ließ. Diese Worte sind bildhaft und sinnenhaft, lassen auch in der übertragenen Bedeutung noch immer spüren, daß es um körperliches Berühren ging, in aller Scham und Zurückhaltung – nur um den Saum seines Gewandes geht es ja das aber unbedingt nötig ist, um den körperlichen Ausdruck des Verlassenseins, um die Somatisierung im immerwährenden Blutfluß zu stillen!

Was aber bedeutet nun Jesu Frage: »Wer hat meine Kleider angerührt« von ihm her gesehen und für die Frau? Was bedeutet sie für die heilende Beziehung zwischen den beiden? Ist wirklich – wie frühere Exegeten meinen – eine Rüge in dieser Frage zu erkennen, als ob ihm jemand unerlaubt Kraft abgezapft hätte? Seine Jünger fühlen sich betroffen und antworten, wie sich verteidigende Leibwächter antworten mögen, wenn sie mangelnder Aufmerksamkeit beschuldigt werden:

> [31] *Du siehst, wie das Volk dich umdrängt,*
> *und sagst: wer hat mich angerührt?*

Sie entschuldigen sich mit der Unübersichtlichkeit der Lage, in der Jesus von vielen angestoßen wird. Doch darum geht es ihm offensichtlich nicht. Es zeigt sich jedoch bei diesem Intermezzo noch deutlicher, mit welch äußerster Sensibilität er diese Heilung suchende Berührung inmitten aller unvermeidlich sich ergebenden Tuchfühlung wahrgenommen haben muß. Er möchte diese heilende Berührung wie auch die Frau, die sie ausgelöst hat, nicht im Anonymen belassen. Warum er das nicht will, werden wir gleich beantworten können. Die Auskunft der Jünger genügt ihm durchaus nicht, er sieht sich dabei offensichtlich bereits in der Intention seiner Frage mißverstanden. Der Text fährt fort:

> [32] *Und er blickte umher,*
> *um die zu sehen, welche dies getan hatte.*
> [33] *Die Frau aber kam mit Furcht und Zittern,*
> *weil sie wußte, was ihr geschehen war,*

warf sich vor ihm nieder
und sagte ihm die ganze Wahrheit.

Jesus weiß also bereits, daß es sich um eine Frau handeln muß. Aber warum tut er ihr das an, daß sie sich zu dem bekennen soll, was sie getan hat? Die Scham muß ja geradezu über ihr zusammenschlagen, wenn sie nun mit »der ganzen Wahrheit« herausrücken soll. Doch nein, das ist gar nicht von ihr verlangt, nur zu der Berührung bekennen soll sie sich, und sie versteht es auch so.

Ihre tiefe Beziehungsnot besteht ja darin, daß sie zugleich eine religiöse ist, eine überpersönliche Not, da sie in der damaligen Stellung aller Frauen vor dem religiösen Gesetz gründet. Wenn sie aber zu jenem steht, dann steht sie auch zu ihrem Mut, sich Jesus ungefragt und unerkannt zu nähern, das Risiko einzugehen, ihn unrein zu machen. Sie hat dieses Gesetz ja nicht gemacht, und indem sie ihn berührt, stellt sie gleichsam die Frage, ob dieses Gesetz das letzte Wort bleiben soll. Mit diesem Mut, eines der stärksten religiösen Tabus des alten Israel zu brechen, hat sie sich die Kraft geholt, die sie heilt, die sie bereits geheilt hat, indem sie es tat.

Doch noch einmal: Warum tut Jesus ihr das an, zu verlangen, daß sie dazu stehen soll? Man kann zurückfragen: Wie hätte die Frau sonst erfahren, daß er in aller Öffentlichkeit zu ihr steht? Wenn dies alles anonym geblieben wäre, wie hätte sie erleben können, was sie in all ihrem Mut nicht zu hoffen gewagt hat: daß er sich wirklich zu ihr bekennt, zu ihrem wilden Mut, sich von ihm, in der Beziehung zu ihm, die Kraft, die Dynamis zu holen, die heilt. Er steht dazu, daß er von ihr berührt, angerührt wurde, auch wenn sie ihn damit unrein gemacht hätte. Im Grunde sprengt er damit das Gesetz, das sie für unrein erklärt in ihrem urweiblichen Leiden. Er heilt nicht nur ihr Frauenleiden in der Begegnung mit ihm als einem wahrhaft solidarischen Mann, er heilt sie und mit ihr alle Frauen exemplarisch von dem Tabu des Unreinwerdens, wenn das Blut des schöpfungsmäßig eingestifteten weiblichen Zyklus fließt oder wenn ein Kind geboren wird. Im Grunde hebt er damit die gesetzeskräftig gewordene Vorstellung vom Unreinwerden am weiblichen Blut auf!

Die heidenchristliche Gemeinde hat meines Wissens das Bluttabu grundsätzlich nicht mitgeschleppt, auch wenn sie in den nicht-jüdischen Völkern immer wieder auf ähnliche Bluttabus traf. Bei uns hat der Volksglaube noch lange an einem Tabu gegenüber der Menstruation und dem Menstruationsblut festgehalten. Menstruierende sollten zum Beispiel nicht in eine Apotheke gehen, da sie die Medikamente hätten verunreinigen können, menstruierende Mädchen sollten nicht Ministrantinnen, menstruierende Frauen vor allem nicht Pfarrerinnen sein, die womöglich Sakramente austeilen. Damit argumentierte man in Deutschland noch vor einigen Jahrzehnten unter anderem auch gegen die Frauenordination. Das Tabu sitzt also tief.

Gewiß meint es, wie alle Tabus, auch die Ehrfurcht vor etwas Heiligem. Blut gehörte im alten Israel Gott alleine. Doch sind die Bestimmungen über die kultische Unreinheit: sich waschen und ein Taubenopfer, ein Brandopfer und ein Sühnopfer bringen, sehr ähnlich den Reinigungsvorschriften nach begangenen Sünden. Menstruieren lag also nahe beim Sündigen. Und war nicht das Frausein als solches seit der Tradition um Evas Sündenfall besonders eng mit dem Sündigen verknüpft? Erst wenn wir die ganze Reichweite dieser Vorstellungen begreifen, wird uns einfühlbar, was hier geschieht, wenn Jesus einer Frau, die ihn unter chronischem Blutfluß berührt, das folgende zuspricht:

> [34] *Meine Tochter, dein Vertrauen hat dich gerettet.*
> *Geh hin in Frieden und sei von deiner Qual gesund.*

Nach traditioneller Auslegung hat Jesus diese Frau geheilt. Nach der Sicht feministischer Befreiungstheologie – und ist diese hier nicht näher am Text? – hat ihr Glaube, ihr Vertrauen auf die heilende Kraft des Kontaktes mit Jesus sie geheilt. Von ihr ging die Begegnung, die Berührung aus – Jesus wiederum hat sich von ihr berühren lassen, hat heilende Kraft zu ihr hinüberfließen lassen, der heilende Kreis der gegenseitigen Beziehung konnte sich schließen. Letztlich wurde die Heilung ausgelöst durch ihr Vertrauen. Sie hat den heilenden Zirkel, den Fluß der Heilkraft, in Bewegung gebracht: »Glaube heißt für die Frau wie für Jesus, Anspruch auf Dynamis, die Kraft der Beziehung zu erheben.«[20] Da diese Geschichte nach dem Tod, nach der Auferstehung Christi nieder-geschrieben und weitererzählt wurde, ruft sie zugleich den Glau-ben an den »inneren Jesus«, den inneren Heiler auf den Plan, von dem auch nach den Lebzeiten Jesu unentwegt solche Heilungs-wunder ausgehen können, nicht zuletzt für die Frau.

Diese Geschichte meint nicht nur eine einzelne Frau mit einem womöglich eher seltenen Frauenleiden; sie meint, und das habe ich zu zeigen versucht, exemplarisch das Leiden der Frau an der Tabu-ierung und schließlich der Abwertung ihres Frauseins, ihrer psycho-physischen Wirklichkeit, ihrer Weiblichkeit und Leiblich-keit, die sich nicht zuletzt in ihrer Menstruation und allem, was damit zusammenhängt, ausdrückt.

Die Anrede »meine Tochter«, mit der Jesus sie auf ihr Heilge-worden-Sein verweist, erscheint uns heute allerdings allzu väter-lich, verweist diese Frau auf ihre Töchterlichkeit zurück. Falls das Leiden am Blutfluß tatsächlich auch mit ihrem Vater zu tun haben könnte, holt Jesus sie mit dieser Anrede allerdings genau dort ab, wo sie sich befindet: in der Sehnsucht nach einer befreiend-väter-lichen Antwort auf ihren unerfüllten Beziehungswunsch. Vielleicht überbewerten wir allerdings diese Anrede, vielleicht ist sie analog der Anrede »mein Sohn« an die Männer zu verstehen, die sich im Neuen Testament als die übliche Anrede des Meisters an seine Jün-ger erweist.

Das Töchterlein des Jairus

Wie sehr es in dieser Geschichte um eine Befreiung des Frauseins, der Weiblichkeit und Leiblichkeit als solcher aus patriarchaler Verfremdung und Selbstentfremdung geht, zeigt gerade die Einbettung der Geschichte von der »blutflüssigen Frau« in die Geschichte von der Tochter des Jairus, worauf ich zu Anfang schon verwiesen habe. Dies bedarf nun noch der Verifizierung. Damit wir den Zusammenhang des Textes überblicken können, gebe ich ihn hier noch in seiner Gesamtheit (Mk. 5, 21-43) wieder, in der Übersetzung Hermann Menges:

> 21 *Als Jesus dann im Boot wieder an das jenseitige Ufer hinübergefahren war, sammelte sich eine große Volksmenge bei ihm, während er sich noch am See befand.*
>
> 22 *Da kam einer von den Vorstehern der Synagoge namens Jairus, und als er Jesus erblickte, warf er sich vor ihm nieder*
>
> 23 *und bat ihn inständig mit den Worten: »Mein Töchterlein ist todkrank: komm doch und lege ihr die Hände auf, damit sie gerettet wird und am Leben bleibt!«*
>
> 24 *Da ging Jesus mit ihm; es folgte ihm aber eine große Volksmenge und umdrängte ihn.*
>
> 25 *Nun war da eine Frau, die schon zwölf Jahre lang am Blutfluß gelitten*
>
> 26 *und mit vielen Ärzten viel durchgemacht und ihr ganzes Vermögen dabei zugesetzt hatte, ohne Nutzen davon gehabt zu haben – es war vielmehr immer noch schlimmer mit ihr geworden –;*
>
> 27 *die hatte von Jesus gehört und kam nun in der Volksmenge von hinten herzu und faßte seinen Rock;*
>
> 28 *sie dachte nämlich: »Wenn ich auch nur seine Kleider anfasse, so wird mir geholfen sein.«*

²⁹ *Und sogleich hörte ihr Blutfluß auf, und sie spürte in ihrem Körper, daß sie von ihrem Leiden geheilt war.*

³⁰ *Da nun auch Jesus sogleich die Empfindung in sich hatte, daß die Heilungskraft von ihm ausgegangen war, wandte er sich in der Volksmenge um und fragte:* »Wer hat meine Kleider angefaßt?«

³¹ *Da sagten seine Jünger zu ihm:* »Du siehst doch, wie sehr die Volksmenge dich umdrängt, und da fragst du: ›Wer hat mich angefaßt?‹«

³² *Doch er blickte rings um sich nach der, die es getan hatte.*

³³ *Da kam die Frau voller Angst und zitternd herbei, weil sie wohl wußte, was mit ihr vorgegangen war, warf sich vor ihm nieder und bekannte ihm die ganze Wahrheit.*

³⁴ *Er aber sagte zu ihr:* »Meine Tochter, dein Glaube hat dich gerettet: gehe hin in Frieden und sei von deinem Leiden geheilt!«

³⁵ *Während er noch redete, kamen Leute aus dem Hause des Synagogenvorstehers mit der Meldung:* »Deine Tochter ist gestorben: was bemühst du den Meister noch?«

³⁶ *Jesus aber ließ die Nachricht, die da gemeldet wurde, unbeachtet und sagte zu dem Synagogenvorsteher:* »Fürchte dich nicht, glaube nur!«

³⁷ *Und er ließ niemand mit sich gehen außer Petrus, Jakobus und Johannes, den Bruder des Jakobus.*

³⁸ *So kamen sie zum Hause des Synagogenvorstehers, wo er das Getümmel wahrnahm und wie sie weinten und laut wehklagten.*

³⁹ *Als er dann eingetreten war, sagte er zu den Leuten:* »Wozu lärmt und weint ihr? Das Kind ist nicht tot, sondern schläft nur!«

⁴⁰ *Da verlachten sie ihn. Er aber entfernte alle aus dem Hause, nahm nur den Vater des Kindes nebst der Mutter*

und seine Jünger, die ihn begleiteten, mit sich und ging
(in das Zimmer) hinein, wo das Kind lag.

[41] *Dann faßte er das Kind bei der Hand und sagte zu ihm:*
»Talitha kumi!« was übersetzt heißt: »Mädchen, ich sage
dir: stehe auf!«

[42] *Da stand das Mädchen sogleich auf und ging umher; denn*
sie war zwölf Jahre alt. Da gerieten sie sofort vor Staunen
ganz außer sich.

[43] *Er gebot ihnen dann ernstlich, niemand solle etwas von*
dem Geschehenen erfahren, und ordnete an, man möge
ihr zu essen geben.

Diese Schachtelperikope ist so erzählt, daß die Begegnung Jesu mit der »blutflüssigen Frau« gleichsam als unglaublich lange Unterbrechung seines Weges zu einem sterbenden Mädchen erscheint, zu dem er doch von dessen Vater händeringend gerufen ist. Fast unglaublich ist das! Wie kann Jesus die Nerven, den langen Atem haben, sich auf dem Weg zu einem absoluten Notfall von der »blutflüssigen Frau« aufhalten zu lassen! Wie unerhört diese Unterbrechung, dieser Aufenthalt für eine Notfallambulanz wäre, können wir erst ermessen, wenn wir daran denken, was es hieße, eine mit Blaulicht fahrende Ambulanz unterwegs aufzuhalten! Wie unerhört war der verzweifelte Mut jener Frau, Jesus auf dem Weg zu einer Sterbenden falls sie denn darum gewußt hat! – zur Wendung ihrer eigenen Not anzuhalten, aufzuhalten! Jesus jedenfalls hat die Nerven, den langen Atem, die Seelenruhe und die Geistesgegenwart, sich dieser Frau zuzuwenden und nicht nur dem zuvor erfolgten Notruf des Jairus – immerhin ein Synagogenvorsteher, ein geachteter Mann also, gerade unter religiöser Perspektive, während sie unter der gleichen Perspektive eine unreine Frau ist, zudem womöglich völlig allein stehend und damit ziemlich rechtlos. Das bestätigt uns, daß es bei der Heilung dieser Frau offenbar um etwas Grundsätzliches geht, das durch sie eingeleitet wird. Und

Jesus ist voll präsent, auch in dieser nervenaufreibenden Notsituation. So jedenfalls erzählt es Markus.

Schon zu Anfang vermutete ich ja, daß die beiden von Krankheit und Tod bedrohten Frauen – das zwölfjährige Töchterchen des Jairus und die zwölf Jahre lang an Blutfluß leidende Frau – in ihrem Frauenschicksal aufs innigste miteinander verbunden sein könnten, jedenfalls nach der Intention dieser vermutlich von Markus komponierten Perikope: daß Jesus das zwölfjährige Töchterchen gar nicht erreichen kann, ehe er nicht von der »blutflüssigen Frau« erreicht und berührt, außen und innen berührt worden ist! Ehe er nicht in bewußte Beziehung zu einer ganz bestimmten körperlichen Dimension der weiblichen Existenz getreten ist und ihre grundsätzliche Verschattung unter patriarchalen Kategorien erfaßt und aufgehoben hat, kann er möglicherweise dem zwölfjährigen Mädchen in seiner Pubertätsnot nicht helfen. Nicht nur literarisch, sondern vor allem psychisch sind die beiden Frauengestalten ineinander »verschachtelt«, indem beide ineinander leben: das Töchterchen des Jairus gleichsam als die Kindheit der »blutflüssigen Frau« und diese im Mädchen als ein Schreckbild des Erwachsenseins, das man als heranwachsende Frau nur fliehen kann.[21]

Woran mag des Jairus »Töchterlein« – bis heute wird ihre Identität, ihre Geschichte in dieser Verkleinerungsform wiedergegeben – leiden, wenn es mit zwölf Jahren in einen todesähnlichen Schlaf verfallen ist? Erinnert es nicht geradezu an Dornröschen, das zu Beginn der Pubertät in einen hundertjährigen Schlaf verfällt?

Vielleicht hat dieses »Töchterlein« irgendeine beliebige Krankheit, Markus schweigt in der Tat darüber, was ihm im einzelnen fehlt: Wenn aber die Kombination seiner Geschichte mit derjenigen der »blutflüssigen Frau« eine tiefere Bedeutung haben sollte, dann müßte man bei dem zwölfjährigen Mädchen an ein Leiden denken, das mit der körperlichen Erfahrung von reifender Weiblichkeit zu Beginn der Pubertät in Beziehung steht. Das vollendete zwölfte Lebensjahr galt den Rabbinern übrigens als der Zeitpunkt, an dem ein Mädchen heiratsfähig wurde. Sie war in diesem Alter also bereits mit allen Themen und Problemen einer erwachsenen Frau konfrontiert.

Schon unter normalen Verhältnissen ist der Schritt in die Pubertät und über sie hinaus äußerst einschneidend und wird daher in den Initiationsriten der Stammeskulturen zu Recht als eine Art Sterben betrachtet und begangen. Auch der altgriechische Mythos von Persephone schildert das Ende ihrer Kindheit als ein Hinweggerafftwerden in das Reich des Hades, das Totenreich. In unserer Zeit ist die Verweigerung der Reifungsschritte zur erwachsenen Frau, samt dazugehöriger Partnerin- und Mutterrolle, recht häufig. Wir kennen diese Verweigerung im Krankheitsbild der Magersucht oder Anorexie, wo die Mädchen – auch unter dem Diktat des heutigen Schlankheitsideals – durch rigoroses Fasten verweigern, weibliche Formen zu bekommen; häufig setzt dann auch die Periode aus oder tritt gar nicht erst ein. Neben der Sexualangst bestehen da oft auch starke, gegen die eigene Person umgelenkte Aggressionen, die ursprünglich den Vater meinten, überhaupt die Überversorgung durch Vater oder Mutter, deren sich die Adoleszente nicht ohne schwere Schuldgefühle erwehren kann. Die Verweigerung des Frauwerdens führt nicht wenige dieser jungen Mädchen in einen äußerst ernsten Krankheitsprozess und in Todesnähe. Ich denke dabei an die Tochter eines Industriellen, die in ihrer Verweigerung väterlicher Überversorgung und Bindung in die Magersucht floh und in ihrer Abwehr sogar ihr selbstgewähltes Studium abbrach, um sich als Taxifahrerin durchzuschlagen. Das war es ihr wert, um sich vom Vater abzugrenzen!

Ob nun die Tochter des Jairus diesem oder auch einem anderen, vielleicht hysterischen Krankheitsprozeß unterliegt – zum Beispiel einem hypnoiden Zustand aufgrund schwerer hysterischer Ängste, der an Koma erinnert –, jedenfalls muß es mit ihrem Frauwerden zu tun haben.

Wir erfahren in der Geschichte sehr wenig über sie: sie ist nichts anderes als »des Jairus Töchterlein«, hat keinen eigenen Namen, ist nichts als die Tochter ihres Vaters. Die Mutter bleibt völlig im Hintergrund. Wir haben das bis heute – trotz Emanzipationsbewegung und Feminismus – noch immer verbreitete Bild einer Vatertochter vor uns, die ohne eigene weibliche Identität, gänzlich in der vom Vater abgeleiteten Identität lebt, während die Beziehung zur Mutter verschattet bleibt. Die selber vom Mann abhängige Mutter ist kein Vorbild für das Mädchen. Lieber sterben als eine Frau wie Mutter werden, so scheint die Devise dieser Töchter zu sein.

Wir können eine Beziehung zum Vater, des Vaters zur Tochter vermuten, die absolut übergewichtig ist, eine Beziehung, die ihr den Weg verstellt in die eigene Existenz als Frau, die so eng ist, daß sie sich kaum einem anderen Mann anvertrauen würde. Als Tochter des Synagogenvorstehers sowieso zu strenger Einhaltung der Sittennormen verpflichtet, wird sie kaum einen Mann finden, der sich an ihrem Vater messen kann. Übrigens: sowohl Magersucht wie auch Dauerblutung dürfen, so qualvoll sie auch zu ertragen sein mögen, zugleich als sichere Mittel gelten, Männer von sich fernzuhalten. – Welch eine Ambivalenz liegt in diesen Krankheiten: das Ersehnte wird zugleich verscheucht!

Das Mädchen mit seiner allzu engen Vaterbindung, die es an Männerbeziehungen hindert, mit seiner Nichtbeachtung oder sogar Abwertung der Mutter und deren Frauenrolle, wird als dem Tode nahe geschildert. Und während sich Jesus und dessen Jünger, verzweifelt gedrängt vom Vater, durch die Menge vorankämpfen, um dem Mädchen doch noch helfen zu können, wird ihnen durch Boten die Schreckensnachricht entgegengetragen, es sei zu spät, das Mädchen sei bereits gestorben: »Was bemüht ihr noch den Meister?«

Das tiefe Erschrecken, die unbeschreibliche Enttäuschung, die Wut und den Schmerz des Vaters bei dieser Nachricht können wir uns vorstellen! Doch: »... um nichts anderes als um die Erlösung der Liebe von der Angst dürfte es sich bei der Auferweckung an dieser Stelle handeln«, so sieht es Drewermann, und in dieser Sicht, die ich hier teile, ist es natürlich keineswegs zu spät, der Tochter zu helfen. Man wird darüber hinaus annehmen dürfen, so folgert Drewermann, daß »der akute Zustand der Jairus-Tochter nicht ein äußeres Verhängnis sondern das Resultat langer geheimer Todeswünsche darstellt, das Ergebnis eines furchtbaren inneren Kampfes gegen den eigenen Körper, die Summe eines quälenden Protests gegen den Zwang, erwachsen werden zu müssen und die Möglichkeiten und Aufgaben einer reifenden Frau zu übernehmen – ein Streik also gegen jede Form weiterer körperlicher und seelischer Reifung.«[22]

Übrigens: Wenn Jesus sich hier anschickt, zu einer für tot Erklärten zu gehen, so ist er bereit, sich ein zweites Mal zu verunreinigen: denn auch die Berührung mit Verstorbenen machte kultisch unrein.

Das Mädchen müssen wir also nicht unbedingt als physisch tot betrachten – der Text ist hier nicht eindeutig –, wohl aber als psychisch tot, gleichsam in eine hypnoide Starre verfallen, eine Art Totstellreflex, wie er in der Pubertät vorkommen mag, wenn man dem sexuellen Bedrohungsgefühl von innen und von außen nicht mehr ausweichen kann .[23]

Vielleicht muß die Tochter des Jairus so, wie sie Jetzt ist, wirklich erst sterben, um leben zu können? Vielleicht muß Vater Jairus aufhören, der bedrängend erstickende Vater zu sein, damit seine Tochter aufhören kann, danach zu streben, nichts als seine Tochter zu sein – ein Zustand, der sie möglicherweise in geheime Verzweiflung und in Todessehnsucht gestürzt hat. Vermutlich ist er aber dazu nur imstande, wenn er in gewissem Sinn in den Tod seiner Tochter einwilligt, wenn er akzeptiert – so wie es in den alten Initiationsritualen von den Eltern gefordert war –, daß seine Tochter für ihn »gestorben« ist. Erst dann bekommt sie die Chance, Frau zu werden und ein eigenes Leben zu entfalten.

Auf diese Chance, die Tochter des Jairus physisch und psychisch zum eigenen Leben zu erwecken, zielt Jesus offenbar hin, wenn er auf die Nachricht, sie sei verstorben, dem verzweifelten Vater Jairus nur dies entgegnet:

> [36] *Fürchte dich nicht, vertraue nur!*

Damit rührt er an die zentrale Stelle der Beziehung dieses Vaters zu seiner Tochter, an die angstvolle Überbehütung, und sein Handeln bekommt eine konzentrierte Dynamik. Er löst sich aus der Menge, nimmt nur die drei vertrautesten Meisterschüler mit sich, Petrus, Jakobus und dessen Bruder Johannes. Als Vierheit derer, die vor der Todesnachricht nicht resignieren, treten sie in das Haus des Jairus ein, wo lautes Weinen und Wehklagen herrscht, wie es angesichts des Todes einer so jungen Frau, die das Leben noch vor sich hatte, auch adäquat und völlig einfühlbar ist. Versetzen wir uns nur einen Moment in ihre Eltern hinein!

Doch Jesus hält den Trauernden mit großer Gewißheit entgegen:

> [39] *Was lärmt und weint ihr? Das Kind ist nicht gestorben,*
> *es schläft.*

Wie kommt er zu dieser Gewißheit? Die Geschichte sagt es nicht. Hat er diese Gewißheit, weil der Tod für ihn eben nicht nur der Tod ist? Saat er es, weil er intuitiv die Natur dieser Krankheit des pubertierenden Mädchens erfaßt hat? Wie unwahrscheinlich und uneinsehbar seine Sicht für die Trauernden ist, zeigt sich daran, daß er von ihnen zunächst glatt ausgelacht wird, eine Reaktion, die die Tiefe ihrer Verzweiflung, die Überzeugung von der Endgültigkeit dieses Todes zeigt. Sie kommen sich wie verhöhnt vor, wenn jemand an der Endgültigkeit ihres Verlustes zweifelt!

Jetzt erst kommt die fast wilde Energie, mit der Jesus den Bann, der über dem Mädchen liegt, durchbricht, voll zum Ausdruck:

⁴⁰ *Er aber treibt sie alle hinaus,*
– wie er später die Geschäftemacher aus dem Tempel
treibt –
nimmt den Vater des Kindes und die Mutter
samt seinen Begleitern und geht hinein,
wo das Kind war.

Hier soll etwas geschehen, was nur die Eltern und die nächsten Zeugen, seine Jünger, angeht:

⁴¹ *Und da faßt er das Kind bei der Hand*
und spricht zu ihm: Talitha kumi,
das heißt übersetzt: Mädchen, ich sage dir: Steh auf!
⁴² *Und gleich stand das Mädchen auf und ging einher.*
Es war ja zwölf Jahre alt.

Körperlich wird das Mädchen angefaßt, das sich der körperlichen Entwicklung verweigert hat. Der Mann Jesus faßt die junge Frau bei der Hand wie ein Bruder, wie ein Freund, und sagt es in ihrer beider Muttersprache, aramäisch: »Talitha kumi – Mädchen, ich sage dir: Steh auf!« Was in dieser Gebärde, in diesem Wort zum Ausdruck kommt, richtet das Mädchen auf, im wahrsten Sinne des Wortes, »stellt es auf«, wie die Schweizer sagen. Er sagt ihm damit: Stell dich auf die eigenen Beine, stell dich auf deinen eigenen Standpunkt – ja, wage den Aufstand, Mädchen!

Umgekehrt wie bei der »blutflüssigen Frau«, aber gleichsinnig, schließt sich hier der Zirkel der Beziehung- Jesus berührt das Mädchen, leiblich und seelisch, und sie läßt sich von ihm berühren, leiblich und seelisch. Dort ging die Berührung von der »blutflüssigen Frau« aus, hier von Jesus. Diese Hand eines brüderlichen Mannes, der ihr die Selbständigkeit gibt, statt sie ihr zu nehmen, wie es die Hand ihres überfürsorglichen Vaters bisher womöglich tat, stellt sie in ihr Leben als Frau hinein, anstatt es ihr, wie die Hand ihres Vaters bisher, zu verstellen.

Sie richtet sich auf, sofort, steht auf und geht umher, denn sie ist alt genug dazu, »sie ist ja zwölf Jahre alt«, wie der Text ausdrücklich noch einmal betont. Die befreiende Begegnung mit einem Mann, der den zwölf Jahre währenden Blutfluß der anderen Frau zu stillen vermochte, weil er in tiefer Solidarität zu ihr alle Abwertung des Weiblichen überwindet, läßt auch diesem Mädchen ein Leben als erwachsene Frau nicht mehr sinnlos erscheinen, läßt die Möglichkeit einer Beziehung zum Mann, zum Männlichen über den Vater hinaus als verheißungsvoll zu. »Gebt ihr zu essen«, sagt Jesus und betont damit ihre Leiblichkeit, ihre Möglichkeit, vom Leben wieder etwas anzunehmen. Vielleicht wird es die bisher so sehr Im Hintergrund stehende Mutter sein, die ihr zu essen gibt. Wenn es wirklich so etwas wie Magersucht war, woran das Mädchen litt, so hätte der Hinweis, ihr zu essen zu geben, einen besonderen Sinn – und stiftete womöglich auch einen ersten Rückbezug zur bisher ausgesparten Mutter und zum Mütterlichen des Lebens überhaupt.

»SCHAMANIN IM BAUCH, CHRISTIN IM HERZEN« – DIE FRAU ALS PRIESTERIN

Nach der im letzten Kapitel bedachten Tabugeschichte von der an Blutfluß leidenden Frau und der todkranken Tochter des Jairus kann es uns nicht mehr verwundern, daß überall dort, wo das entsprechende Tabu herrschte, zugleich eine Tendenz bestand, die Frau für kultisch sekundär, in mancher Hinsicht sogar für kultunfähig zu erklären. Wie wäre dort, wo das Tabu über der menstruierenden Frau lag, eine Priesterin vorstellbar?

Entsprechend gab es im Bereich der patriarchal dominierten Religionen, im Islam, im Judentum und im Christentum, die Priesterin nicht, während überall dort, wo die Große Mutter, die große Göttin der Frühzeit, dominierte – und sie dominierte offenbar jahrtausendelang –, aber auch dort, wo weibliche Gottheiten den männlichen zugeordnet waren wie im alten Griechenland, die Frau im Amt der Priesterin selbstverständlich war.

Die Folgen des einseitig männlichen Gottesbildes, wie es in den monotheistischen Religionen vorherrscht, sind unübersehbar. Das in diesem Gottesbild nicht repräsentierte Weibliche ist auch im Priestertum nicht repräsentiert, und wenn das Weibliche in der religiösen Erfahrungswelt fehlt, dann hat das Konsequenzen für die ganze Gesellschaft, dann wird auch in ihr das Weibliche, die konkrete Frau selbst, diskriminiert.

In dem Bewußtsein ihrer Berechtigung, mit Geistesgegenwart und mit Langmut haben deshalb Frauen innerhalb der christlichen Kultur und Religion um die Wiedereinsetzung der Frau in das Priesterinnenamt gerungen. Seit bald hundert Jahren ist dieses Ringen in einem akuten Stadium und hat innerhalb der reformatorischen Kirchen, in denen man sich auf das »allgemeine Priestertum aller Gläubigen« beruft, inzwischen weitgehend zum Ziel geführt. Seit einem Vierteljahrhundert, pauschal gesprochen, gibt es die Frau ganz selbstverständlich im Pfarramt, gibt es die Pfarrerin wieder. Nicht aber die Priesterin in der römisch-katholischen und in den orthodoxen Kirchen!

In diesem Ringen um das Priestertum der Frau und die Frau in der apostolischen Nachfolge geht es letztlich um nichts anderes als um die endliche Aufhebung eines seit bereits zweitausend Jahren grundsätzlich überwundenen Tabus, seitdem nach Christus »das Priestertum aller Gläubigen« ausgerufen und das über die Frau verhängte Bluttabu durch Jesus aufgehoben wurde. Es geht aber zugleich um nichts Geringeres als um die Wiedergewinnung der vollen Würde des Weiblichen, von ihrer Fähigkeit zur Darstellung des Göttlichen im Priesterinnenamt bis zu der Repräsentation des Weiblichen im Gottesbild selber.

In diesem Kapitel möchte ich die Geschichte und die Phänomene des Priesterinnentums umreißen, bis hin zu seinen heutigen Erscheinungsformen, zu denen neben der ordinierten Pfarrerin auch die freie priesterliche Frau gehört, die dem Leben dient, ohne nach Ordination zu fragen, indem sie – »Schamanin im Bauch«, wie seit jeher – die heilenden und segnenden Kräfte der Erde mit denen des Himmels zu verbinden und den Menschen zuzuwenden sucht.

Die Überschrift des Kapitels erinnert an den Titel eines Buches der koreanischen Theologin Hyun Kyung Chung[24], deren Feuertanz und Feuerritual zur Anrufung des Heiligen Geistes um die ganze Welt ging, als Bericht und Gerücht, als Foto und Film, seit sie das

Ritual im Februar 1991 anläßlich der Vollversammlung des Ökumenischen Rates der Kirchen in Canberra in Australien vollzog, einen Tanz und ein Ritual, wie man es in christlichem Zusammenhang nie zuvor gesehen hatte. Seitdem ist sie Identifikationsfigur für viele Frauen in aller Welt geworden. Nicht nur für Christinnen, nicht nur für Theologinnen, doch gerade auch für diese.

Zugleich gilt Frau Chung seither als gefährlich. Warum?

Frau Chung hat etwas miteinander verbunden, was manche für unvereinbar halten: ein urwüchsiges schamanistisches Ritual Asiens, verbunden mit christlicher Spiritualität, mit der Anrufung des Heiligen Geistes – eine Geste, die, wie immer im Schamanismus, die Erdkräfte mit den göttlichen Kräften zu verbinden sucht. – Was hat sie denn konkret getan?

Am Ende eines einleitenden Gruppentanzes von koreanischen und australischen Frauen und Männern trat Frau Chung, die mitgetanzt hatte, unauffällig aus deren Reihen und verlas zunächst von einer Schriftrolle, auf der viele Namen aufgezeichnet waren, die Namen von Frauen, von Männern und von Kindern, die im Laufe der Geschichte ausgebeutet, vergewaltigt oder umgebracht worden waren. Die Liste ging von Hagar, der verstoßenen Nebenfrau Abrahams, über Jeanne d'Arc bis zu den Hexen und zu den unzähligen Frauen und Männern, die in der Kolonialzeit, im Holocaust, in Hiroshima und Tschernobyl umgekommen sind. Sie nannte danach aber auch die Regenwälder, die rücksichtslos abgeholzt werden, die verschmutzte mißbrauchte Erde, die Luft, das Wasser. Zuletzt beschwor sie den Geist Jesu, den Heiligen Geist, den Geist des Jesus, der ebenfalls gefoltert und getötet wurde, der aber auch in Selbsthingabe im Kampf um Gerechtigkeit und Frieden starb. Für das zusammengeballte Leiden, das in diesen Namen angesprochen war, gäbe es in Korea einen Namen, sagte sie, eine Kraft: »Han«.

Frau Chung sprach über die von »Han« getriebenen Geister der Umgekommenen, auf deren Schreien die Lebenden hören müßten, wenn sie sich an der Wiederherstellung von Gerechtigkeit beteiligen wollten. »Wenn wir das Schreien dieser Geister nicht hören, können wir auch die Stimme des Heiligen Geistes nicht vernehmen«, so die Aussage von Frau Chung. Und nun, auf offener Szene, verbrannte sie die »Han«-Rolle mit all den Leidensnamen Stück für Stück. All die mit Leiden und Unterdrückung beladenen Namen transformierten sich in diesem Feuer zu einer lebendigen Lichtspirale, die für Frau Chung die verwandelnde Feuerenergie des Heiligen Geistes darstellte. Stellen wir uns vor, wie sie, frei auf der Bühne stehend, diese Rolle verbrennt, wie sie diese Rolle und dieses Feuer, das für sie die verwandelnde Feuerenergie des Heiligen Geistes darstellt, in ihren bloßen Händen hält! Standing ovations, Stürme von Begeisterung einerseits, Betroffenheit, Erschrecken andererseits breitete sich unter den Teilnehmern und Teilnehmerinnen der Vollversammlung des Ökumenischen Rates aus, als sie diese Verkörperung weiblichen Priestertums in einer Frau, die aus den Traditionen Asiens kommt, erlebten: einer Schamanin aus uralter Familientradition, Christin aus persönlicher Herzensüberzeugung und starkem sozialem Engagement.

Die Schweizer Theologin Marga Bührig, die dabei war, schreibt: »Es war atemberaubend und befreiend und für manche, die von ferne etwas von der Bedeutung ahnten, eine heilige und heilende Handlung. Nach meinem Verständnis war das ein pfingstliches Geschehen, auch wenn ich mir nicht anmaße, das, was ich gesehen und gehört habe, in seiner letzten Tiefe zu verstehen. Wir Christen reden im übrigen vom Feuer des Heiligen Geistes, aber verstehe ich die Bilder der biblischen Pfingstgeschichte mit den Zungen von Feuer wirklich besser als den Feuertanz der Koreanerin?«

Ich möchte diesem Kapitel eine vielleicht herausfordernde Frage voranstellen: Ist diese Verbindung von schamanistisch-ganzheitlicher Ritualisierung und christlicher Spiritualität, die Herz und

Geist ergreifen kann, vielleicht nicht nur charakteristisch für weibliches Priestertum in Asien oder auch Afrika, wo alte Schamanentraditionen noch lebendig sind, sondern für weibliches Priestertum überhaupt? Hängt es vielleicht mit der großen Geschichte weiblichen Priestertums zusammen, die ungleich älter ist als das Christentum, und hat vielleicht alles authentisch lebendige weibliche Priestertum von der Wurzel her an solchen Traditionen teil? Gilt womöglich deshalb das weibliche Priestertum als so gefährlich, daß es im Christentum nicht mehr zugelassen war, fast zweitausend Jahre lang? – Erstmals in der Geschichte der Menschheit war es nicht mehr vorhanden, schien es erloschen zu sein. Gilt es als so gefährlich, weil es so schöpferisch ist?

Eine Zwischenbemerkung sei hier erlaubt: Mein Thema heißt ganz ausdrücklich nicht: die Frau als Pfarrerin! Die Pfarrerin gibt es, wie ich schon sagte, immerhin seit der zweiten Hälfte des zwanzigsten Jahrhunderts wieder – Gott sei Dank! –, nach einem mutigen und zähen Ringen um das Frauen-Pfarramt; die Pfarrerin gibt es wieder in den reformatorischen Kirchen, neuerdings einschließlich der anglikanischen Kirche. Die Frau als Priesterin im strengen Sinn gibt es jedoch auf dem Boden des Christentums noch nicht, denn die Kirchen, die die sakramental verstandene Priesterweihe, die apostolische Nachfolge kennen: die Ostkirchen und die römisch-katholische Kirche, lehnen die Priesterweihe der Frau ab. Als Frau könne sie den Mann Jesus nicht repräsentieren, so heißt es neben anderen Argumenten. Die römisch-katholische Kirche hat ihre Ablehnung noch im letzten Jahr grundsätzlich erneuert.

Da es die Priesterin im vollen Sinn auf christlichem Boden noch immer nicht gibt, muß ich, um meinem Thema gerecht zu werden – und so darf man es bei diesem Thema auch erwarten –, in vorchristliche, in vorpatriarchale Zeit zurückgehen, um der Frau als Priesterin zu begegnen. In jenen Zeiten hat es sie gegeben. Die litauische Archäologin Marija Gimbutas, die erst vor wenigen Jahren hochbetagt gestorben ist, hat in subtilen Feldforschungen im ganzen osteuropäischen Raum zahlreiche Spuren der ursprünglich einen, großen Göttin der Megalithzeit und ihrer Priesterinnen in Gestalt von unzähligen Tonfiguren gefunden und sie in einer Zeit, längst ehe es eine feministisch motivierte Matriarchatsforschung gab, mit großer Geduld zusammengetragen. Ihre Grundlagenwerke sind: »Die Sprache der Göttin. Das verschüttete Symbolsystem der westlichen Zivilisation« und »Die Zivilisation der Göttin. Die Welt des Alten Europa«[25].

Es hat sie also wirklich gegeben, die Priesterin! – Robert von Ranke-Graves berichtet zum Beispiel vom Tod der fünfzig palatinischen Priesterinnen von Athen, die sich lieber ins Meer stürzten, als sich der neuen patriarchalen Religion zu unterwerfen.[26] Auch die aus dem keltischen Raum überlieferten Sagen vom Tod von Blodenwedds Jungfrauen im See[27] beziehen sich womöglich auf den Versuch einer aufkommenden, männlichen Priesterschaft längst vor dem Christentum, die Priesterinnen der alten Religion zu unterwerfen. Wenn sie unterworfen werden sollten, wenn sie lieber starben, im See oder im Meer, statt sich zu unterwerfen, dann muß es sie wohl gegeben haben, die Priesterinnen.

Hoch angesehen war im ganzen griechischen Volk das Orakel von Delphi, eine Orakelpriesterin, die monatlich vielleicht sogar in Verbindung mit ihrer Menstruation – ein Orakel zur Deutung von Gegenwart und Zukunft verkündete. Erste Angriffe auf diesen von der Frau getragenen Kult, diese geheiligte Institution, soll nach dem Mythos von Herakles ausgegangen sein, welcher der delphischen Priesterin Hierophile den Orakeldreifuß stahl, auf dem sie während der Eingebungen und Verkündungen zu sitzen pflegte. Er mußte ihn ihr jedoch zurückgeben. – Noch wurden Infragestellungen eines so wichtigen Kultes nicht geduldet. Was uns an dieser Geschichte von der Orakelpriesterin zu Delphi heute mehr interessiert als der Diebstahl ihres Dreifußes, ist ihre Person. Sie ist das anschauliche Beispiel dafür, daß die weibliche Priesterin jener Zeit

vor allem mit dem Sehertum verbunden war, das auch im germanischen und keltischen Raum aufs höchste verehrt wurde. Im
»Deutschen Wörterbuch« der Brüder Grimm lesen wir über die
germanische Seherin: » … mit jenem prophetischen tiefblick in die
verworrene welt, der den germanischen seherjungfrauen eigen
gewesen sein soll.«[28]

Drei eigene Begegnungen aus den letzten Jahren mit den Spuren
jenes frühen Priesterinnentums möchte ich schildern, Erfahrungen, die mir eine Ahnung davon vermittelt haben, was es gewesen
sein mag, und die in mir eine Sehnsucht danach geweckt haben.

Da war der Sommerabend auf dem Forum Romanum in Rom;
Oleander überflutete es mit Duft und der volle Mond mit Licht.
Ich stand vor dem Tempel der Vesta, vor dem runden Grundriß,
der davon erhalten geblieben ist. Hier war ihr Altar gewesen, ihr
Herd, dessen Flamme die Vestalinnen bei Tag und bei Nacht am
Brennen, am Leuchten hielten, Hüterinnen des ewigen Lichtes,
des brennenden Herzens der »Pax romana«. Jungfrauen waren
sie, sie durchliefen eine Initiation, bei der sie ihr Haar opferten,
bei der sie sich der Vesta, der alten griechischen Hestia, weihten,
zum selbstlosen Dienst am Gemeinwesen, an der menschlichen
Gemeinschaft des damals bekannten Erdkreises. Hier war der
Ort, den man zugleich als den »Ophtalmus«, den Nabel der Welt,
verstand. Vor diesem runden Grundriß des Vestatempels ergriff
mich eine Ahnung von dem großen priesterlichen und sozialen
Dienst der Vestalinnen, sie ergriff mich so sehr, daß ich unwillkürlich einen Holzspan anzündete und ihn an dem Platz des alten
Altars niederlegte. Wenn der Span auch nicht einmal die Nacht
durch brennen würde und gewiß auch das ewige Feuer der Vesta,
der Hestia, nicht mehr würde entzünden können, in meiner
Seele hatte dieser verwaiste Altar etwas entzündet: ich hatte Ehrfurcht gewonnen vor diesem großen Dienst der römischen Priesterinnen.

Die zweite Begegnung war in Irland, auf altem keltischem Boden, im Land der Druidinnen und Druiden. Ich suchte mit einigen Freunden zusammen nach einer bestimmten steinzeitlichen Grabanlage, einem alten Kultort auf einer Höhe unmittelbar über der Küste der Dingle-Halbinsel. Die Wegbeschreibung fand sich in keinem offiziellen Führer, ich hatte sie nur auf einem fotokopierten Blatt aus der Hand von Einheimischen. Wie das in Irland so ist, die Nebel brauten, das ganze Meer dampfte, es regnete heftigst. Da war kein Pfad, kein Stein, geschweige denn die Landschaftsformation zu erkennen. Wir stiegen dennoch immer höher, über nasse Steine, Moose, dornige Zweige, auf einmal – ich stieß einen Schrei aus vor Überraschung – tauchte leuchtend hell der Kopf eines weißen Pferdes aus dem dichten Nebel auf, in dem man vorher kaum die Hand vor den Augen hatte erkennen können. Das ganze Pferd wurde sichtbar, wandte sich um, und wir folgten ihm unwiderstehlich. Nach etwa hundert Metern standen wir genau vor dem Dolmen, den wir gesucht hatten. Hier trank das Pferd aus einer Steinvertiefung das Regenwasser, hier war offenbar sein Ort, es lebte bei diesem alten Kultort – einem magischen Ort mit Ausstrahlung. In meinem Gedächtnis blitzte es auf: Das weiße Pferd, das war doch das mythische Begleittier der keltischen Göttin Epona! Und ihre Priesterinnen wiederum hatten es gehütet. Die Priesterinnen sahen das Pferd in ihren Visionen, wenn die Göttin sich ins Sichtbare verdichtete. Sie waren die Hüterinnen des Pferdes, das uns den Weg gewiesen hatte, das die Präsenz der Epona anzeigte. Geheimnisvoller Dienst dieser Priesterinnen in Verbindung mit den Lebenden, mit den Toten, in Verbindung mit Nebeln, Wetter und Wind, mit der See und mit den Gestirnen! Ich ahnte etwas von ihrem Dienst, dem Gottesdienst der Druidin, den es gegeben hat; hier rührte mich eine Ahnung davon an.

Die dritte Begegnung mit dem alten Priestertum der Frau erfuhr ich auf der Insel Malta, und sie betraf die Priesterinnen in ihrer frühesten Zeit. Daß es sie hier gab, beweisen die in den Heiligtümern begrabenen Frauenfiguren und auch die darin begrabenen Frauen: nur weibliche Skelette wurden in diesen Tempeln gefunden. Hinzu kommen die vielen Figuren von Tempelschläferinnen, die auf die Einrichtung des »Tempelschlafs« hinwiesen, offensichtlich ein Einweihungs- oder Heilritual. Da war zunächst die Initiation der Priesterinnen im Hypogäum, einem unterirdischen Höhlengebilde, in dem sich zahlreiche ineinander übergehende Höhlen bis hinab zum Grundwasserspiegel und tiefer aneinanderreihten. Diese natürlichen Höhlen waren zu tempelartigen Räumen kunstvoll ausgestaltet, und wie die Organe eines weiblichen Körpers von Blutbahnen durchzogen sind, so waren sie mit einem Labyrinth von spiralartigen Bahnen aus Ochsenblutrot ausgemalt.

Das Hypogäum, das »Unterirdische«, war wie der Innenraum eines riesigen Erdleibes ausgestaltet. Raum griff in Raum. Hier waren die verstorbenen Priesterinnen begraben, im gleichen Berg wurden die jungen Priesterinnen ihrer Initiation entgegengeführt, im gleichen Berg ruhten sie im Initiationsschlaf oder im Heilschlaf, wobei sie Kräfte sowohl von der großen Mutter Erde wie von den hier ruhenden Toten nahmen. Die jungen Priesterkandidatinnen wurden vermutlich bei tiefer Dunkelheit durch das Labyrinth der immer tiefer fallenden Räume geschleust, durch die sie sich medial-instinktiv hindurchtasten mußten, wenn sie sich nicht den Hals brechen oder durch Sich-Verirren umkommen wollten. Wer lebend herauskam, hatte eine symbolische Todeserfahrung gemacht, war weiser geworden eine Voraussetzung damals für die Ausübung des Priesterinnenamtes im Dienste der großen Lebensmutter. So wurde es uns von einer in Malta ansässigen Archäologin, Frau Buttigieg, geschildert.

Diese Berührung der jungen Priesterin mit der Unterwelt, mit dem Initiationsschlaf, den Toten und wirklicher Todesgefahr berührte mich tief. Wie ihr Ort und ihr Amt aussah, konnte ich nur erahnen, als ich Tempel wie den der Mnaidra auf den Hängen oberhalb der Steilküste hoch über dem Meer sah, Tempel von großer Schönheit und harmonischen Proportionen in organischen Formen, dem Innenraum des weiblichen Leibes und dessen Höhlungen nachgebildet; in der klassischen Kleeblatt-Form. Man gelangte von Raum zu Raum über mehrere hohe Schwellen, wo in jenem frühen Kult jeweils Opfer dargebracht werden mußten, um von einem Raum in den anderen zu gelangen: Speiseopfer, Trankopfer, auch Blutopfer. Es waren die Priesterinnen, die die Ähren, die Pflanzen, den Wein, die Tiere opferten. Ein steinernes Messer und Brandspuren an Tierknochen wurden bei heutigen Grabungen gefunden. Auch hier waren Plätze für den Initiationsschlaf vorgesehen, der immer in der Nähe der Toten stattfand, sowie Fensteröffnungen, durch die ein Orakelspruch verkündet werden konnte.

Priesterinnen hüteten den Tempel, den sichtbar gemachten Leib der unendlich fruchtbaren Großen Mutter. Priesterinnen walteten hoch über dem Meer und in der Tiefe der Erde, verbanden beides, verbanden auch die Kräfte der Lebenden mit denen der Toten, die Kräfte des Tages mit denen der Nacht, die Kräfte des Gebärens mit denen des Sterbens, verbanden sie auch mit denen der visionären Gesichte unter der Erde bei Tempelschlaf und Heilschlaf. So wenig wir über diese frühe Zeit an exaktem Wissen haben, nichts Schriftliches eben, es sei denn die zeichenhafte Symbolsprache, die Marija Gimbutas erforschte, so sprechend und die Phantasie anregend sind die erhaltenen Tempelanlagen und die Figuren der Priesterinnen.

Ich behaupte nicht, daß meine Nachempfindung des Priesterinnendienstes auf Malta den geschichtlichen Gegebenheiten damals entspräche, aber so hat es auf mich gewirkt, das habe ich an diesen Plätzen erlebt, und ich habe – das vermute ich doch – eine Ahnung bekommen von dem, was damals der heilige Dienst an der Erde und am Himmel war.

Die Priesterin ist bereits im Paläolithikum bezeugt. Steinzeichnungen aus dieser Zeit, zum Beispiel aus Algerien, zeigen zahlreiche Bilder einer weiblichen Figur mit erhobenen Armen, dieser uralten Geste. Die erste, naheliegende Deutung, diese Figuren als Betende anzusehen, ist keineswegs unmöglich. Die Priesterinnen, die sich mit der Großen Mutter identifizierten, werden, ebenso wie die Betenden, die gleiche Haltung eingenommen haben. Die spezifische Geste der erhobenen Arme ist fraglos religiös, ob wir sie nun als betend oder rufend oder magisch beschwörend verstehen. Primär ist aller Wahrscheinlichkeit nach die magische Bedeutung dieser Armhaltung, die später als die des Gebets und des Segnens beibehalten wurde, bis in unsere Gottesdienste hinein: uralte Geste. Die Große Göttin der Vorzeit ist nicht, wie eine spätere, nur Mutter der Erde und des unteren Bereichs, sondern sie ist ebenso Herrin des Oberen und des Himmels, besonders des schicksalsträchtigen Nachthimmels. Ihr großartiges Dastehen mit erhobenen Armen verrät, daß sie keineswegs bittend nach oben sich wendet, eher handelt es sich um die Epiphanie ihrer Allmacht, die das Obere einbezieht in ihr magisches Wirken und seiner mächtig ist. Ebenso ist ihre Priesterin, ihre Schamanin solcher Kräfte mächtig, der erdhaften wie der himmlischen.

Auf Parallelen zur Großen Göttin und zu ihrer dominierenden Stellung stoßen wir in Çatal Hüyük in Anatolien, zur Zeit eine der wichtigsten Ausgrabungsstätten, wo die Kulturschicht von 6500 bis 5700 vor Christus freigelegt wird. Wir treffen dort auf eine Priesterschaft, deren höchste Ämter in den Händen von Priesterinnen lagen. Es gab durchaus auch männliche Priester, aber die führenden Kräfte waren die Priesterinnen. Elf der weiblichen Skelette unter den insgesamt vierhundert, die in den Kulträumen gefunden wurden, fallen durch eine besondere Präparierung der Gebeine und des Schädels mit Rotacker auf. Mellart, der Entdecker, hält sie für die sterblichen Überreste von Hohepriesterinnen.

Wir hätten damit in Çatal Hüyük eine Frühform jener weiblichen Dominanz in der Priesterschaft vor uns, die viertausend Jahre später auch in Sumer und in Babylon historisch bezeugt ist, ehe Hammurabi, der im 18. Jahrhundert vor Christus regierte, das Amt der babylonischen Hohepriesterinnen abschaffte, um das patriarchale Königtum begründen zu können. Er konnte es nicht, solange die Hohepriesterin die wichtigste Person im Staat war. Abgesehen von der Rotackerbestattung fällt als Grabbeigabe bei den Priesterinnen in Çatal Hüyük der Obsidianspiegel auf, neben Schminkpaletten, Halsketten, Arm- und Fußringen. Wie Bemalung und Schmuck keineswegs der weiblichen Eitelkeit, sondern der magischen Ausstrahlung der Priesterin als Mittlerin göttlicher Kräfte dienten, so diente der Obsidianspiegel offenbar ihrer Funktion als Seherin, möglicherweise als Orakelpriesterin – beides Funktionen, die uns von priesterlichen Frauen der späteren Hochkulturen durchaus vertraut sind. Immer wieder treffen wir auf die Verbindung von Priesterin und Seherin, das scheint eine typisch weibliche Möglichkeit zu sein. Einen Hinweis auf die magische Bedeutung der Spiegel, die den Toten beigegeben waren, finden wir bei sibirischen und vielen anderen Schamaninnen und Schamanen, die ihn als Hilfsmittel für ihre seherische und weissagende Tätigkeit benutzen, bis heute.

Schon in Çatal Hüyük scheint das Bewahren des sakralen Feuers ein Amt der Priesterin gewesen zu sein, was später zur vornehmsten Aufgabe der römischen Vestalinnen wird – viel später. Es zeigt sich dies an den Opferherden, die in den Kulträumen von Çatal Hüyük immer direkt neben der Lagerstatt der Priesterin gefunden werden. Bei allen Völkern der Erde gilt der Herd als ein Zentrum, und die Frau des Hauses ist dessen Vestalin, eine Tradition, die wahrscheinlich bis in die Altsteinzeit zurückgeht, wo man Figurinen der Göttin an den Herdplätzen der ältesten menschlichen Behausungen fand. Nun war das Feuer etwas Kostbares, etwas Heiliges damals. Nach der Vorstellung einiger

Naturvölker haben die Frauen das Feuer als ein Geschenk vom Himmel erhalten, sei es vom Blitz oder auch vom Mond, wie die australischen Ureinwohnerinnen glauben, die das glimmende Holzscheit von Lager zu Lager mit sich tragen wie ein lebendiges Heiligtum. Das Feuer, das zugleich Lichtquelle ist und das in den Händen der Frauen liegt, spiegelt sich im Feuer- und Lichtaspekt der Göttinnen früher Hochkulturen. So werden Kybele und Demeter sowie die Priesterinnen der Eleusinischen Mysterien, die die Adepten einweihen, mit der Fackel in der Hand dargestellt, mit der sie die Suche der Demeter und aller Mütter, die ihre Tochter verloren haben, rituell nachvollziehen in einer neuntägigen Nachtwanderung.

Auch die Wasserausgießung in alle vier Himmelsrichtungen als Schlußritual der Eleusinischen Mysterien oblag den Priesterinnen. Zudem kannte die Antike eine große Zahl von Quellheiligtümern, die alle zu göttlichen Nymphen in Beziehung standen und von Priesterinnen gehütet wurden, woraus sich die Benutzung von Heilquellen und Heilbädern entwickelte. Auch die Taufe mit Wasser als magischer Segen und zur Namensgebung ist unter den Naturvölkern universell, sie oblag in der frühen Zeit den Frauen.

Der Totenkult lag ursprünglich höchstwahrscheinlich ebenfalls in den Händen der Frau, der Priesterin. Mellart entdeckte in einem Kultraum von Çatal Hüyük eine Geiergestalt mit menschlichen Füßen. Er hat dies als Darstellung einer Kulthandlung gedeutet, bei der eine Priesterin die Geiermaske, die Maske des Totenvogels als Kultmaske, trägt und darin die Göttin in ihrer Funktion als Todesgöttin vertritt, da das »Geiertier« in dieser Kultur ein weibliches Symbol ist. Stets treten in den Darstellungen der Hochkulturen Frauen als die Trauernden auf, als diejenigen auch, die die Toten waschen, balsamieren; noch die drei Marien kommen mit Salböl und Spezereien, um den toten Jesus zu ehren. In einer hethitischen Quelle, die das Totenritual für die Könige beschreibt, leitet die Hohepriesterin das ganze Bestattungszeremoniell.

Ein besonderes Wirkungs- und Erfahrungsfeld stellte das uralte Zeremoniell der »Heiligen Hochzeit« dar. In Çatal Hüyük befand sich die obligate Lagerstatt der Priesterin im Kultraum, woraus folgt, daß die Priesterinnen auch im Zentrum von Fruchtbarkeitsriten standen. Aus sumerischen Kulten wissen wir Genaueres: Hier gab es ein Gemach auf der Höhe des Tempels, wo die Hohepriesterin als Stellvertreterin der Göttin im Frühling den sakralen jungen König empfing, um ihn und das Land mit lebenspendenden Kräften zu segnen: durch sexuelle Vereinigung. Zugleich vollzog die übrige Priesterschaft in ekstatischen Riten die Heilige Hochzeit mit. Von ähnlichen Riten, zu Ehren der Göttin Astarte auf freiem Feld vollzogen, wird aus dem alten Phönizien berichtet. Der Kult war offenbar so faszinierend, daß auch die Israeliten immer wieder davon gepackt wurden und mitmachten.

In den alten indianischen Legenden von Alaska bis Mexiko steht der männliche Schamane immer in Beziehung zu einer Mutter- oder Fruchtbarkeitsgöttin oder vielmehr einer Schamanenpriesterin, die die Göttin vertritt und mit der er die sakrale Vereinigung vollzieht. Erst in den zwanziger Jahren dieses Jahrhunderts wurde der bei Stammesfesten der Pueblos übliche rituelle Beischlaf der führenden Männer des Stammes mit einer priesterlichen Frau von der amerikanischen Regierung verboten. Bis 1960/70 soll es bei den Pueblos noch weitere Riten dieser Art gegeben haben. Im übrigen gab es die weibliche Schamanin beispielsweise bei den Eskimos; sie war im Einsatz ihrer magischen Mittel den Männern gewissermaßen überlegen. Von ihr stammt auch die Trommel, das Symbol des Mutterleibes, die unentbehrlich war zur Erlangung der schamanistischen Trance, ebenso wie die stimulierenden Drogen, unter deren Wirkung die Schamanen und Schamaninnen ihre Jenseitsreisen, Geistheilungen und Geisterbeschwörungen vornahmen.

Nach Carola Meier-Seethaler ist anzunehmen, daß es von jeher weibliche und männliche Kultträger, Priesterinnen und Priester gab, weil die Hochschätzung des sexuellen Aktes als zentrales Sakrament des Lebens die Beteiligung beider Geschlechter am kultischen Leben unentbehrlich machte. Nur waren die Rollen der sich vereinigenden Geschlechter deutlich anders verteilt als in der späteren Zeit: Die Braut nahm den Bräutigam in sich auf als diejenige, die stellvertretend für die Göttin steht und ihm wie allen Kreaturen die Lebenskraft spendet. Noch die von den Christen als »Tempeldirnen« mißverstandenen »Hierodulen« der Antike standen im Dienst der göttlichen Lebenskraft, indem sie anstelle der Göttin die Vereinigung mit dem Mann vollzogen, der im heiligen Raum des Tempels die Vereinigung mit der Göttin suchte.

Es ist festzustellen, daß alle uns bekannten matrizentrischen Kulturen den Mann nie von den sakralen Funktionen ausschließen, während umgekehrt in patriarchalen Kulturen die Frauen aus dem Priesteramt verdrängt werden. Solange allerdings die Große Göttin im Zentrum religiösen Lebens steht, ist es folgerichtig, daß die Priesterin als ihre Stellvertreterin eine bedeutendere Rolle spielt als der männliche Partner und daß sich dieses Verhältnis erst damit umkehrt, daß ein zentraler Gott, ja ein patriarchaler Götterhimmel entsteht.

In Sumer wie auch in Ägypten ist die Königin ursprünglich zugleich die Hohepriesterin und in dieser Eigenschaft als Stellvertreterin der Göttin dem sakralen König übergeordnet. Der babylonische König Hammurabi fühlte sich gezwungen, das Amt der Enn-Priesterin abzuschaffen, um der mythisch begründeten Vorrangstellung der Königin ein Ende zu setzen und den Weg für die männlich bestimmte Monarchie frei zu machen. Das war damals, wie ich vermute, eine sehr mutige Tat.

Ägypten ging einen anderen Weg. Trotz der patriarchalen Theologie von Memphis und Heliopolis bleibt die ägyptische Königin Hohepriesterin, nur daß sie ihr Amt im Lauf der Zeit im Tempel des männlichen Amun Re wahrnimmt: Sie trägt den Titel »Gottesgemahlin«, womit sie zur irdischen Gattin des Götterkönigs erklärt wird, von dem sie auf mystische Weise ihren Sohn, den jungen Pharao, empfängt.

In Knossos auf Kreta hat die Oberpriesterin als Stellvertreterin der Göttin eine zentrale Rolle gespielt. Die großen Wandfresken zeigen priesterliche Frauen überall im Mittelpunkt des Geschehens. Eine riesige Festprozession bewegt sich zum Beispiel von beiden Seiten her auf eine in der Mitte stehende Oberpriesterin zu, und eine Hohepriesterin leitete die Opferzeremonie auf dem Sarkophag von Hagia Triada, wobei sie die königliche Lilien- und Federkrone trug. Zudem war sie durch den heiligen Haarknoten im Nacken charakterisiert, eine Art Schicksalsknoten, den die Göttin als Zuteilerin des Geschicks zu binden und zu lösen vermochte. Ihn trägt der orthodoxe Pope heute noch unter dem polosartigen Hut, der von weiblichen Idolen her vertraut ist, und dazu ein wallendes Gewand. Nur die Vertrautheit mit diesem Erscheinungsbild des Popen macht vergessen, daß der Priester in diesem Land ursprünglich eine Frau war.

Im alten Orient, schon im vorislamischen Arabien und im vormosaischen Palästina, findet sich matrizentrischer Hintergrund, ohne den die Richterin Deborah, die Priesterin Hanna und die Seherinnen Mirjam, Abigail und Hulda nicht verständlich wären. Der Grundbestand des Hohenliedes ist wahrscheinlich einst Bestandteil eines Kultgesangs im Rahmen der Heiligen Hochzeit gewesen, so die Forschungsergebnisse von Hartmut Schmökel, wohl von einer Priesterin gedichtet und auch liturgisch vorgetragen. Im Wechselgesang der Liebenden des Hohenliedes fällt auf, daß die Initiative immer etwas mehr von der Frau ausgeht. – Ich würde aber sagen, daß das heutige Hohelied überarbeitet und in israelische Vorstellungen hineingehoben ist.

Noch heute heißen die Wächter der Kaaba in Mekka, an der einst Priesterinnen wirkten, Beni Scheibath, das heißt: die Söhne der »Alten Frau«, und noch immer küssen die Moslems den alten Stein und trinken aus der Quelle neben dem Heiligtum, die, wie die drei Palmen, ursprünglich irdische Erscheinungen der Gottheit, der Allat, waren, einer dreifaltigen Mondgöttin, aus der im Zuge der patriarchalen Entwicklung später »Allah« wurde.

Nicht Zeus steht am Anfang – sein Olympia-Tempel besteht erst seit vierhundertfünfzig vor Christus, während derjenige der Hera um viele hundert Jahre älter ist. Im Heratempel von Argos wurden die Jahre des Landes nach der Amtszeit der Priesterinnen gezählt, wie andernorts nach der Regierungszeit der Könige.

Eine späte, sehr reife Form des weiblichen Priestertums findet sich in den Mysterien von Eleusis, einer großen Zeremonie – eine neuntägige Nachtwanderung ging voraus –, die im Grund ein Mysterium um Tod und Wiedergeburt war, wobei in diesem Fall die einem Sterbeprozeß gleichende Ablösung von Mutter und erwachsen werdender Tochter im Mittelpunkt steht, der Tochter, die an einen Mann, den Unterweltgott Hades, verlorengeht. Demeter, die Mutter, trauert und trauert, bis sie in einem großen Ritual erfährt, daß ein neues Kind geboren ist, das ihrer Tochter nun gehört, aber auch ihr, der Großmutter – die Mutter wird zur Großen Mutter. Ein wunderbares, geheimnisvolles Ritual gehörte zu den Eleusinischen Mysterien, an dem übrigens auch Männer begeistert teilnahmen, die sich rühmten, sie hätten das Geheimnis von Tod und Wiedergeburt erfahren. Römische Kaiser haben Insignien hinterlassen, die ihren Stolz darüber bekunden, Eingeweihte dieser Mysterien zu sein. Im Mittelpunkt stand eine besondere priesterliche Handlung, die in große Stille hinein geschah, indem die Priesterin eine Ähre emporhielt – wie heute noch der Priester die Oblate. Nie wurde erklärt, was das bedeuten sollte. Ich vermute, daß es dabei im Gleichnis des Kornes um Wandlungskraft ging. Diese Mysterien wurden auch nach der Zeitenwende noch etwa fünfhundert Jahre lang weitergefeiert und erst von den christlich gewordenen römischen Kaisern abgeschafft. Und das bedeutete das Ende der Priesterin, jedenfalls in Europa. Mit dem Christentum ist das Priesterinnentum der Frau zu Ende gegangen.

Und die priesterliche Frau? Was wurde aus ihr?

Es gab sie weiterhin, so möchte ich behaupten. Durch die ganze Geschichte des Christentums hindurch bleibt sie präsent als Mystikerin, Seherin, Heilerin, doch die geweihte Priesterin gab es nicht mehr. Bis schließlich im zwanzigsten Jahrhundert, im Zweiten Weltkrieg, der Not der Stunde gehorchend, Frauen die verwaisten Pfarrämter der Männer übernahmen, wenigstens im Raum der evangelischen und reformierten Kirche. Häufig durften sie noch nicht einmal in dieser Notsituation die Sakramente verwalten. Ich möchte nur erwähnen, daß dieser provisorischen Übernahme von Pfarrämtern durch Frauen die Öffnung der Universitäten, in denen man als Frau Theologie studieren konnte, vorausgegangen war: in Bayern 1903, in Preussen 1908. Die Gründung eines Verbands evangelischer Theologinnen erfolgte 192-5. Aus der kirchlichen Beauftragung der Frau als Vikarin mit Seelsorge und Predigt, noch ohne Sakramentsverwaltung, entwickelte sich das Amt der evangelischen Pfarrerin, die seit 1978 in allen deutschen evangelischen Kirchen zugelassen ist, mit Berufung auf das Verhältnis Jesu zu Frauen, auf die Frauen als erste Osterzeuginnen, auf die leitenden Frauengestalten in der frühchristlichen Gemeinde. Die berühmte Stelle in 1. Korinther 34: »Das Weib schweige in der Gemeinde« wurde von feministischen Forscherinnen als späterer Zusatz zu einem Paulusbrief erkannt. – Dies als kurzer Exkurs zur Geschichte der Frau als Pfarrerin.

Die Frau mit ihren besonderen Gaben hat seitdem das evangelische Pfarramt neu gefüllt – neu erfüllt –, und die Gemeinden haben sie durchweg angenommen, bis in die hintersten Schwarzwaldgemeinden. Heute gibt es Frauen, wenn auch noch nicht viele, in leitenden kirchlichen Ämtern: Dekaninnen, Bischöfinnen, bedeutende Theologinnen. Es gibt ökumenische Erscheinungen wie jene koreanische Pfarrerin und Theologin Hyun Kyung Chung, die das Erbe der Schamanin mit dem der Christin verbindet.

Es gibt innerhalb der Kirche eine ökumenische Frauenkirche, die an die Geschichte der Frauen und an Frauenrituale anknüpft bei Fest und bei Tanz, bei Frauenmysterien wie Menstruation, Geburt, Menopause, und dafür neue Rituale sucht. Diese freie Frauenkirche, die sich aus konfessionsgemischten Christinnen und auch Nichtchristinnen zusammensetzt, gibt es selbst in kleinen Nestern, im schweizerischen Thurgau ebenso wie in Württemberg und in Baden, wo ich lebe, ich bin oft darüber erstaunt. Es ist eine urwüchsige Geschichte mit dieser Frauenkirche, und ich meine, sie nährt sich aus jenem uralten Boden, den ich in diesem Kapitel zu beschreiben und zu erinnern suche, dem Boden, aus dem seit der Frühzeit das Priestertum der Frau erwuchs.

Und es gibt darüber hinaus ein freies Priestertum unter Frauen, das keine Ordination braucht und sucht. Ich meine, daß sich heute der Archetyp der Frau als spirituelle Heilerin konstelliert, der Frau, die mehr im Dienste der Natur und der Weisheit selbst steht als im Dienste irgendeiner Institution. Und dieses neue, freie Priestertum sprengt die Grenzen der Kirche. Zu ihm gehört eine bedeutende Anzahl Frauen, die ohne priesterliche Feierlichkeit, aber in großem Ernst die Kräfte von Himmel und Erde zur Heilung der Erde und der Menschen wieder zu verbinden suchen.

Wie übt die Pfarrerin heute, und wie übt die Frau in der freien Frauenkirche und wie die Frau als Heilerin ihr Amt aus? Bringt sie als Frau etwas Eigenes, Neues, vielleicht auch etwas Uralt-Neues ein?

Ganz schlicht läßt sich feststellen: Sie bringt ihre Weiblichkeit ein, und damit eine Bezogenheit auf den einzelnen Menschen. Die Bezogenheit auf das Seelische, Gefühlhafte, der Bezug zur religiösen Erfahrung ist vielen Frauen eigen. Die Frau bringt das Schwesterliche, das Mütterliche, den Eros, sie bringt die Leiblichkeit ein. Das paßt eigentlich nicht zum von Männern betreuten, überlieferten lutherischen oder reformierten Pfarramt. Das heißt, daß sich mit der Frau auch das Amt beziehungsweise die Ausfüllung des

Amtes verändert: Frauen nehmen die Leiblichkeit ernst, die »Schamanin im Bauch«, die vielen innerlich vertraut ist. Die Gebärde, die Gestaltung ist Frauen nie gleichgültig – um Blumen, um Kerzen, um Schmuck im gottesdienstlichen Raum haben sich seit eh und je die Frauen gekümmert.

Es war herzerwärmend für mich, neulich, in einem fränkischen Dorf eine Taufe mit einer jungen Pfarrerin zu erleben. Wie echt und herzlich war alles in Wort und Gebärde: wie sie mit dem schreienden Buben mütterlich humorvoll und kompetent umzugehen wußte. Gewiß, Männer, Väter können das auch, oftmals. Aber Frauen, Mütter können es fast immer. Gewärmt hatte sie das Taufwasser für den kleinen Mann, und mit der großen Taufkerze ausgerüstet stand dessen größere Schwester dem kleinen Bruder bei und machte ihm Licht – das war der Pfarrerin wichtig, bei seiner Taufe, bei der er im Mittelpunkt stand, auch an eine gute Rolle für die größere Schwester zu denken, das war schön und mütterlich. Erwärmend war auch die Taufe eines kleinen schwarzen Mädchens in einem Schweizer Dorf durch eine Pfarrerin. Wie sie da alle Dorfkinder und auch die Erwachsenen um sich versammelt hatte und ihnen durch afrikanische Lieder, Trommeln und Tänze die Herkunftskultur der kleinen Afrikanerin nahebrachte, die jetzt auch ganz zu ihnen gehören sollte.

Die Frau nimmt, wenn sie sich selber recht versteht, ihre seelische Erfahrung, ihre religiöse Erfahrung ernst, wie sie zum Beispiel in Träumen erscheint, in Imaginationen, vielleicht sogar in einer Vision. Sie wird die Stille ernst nehmen, Worte und Musik ausklingen lassen, ehe sie fortfährt im Gottesdienst. Was hätte ich doch bei manchen Gottesdiensten darum gegeben, daß es nicht immer so schnell weitergeht, damit noch etwas nachklingen kann! Sie wird eigentlich immer die Seelsorge sehr ernst nehmen, sie wird sich vor Kranken, Sterbenden, auch psychisch Kranken, nicht zurückziehen – wenn sie sich als Frau recht versteht. Sie wird auch ihre eigenen Erfahrungen mit ihrem Bibeltext, dem Predigttext, ernst nehmen, wird ihn durch die eigene Imagination, Vorstellung, durch Gestik, Mimik, Spiel, Gespräch vertiefen und die entsprechenden Erfahrungen einbringen. Sie wird vor allem – ich sagte es schon – die Leiblichkeit wieder ernst nehmen und damit auch die Gebärden des Segnens, des Betens, des Austeilens von Brot und Wein. Wie eine Mutter liebevoll und würdig das Essen austeilt, teilt so manche das Abendmahl aus und findet dabei neue Formen: den Tisch statt des steifen Altars, den Kreis statt des strengen Hintereinanders, das warme, das würzige, das echte Brot statt der abstrakten Oblaten, einen wirklich guten Wein. Sie kann die Osternacht feiern, kann mitten in der Nacht das Licht aufleuchten lassen und vielleicht nach dem ganz alten Brauch zur Quelle wandern, um das Taufwasser dort zu holen. Sie kann die Heilige Nacht, in der nach der Legende die Tiere reden, so feiern, daß Tiere mitkommen dürfen in die Kirche.

Als Laienbewegung von unten hat die Frauenkirche keine offizielle Einbindung, ist ökumenisch, auch nichtchristliche Frauen einbeziehend. Hier werden die Jahreszeitenfeste wieder gefeiert, die christlichen, aber auch die alten, matriarchalen wie Sommer-und Wintersonnenwende, Halloween. Dabei werden neue liturgische Formen gefunden, erprobt, vor allem der liturgische Tanz, der auch zunehmend wieder in die Gemeindegottesdienste einfließt. Die alten Tänze, fast alles rituelle Tänze, werden wiederentdeckt, die die Männer keineswegs ausschließen. Die Gemeinschaft, der Leib, die Natur haben mit ihnen wieder Einzug in die Kirche gehalten, vor allem in die liturgisch karg gewordenen Kirchen der Reformation. Das liturgische Erbe der lutherischen Kirche ist vergleichsweise noch reich, aber es ist oft steif geworden und kann von Pfarrer und Pfarrerin nicht mehr recht gefüllt werden. Auch die Amtstracht ist steif. Was soll der schwarze Gelehrtenrock der Reformationszeit mit dem Bäffchen als Kleidung einer Frau? Eine sagte zu mir: »Ich fühle mich ja darin wie in meinem eigenen

Kasperltheater.« Wenn man es den Frauen erlaubt, kommen sie schnell auf etwas Geeigneteres, zumindest auf den weißen Leinentalar mit der farbigen Stola, mit der die Pastorinnen auf dem Hamburger Kirchentag richtig fröhlich, schick und dennoch festlich wirkten.

Sie haben es wiederentdeckt, die weiblichen Theologinnen und Forscherinnen, daß der Geist, »Ruach«, weiblich ist, daß er die Pneuma-Taube ist, letztlich die Sophia, der viele christliche Theologinnen und Pfarrerinnen sich wieder verpflichten, als dem weiblichen Gesicht, der spielerischen, tänzerischen Seite Gottes, dem schöpferischen Pneuma der beseelten Natur, das um die Gezeiten und Rhythmen, die Regelkreise weiß und sie zutiefst verehrt.

Dorothee Sölle hat auf einem der letzten Kirchentage ihren Vortrag mit einem wunderbaren Bild begonnen, daß nämlich auf der Insel Jona der Heilige Geist als Wildgans verehrt werde, unzähmbar, unvermutet auftauchend mit seinem charakteristischen Schrei, jedem Sturm gewachsen, von jeder Böe nur noch höher getragen. »Wie merkwürdig«, fügte sie im Nachsatz hinzu, »daß man den Geist in der Kirche sonst viel eher mit einer lahmen Ente verwechselt.«

Gerade im Blick auf den innigen Kontakt vieler priesterlicher Frauen zur Natur tun sich neue Entwicklungen innerhalb und außerhalb der Kirche auf. Die Aufregung, die bei konservativen und liberalen Kirchenmännern nach dem Auftritt der Frau Chung entstand, entsprach dem Brausen des Geistes in einer durchaus neuen Form.

Ich möchte nun hinüberblenden zu dem freien Priestertum, das heute wieder unter Frauen entsteht, die an die weiblichen Traditionen des Priestertums anknüpfen, die um dessen Geschichte wissen, und um die Priesterinnen, die im Dienst der Großen Lebensmutter standen, lange vor Christus. Wenige dieser Frauen nennen sich ausdrücklich Priesterinnen, denn dieser Titel hat in der christlichen Kirche eine ganz bestimmte Prägung angenommen, die sie nicht kopieren wollen. Sie knüpfen vielmehr bewußt an die Tradition der Schamanin an, die zwischen den Kräften des Himmels und der Erde vermitteln will, an die Tradition der Seherin, der Heilerin, der weisen Frau. Es gibt meist auch niemanden, der ihnen ausdrücklich ein Amt übertrüge – darum geht es ihnen gar nicht –, es sei denn, sie stünden in der wiedererweckten Tradition etwa der Druidinnen oder der Wikkas, die das wieder aufgreifen, was den Hexen angelastet und mit ihnen ausgetrieben werden sollte: subtiles Kundigsein in den Kräften der Natur, in den Wirk- und Heilkräften der Pflanzen, der Steine und der Sterne bis hin zu den Substanzen, die religiöse Trance und Reisen in die Anderswelt ermöglichen. Kenntnisse der Körpervorgänge und ihrer spirituellen Bedeutung gehören dazu, die rituellen Körperhaltungen und Gebärden und die zugehörige seelische Erfahrung bis hin zum rituellen Tanz.

Ich sprach vom Archetyp der spirituellen Heilerin, der im kollektiven Unbewußten der Frauen – vielleicht sogar der Männer – konstelliert ist, der Frau im Dienste der Natur und der Weisheit, im Dienste der kosmischen Weisheit viel mehr als im Dienste irgendeiner konfessionellen Institution. Dies ist, so meine ich, »die Schamanin im Bauch« der heutigen Frau, nicht nur der Priesterin. Die »Christin im Herzen« ist dennoch bei vielen lebendig geblieben. Innerhalb der Kirche könnten sich, wenn ich recht sehe und spüre, die bereits hochlebendigen Elemente der Frauenkirche mit den bisherigen Möglichkeiten der Gemeinden verbinden und etwas Entscheidendes bewirken: eine Rückverbindung zur Natur, zur »Schöpfung«, wie wir christlich sagen würden, zur Leiblichkeit; die Entwicklung neuer Formen des Heilens und des Segnens, des Tanzes und der Liturgie, des Betens und des Meditierens. Und die Frauen, die Pfarrerinnen, die Priesterinnen der Zukunft werden hohen Anteil daran haben – so vermute und so hoffe ich.

ZUKUNFT HABEN

IV

Heilende Bilder
– Vom Umweltbewusstsein des Unbewussten[29]

In diesem Kapitel folge ich den Botschaften der Träume und ihren Visionen und hebe vor allem die Traumbilder hervor, die Wandlungs- und Heilungsmöglichkeiten für unsere Erde und für uns Menschen, die von ihr leben, aufzeigen. Es ist ein äußerst beeindruckendes Phänomen, daß das Unbewußte so etwas wie ein »Umweltbewußtsein« zu haben scheint, das uns warnt, indem es uns die entsprechenden Bilder schickt. Immer meint es die Ökologie der Außenwelt und die Ökologie der Innenwelt – wozu die Ökologie unseres Körpers gehört – in einem.

Alle Träume, die ich hier besprechen möchte, weisen unübersehbar darauf hin, daß ein Mensch, der Sorge und Verantwortung für seine gefährdete Umwelt tragen will und muß, zuerst in der Verantwortung für die Ökologie seines eigenen Körper- und Seelenhauses steht. In allen bisherigen Kapiteln dieses Buches suchte ich darauf aufmerksam zu machen, daß wir zunächst zur Ruhe kommen müssen, um die tragenden Kräfte des Lebens erneut erfahren zu können; erst von da her können wir wieder das Vertrauen ins Leben schöpfen, das nötig ist, auch traditionsverhärtete Tabus, zum Beispiel im Blick auf die Umweltfrage, zu brechen und schließlich außer Kraft zu setzen. So können vielleicht auch die Traumbilder dieses Kapitels uns die Geistesgegenwart vermitteln, akute

Gefahren wahrzunehmen und gegen sie anzugehen; zugleich die Seelenruhe, es besonnen, mit langem Atem und weitsichtig zu tun. »Das Feuer des Herzens ergibt mit der Kühle des Hirns zusammen erst das Gleichmaß der Gedanken«, so empfiehlt es uns Hildegard von Bingen.

In den Sommertagen des Jahres 1998 erreichen uns Meldungen über die extreme Hitzewelle in Südeuropa samt den entsprechenden Waldbränden und der Wasserknappheit – wohl Vorboten der absehbaren Klimaveränderung –, vor einigen Jahren schon gab es Ozonalarm in Tessiner Ferienorten, wo ein Ozongehalt von 550 mg pro Kubikmeter Luft gemessen wurde, während der Chefarzt einer Lungenklinik bereits die Werte von über 500 mg pro Kubikmeter schlicht als toxisch bezeichnet. Die Bevölkerung, vor allem ältere Menschen und Kinder, wurden an dem entsprechenden Tag aufgefordert, die Fenster der Häuser geschlossen zu halten und nur in Notfällen auf die Straßen zu gehen. Eine Situation in der Tessiner Ferienlandschaft, wie sie vor einigen Jahren nur in Millionenstädten denkbar war. Hinzu kommen die verheerenden Überschwemmungen in China, in den USA und in Chile, von denen wir in den Wochen, in denen ich dies schreibe, hören.

Eine andere Zeitungsnotiz, scheinbar viel stillerer Natur, dringt einem dennoch tief unter die Haut: »In den Wassern des Sankt-Lawrence-River in Kanada lebt der Weißwal: Die einzige überlebende Art von Süßwasserwalen der Welt ist tatsächlich weiß – und vergiftet. Gefährliche Chemikalien, die sich im Lauf der letzten vierzig Jahre allmählich im Fluß aufgebaut haben, gelangten über die Nahrungskette zum Weißwal. Die Gewebe dieser Wale enthalten solche Konzentrationen der Chemikalien, daß ihre Körper nach dem kanadischen Gesetz als Giftmüll in Sonderdeponien abgelegt werden müssen.«

Die Nachrichten über die Umweltgefährdung sind so vielfältig und oft so erdrückend, daß man sie fast nicht mehr an sich heran-

Abb. 1 Johannes Nikel, Pietà

lassen kann. Doch dann trifft uns die eine oder andere dieser Nachrichten dennoch tief. Was können wir tun, wenn wir uns nicht taub
stellen und gänzlich verschließen wollen, was können wir tun
außer: mitzuleiden?

Einer, der sich das Sterben der Tiere unter die Haut gehen läßt,
ist Johannes Nikel, der frühere Herausgeber der satirischen Zeit-
schrift *Pardon*, der seit Jahren ganz in der Gestaltung eigenwilli-
ger »Metall-Grafiken« von tiefer Symbolik aufgeht: Er hat eine
entsetzenerregende und doch ergreifende Plastik geschaffen: Ein
toter, ein fast verwester Fisch liegt in den Armen eines Frosches, der
im wahrsten Sinn des Wortes »zum Himmel schreit« (Abb. 1)[30].

Der schockierende Ausdruck der Plastik rührt daher, daß sie
dem Fisch den Kopf und den Ausdruck eines Menschen gibt,
einen menschlichen Totenschädel, an einem Fischgerippe hän-
gend: ein Wesen also wie wir: beseelt, jetzt aber entseelt. Und das
Naturgeschöpf, der Frosch, schreit darüber gen Himmel. »Pietà«
nennt der Gestalter seine Plastik. Als Pietà galt bisher eine anders-

183

artige Figur: Maria mit dem toten Christus im Schoß, Maria, die ihn unendlich betrauert und in ihrer Trauer birgt; hier ist es ein Mitgeschöpf, das den sprachlosen und toten Fisch leidenschaftlich betrauert und ihn, wie Maria, in seiner Trauer birgt, vor dem Vergessen rettet. Hier zeigt ein Mitgeschöpf das erschütterte Mitgefühl, das uns Menschen angesichts des Sterbens anderer Lebewesen manchmal fehlt.

Allein die Trauer, das Mitgefühl bewahren uns angesichts solcher Zerstörung unsere Menschlichkeit und wecken uns auf. Der nächste Schritt aber hieße, kreativ zu werden: zunächst gegenüber uns selbst, in der Verarbeitung solcher Schreck- und Schuldgefühle – wo töten wir auch die Tiere in uns selbst? – und dann gegenüber der Welt.

Ist es nun doch so weit, daß die Menschen sich ernstlich über die Umweltgefährdung aufregen? Einige tun es gewiß, das Umweltbewußtsein ist seit einem Jahrzehnt deutlich im Wachsen – aber zieht es die Mehrheit nicht dennoch vor, die täglichen Informationen herunterzuspielen, zu überhören oder zu unterdrücken, wie auch zahlreiche öffentliche Stellen in den betroffenen Regionen es tun, zum Beispiel, um den Ferienbetrieb nicht zu irritieren? Solche Informationen sind in der Tat schwer zu verkraften!

Was sich erregt und aufbäumt anstelle des Bewußtseins, das die Lage kritisch beurteilen und engagiert handeln könnte, ist vielmehr das Unbewußte des Menschen – und ich möchte mir als Psychotherapeutin erlauben, die Brisanz des Themas von diesem Aspekt her aufzurollen.

In manchen der Träume, die ich in meiner Praxis zu hören bekomme, sind die Bergseen bereits biologisch tot, ist die Nordsee vergiftet. Hollands Dämme brechen in den Traumbildern, und Orkane fegen die Menschen von den Dämmen ins Meer. Glühend und lebensgefährlich steigt die Sonne auf, durch keine schützende Ozonschicht mehr gemildert, treffen ihre Strahlen die Menschen und fügen ihnen gefährliche Verbrennungen zu. Das sind Träume, die sich in Varianten wiederholen.

Das Unbewußte der Menschen also schlägt Alarm. Auffällig oft werden solche apokalyptischen Träume gerade von den Menschen geträumt, die die eigentlich unüberhörbaren und alarmierenden Umweltinformationen verdrängen: Die warnende und kompensatorische Funktion, die Träume gegenüber einem einseitig eingestellten Bewußtsein haben, tritt bei ihnen in Kraft. In ihrem Unbewußten staut sich die Angst um die Bedrohung allen Lebens, zu dem natürlich auch ihr eigenes gehört. Oft verschieben sich auch diese real begründeten Ängste in frei flottierende, in Phobien vor Krebs und Aids, in paranoide Zustände – vor allem aber setzen sie sich in schleichende Depressionen und Sinnentleerung des Lebens um. Die weltweit verbreitete Drogensucht gehört hierher, genauso wie »die Geschäftigkeit gegen den Tod« (Erich Fromm), die hinter unserer hektischen Arbeitsbesessenheit sichtbar wird.

Die weitverbreitete Hemmung, in diese Welt noch Kinder zu setzen, die gerade bei jungen Männern, aber auch bei Frauen zu beobachten ist, gehört in diesen Zusammenhang. Dabei würde uns gerade der Mut, Kinder zu haben, aufs äußerste dafür sensibilisieren und uns mobilisieren, unsere Erde zu retten (denn die Kinder werden uns unweigerlich einmal fragen, was wir aus der Erde gemacht haben): Während doch der Entschluß, keine Kinder mehr zu haben, die Erde aufgibt und dabei mitwirkt, daß sie verödet.

Kinder andererseits sind in ihrem Unbewußten und sicher auch in ihrem Bewußtsein mitbetroffen von den verdrängten Ängsten ihrer Eltern. Unheimlich wird ihnen, wenn sie die toten Fische und Vögel nach Chemieunfällen daliegen sehen, gar die so liebenswert aussehenden Robben. Unheimlich wird ihnen, wenn sie sterbende Bäume sehen, oft schon im Frühsommer. Am unheimlichsten aber, wenn Ozonalarm oder gar Radioaktivitätsalarm gegeben wird und sie nicht mehr im Freien spielen dürfen. Die von dem Tschernobyl-Unglück betroffenen Kinder, die in den letzten Sommern in mehreren Ländern Europas Aufnahme gefunden haben, sind hierfür ein sprechendes Beispiel. Sie dürfen sich in ihren Heimatorten die längste Zeit nur noch in geschlossenen Räumen aufhalten.

Nun hat das Unbewußte aber noch eine andere Funktion, als unterdrückte und verdrängte Ängste zu symbolisieren und alarmierend aufzuschrecken (auch wenn dies lebensnotwendig ist): Es hat vor allem die Funktion – C. G. Jung nennt dies die »transzendente Funktion« –, zwischen unvereinbaren Gegensätzen schöpferisch zu vermitteln, in Träumen und Bildern Symbole zu finden, die das bisher Unvereinbare, Unlösbare auf eine neue Ebene heben und damit Problemlösungen gerade dort aufscheinen lassen, wo die Situation nach menschlichem Ermessen unlösbar erscheint. So vermögen Träume auch Perspektiven, Visionen aufzuweisen und zu vermitteln, in denen die Bedrohung unserer Erde voll wahrgenommen und doch mit schöpferischen Wandlungsaspekten verbunden wird. Wie allen Symbolen und Symbolverbindungen ist auch solchen Träumen Erinnerung, gemachte Erfahrungen wie auch Erwartung, oft sogar Hoffnung auf der anderen Seite eigen.

In unserem Zusammenhang möchte ich mich vor allem den kollektiven Symbolen zuwenden, wie sie in Träumen unserer Zeit auftauchen – Träume schöpfen ja immer aus dem kollektiven Unbewußten. Ich wende mich dabei besonders den Symbolen zu, die, wie ich meine, das brennendste Problem unserer Zeit überhaupt berühren, nämlich die Gefährdung unserer ganzen Erde durch die Umweltbedrohung, durch die Zerstörung und Verschmutzung von Luft, Wasser und Boden. Ich kenne kein Problem, das uns in dieser Zeit existentieller anginge, und keine Zeit vor uns hat es in dieser Weise gekannt.

Träume zeigen auf, wie tief uns Ereignisse prägen können, auch wenn wir sie vielleicht noch gar nicht wahrhaben wollen. Träume können aber auch aus einer größeren Tiefe heraus, als sie unser

Tagesbewußtsein erreicht, mögliche Rettungsaspekte andeuten. Aus Jungscher Sicht sprechen Träume nicht nur individuelle Probleme, Themen der eigenen Lebensgeschichte an, sondern können in besonderen Fällen auch Probleme, die viele betreffen, und Botschaften an das Kollektiv der Menschheit enthalten.

Ich möchte nun einige Träume vorstellen, von denen ich meine, daß sie die Grenze des nur persönlichen Erlebens sprengen, auch wenn Träume immer aus besonderen Situationen der individuellen Lebensgeschichte kommen und sogar kollektive Träume meist einer besonderen Erschütterung im persönlichen Leben entspringen. Es ist so, als würden uns Ereignisse und Grenzerfahrungen, wie zum Beispiel schwere Krankheit, Trennungen, Todesfälle, durchlässig machen für das, was menschliche Existenz überhaupt ausmacht, was auch die größere Gemeinschaft bewegt und erschüttert.

Ich beginne mit dem Traum einer 48jährigen Frau:

> Hinter mir ist eine Mauer, eine Uferbefestigung, vor mir das Meer. Ich weiß, es ist biologisch tot, es ist vergiftet, und ich werde sehr traurig. Barfuß stehe ich im Sand, lasse trotz allem das Wasser über meine Füße rinnen. Auf einmal bemerke ich, wie sich neben mir im Sand etwas zu bewegen scheint. Ist es vielleicht doch eine Krabbe, denke ich, sind es Spulwürmer? Kaum möglich. Ich lasse das Wasser wieder über meine Füße strömen. Da beginnt die Ebbe einzusetzen. Das Wasser zieht sich zurück. Und auf einmal, ich traue meinen Augen kaum, erkenne ich viele kleine, ganz einfache Lebewesen auf dem nun frei werdenden Meeresgrund, Würmer, Schnecken, bunte Muscheln, sie leben alle. Leben sie noch, oder leben sie wieder? Nun gehe ich ins Wattenmeer, ganz aufgeregt vor Freude, und staune über die bunten Muscheln. Auch andere Menschen kommen. Wir beginnen staunend bunte Muscheln aufzuheben und sie einander zu zeigen. Sie leben alle.

Da ist zu Beginn des Traumes eine feste Steinmauer zwischen Meer und Land. Meer und Land sind voneinander geschieden. Die Träumerin aber geht nahe zum Meer. Wichtig scheint mir, daß sie sich nichts mehr vormacht, keinerlei Illusionen mehr hat, sondern ganz ernst nimmt, daß das Meer tot ist. Sie nimmt diesen Nullpunkt todernst, aber sie geht nicht weg vom Meer. Sie sagt nicht »Igitt, diese Giftbrühe, damit will ich nichts mehr zu tun haben!« Sie isoliert sich nicht vom Meer, schützt sich nicht, sondern läßt ihre bloßen Füße vom Meer berühren, das heißt, sie läßt sich überhaupt von der Situation berühren. Da rührt sich auf einmal etwas unter dem Sand. »Eine Krabbe?« fragt sie sich, »ein Spulwurm?«. Sie wagt es kaum zu glauben, aber sie läßt sich doch weiter von dem Wasser berühren, benetzen, und da beginnt das Meer aufzudecken, was es bedeckt, was es verborgen hatte, nämlich, daß auf seinem Grund doch noch und wieder etwas lebt. Einfachstes, ursprünglichstes Leben ist dies: Würmer, Schnecken, Muscheln, aber farbenfroh. Erst muß sie offenbar durch diesen Nullpunkt gehen, durch das Ernstnehmen, daß vielleicht nichts mehr zu retten ist, daß es vielleicht schon fünf nach zwölf ist, erst dann beginnt für diese Träumerin die Neuentdeckung.

Im Gespräch über diesen Traum fiel uns ein Gedicht von Ingeborg Bachmann ein, in dem sich ein subtiles, tiefsinniges Sprachspiel findet mit dem Wort »Grund«, mit dem Ausdruck »zugrunde gehen«:

> »Ich will nichts mehr für mich. Ich will zugrunde gehn.
> Zugrund – das heißt zum Meer, dort finde ich Böhmen
>   wieder.
> Zugrund gerichtet wach ich ruhig auf.
> Von Grund auf weiß ich jetzt, und ich bin unverloren.«[31]

Es ist ein paradoxes Gedicht, das wie durch eine Todeserfahrung hindurchgeht. In dem besprochenen Traum zeigt sich ein weiteres

Mal die Erfahrung, daß nur diejenigen, die die Gefahr, in der unsere Erde mit ihrer Luft, ihren Meeren schwebt, todernst nehmen, gelegentlich solche Botschaften bekommen, die von einem Überleben, einer Wandlung, einer möglichen Rettung sprechen wie durch einen Tod hindurch. Andererseits haben oft gerade die Menschen, die sich den Informationen von der Gefahr verschließen, nach dem kompensatorischen Gesetz der Träume dann eher Alpträume ohne Lösung über diese Themen.

Ein weiterer Traum, den ich in einem anderen Zusammenhang schon einmal mitgeteilt habe[32], ist mir hier unentbehrlich:

> *Ein 60jähriger leitender Angestellter einer Firma der Elektroindustrie steht im Traum, es ist kurz nach den Ereignissen von Tschernobyl, in seinem Garten. Hier hört er eine weibliche Stimme von großer Autorität, er solle von der Erde essen. Als er angstvoll zögert, wiederholt die Stimme, das werde sein Herz stärken und die Erde reinigen.*

Er ist ein nüchterner Mann, dem technisch-rationalen Denken verbunden und verpflichtet, zugleich arbeitet er gern zum Ausgleich in seinem Garten. Die Verstrahlung der Erde nach Tschernobyl hatte ihn sehr betroffen gemacht. Nicht nur, daß er in jenem Frühjahr seine ersten Salate und Kräuter wegwerfen mußte, sondern vor allem, daß er im Basisbereich des Wachstums etwas gestört sah durch eine Katastrophe, wie sie die Hochtechnologie mit Nuklearenergie bewirkt hat. Er erlebte zerreißend die Spannung, die durch ihn selber geht, die ihn spaltet in einen Menschen, der sich als Techniker in den Dienst der Energieerzeugung und das entsprechende Denken gestellt hat, und in einen Menschen, der als Gärtner die Erde liebt, mit der Erde umgeht. Die Radikalität der Traumstimme machte ihn sehr betroffen.

Er soll von eben jener Erde essen, die er als Techniker mitstra-
paziert, als Gärtner aber liebt, die jetzt akut verseucht, verstrahlt
ist. Die Aufforderung, Erde zu essen, erinnert an Heilrituale, wie
sie in indianischen, aber auch in vielen anderen Kulturen bekannt
sind. Erde essen bedeutet die engste Verbindung mit der Mutter
Erde, die überhaupt denkbar ist: eine körperliche Verbindung, eine
Einverleibung von fast sakramentalem Charakter. Der Mann
zögert angstvoll, die Vorstellung, Erde zu essen, ist ihm sehr fremd.
Im Gespräch darüber nennt er Widerstände, die er schon immer
gehabt habe, sich mit der Erde allzunahe einzulassen. Die Gefahr
war in Wirklichkeit bisher nicht allzu groß gewesen. Ich erinnere
mich beispielsweise noch gut, daß ich, wie andere Kinder auch,
während der Kriegszeit meinem Bruder Kakao gekocht habe aus
Gartenerde, den wir genossen haben und der uns bestens bekam.
Aber das war damals. Die Erde war ungleich reiner. Heute geht ja
die Hemmung vor der Berührung mit der Erde ungleich tiefer: ver-
strahlte Erde essen! Wir können den Widerstand des Mannes nach-
fühlen. Die Traumstimme aber, eine weibliche Stimme, besteht auf
dem Essen von Erde. Sie begründet es auch, mit sehr gewichtigen
Argumenten: Das Essen von Erde werde sein Herz stärken und die
Erde reinigen.

Sein Herz stärken: Die Gesundheit des 60jährigen Träumers hat
unter dem Streß seiner Managertätigkeit gelitten, sein Herz hat
nicht mehr die volle Leistungsfähigkeit. Erde essen: Das würde sein
Herz stärken, so heißt es. Sein Herz: Das ist aber mehr als die zentrale physische »Pumpe« seines Organismus, das ist, symbolisch
verstanden, die Fähigkeit zu fühlen, zu lieben, ist das Zentrum
eines Menschen, seiner Liebesfähigkeit. Das Zentrum seiner Person also würde gestärkt durch das Einverleiben von Erde, durch
die innigstmögliche Verbindung mit ihr.

Zugleich aber würde durch dieses Einverleiben die Erde selbst
gereinigt, so sagt die Stimme, gereinigt von der Verstrahlung und
Verseuchung, die Menschen ihr angetan haben. Nach Tscherno-

byl kam ja bei manchen nachdenklichen Menschen die Vorstellung, der Impuls auf, ob wir nicht irgend etwas für die Erde tun müßten, materiell, aber auch spirituell, um ihr zu helfen, sich zu reinigen – als ginge es darum, ihr ein Opfer zu bringen, ein Ritual zu vollziehen. Hier wird ein Ritual aus dem Symbolkreis des »Heiligen Essens« vorgeschlagen, ein Sakrament der Erde wäre das gleichsam. Ob wörtlich oder symbolisch verstanden, es ginge auf jeden Fall um die innigstmögliche Wiederverbindung eines Menschen mit dem Element Erde, dem in der Neuzeit so oft mißachteten, technisch und chemisch ausgebeuteten und geschändeten Element.

Geht es aber nur um das Element Erde, geht es bei all dem nicht auch um das Symbol der Erde, um die Mutter Erde selbst? Eine weibliche Stimme, von unwiderstehlicher Autorität offenbar, befiehlt diese Verbindung, befiehlt sie einem Mann, der zu den Vertretern jener technischen Intelligenz gehört, die die Zerstörung der Erde mitzuverantworten hat. Es gehört zu den großen Symbolen unserer Zeit, das weibliche Erdsymbol, uralt, aber plötzlich wieder hochaktuell: als »Gaia« wiederentdeckt, nicht zuletzt von Naturwissenschaftlern, die herausgearbeitet haben, daß diese Erde wie ein Gesamtorganismus, wie ein lebendes Wesen sich verhält.[33]

In den gleichen Vorstellungsbereich, daß wir vielleicht unserer Erde Opfer bringen müßten wie die alten Völker ihren Göttern, gehört ein anderer Traum, geträumt zu der Zeit, als die betreffende Frau ihren fünfzigsten Geburtstag beging. Ich zitiere ihn mit ihren eigenen Worten:

> *In gutem Einverständnis mit Klaus, meinem Ehemann.*
> *Wir wandern gemeinsam durch große Gefahren. Es soll*
> *der Welt durch eine Macht von oben das Wasser völlig*
> *entzogen werden, wenn sich die Menschen nicht besinnen*

und jeder wenigstens fünfundzwanzig Gramm Wasser aus
seinem eigenen Körper opfert. Klaus ist sofort bereit, das
mit mir zusammen zu tun. Wir beginnen zu singen, es sin-
gen viele andere mit und erbringen die notwendige Menge
an Wasser durch Weinen, Tränen und Schweiß. Auf dem
Rückweg sagte ein Religionslehrer über Klaus, der Pastor
ist, er sei offenbar ein Anhänger einer neuen Religion.

Dieses Paar ist nach einer längeren, oft krisenhaften Ehe nun doch in gutes Einvernehmen miteinander gekommen, nicht zuletzt dadurch, daß es sich gemeinsam einer großen, überpersönlichen Thematik, der Sorge um unsere Erde, zuwandte. Das ist etwas Neues für die beiden. Er ist evangelischer Theologe und Pfarrer, sie eine spirituell Suchende, sich umschauend bei den Heilritualen der Naturvölker, bei verschiedenen anderen spirituellen Richtungen. Lange Zeit waren die Anschauungen, auch die Praxis der beiden weit auseinandergedriftet. Doch in diesem Traum haben sich Mann und Frau, Männliches und Weibliches im Erleben verbunden. Die Botschaft des Traumes ist zunächst erschreckend genug: Alles Wasser soll der Welt entzogen werden, heißt es in diesem Traum. Dabei kommen uns Assoziationen wie vergiftete Brunnen, Quellen, die aus immer tieferen Erdschichten heraus kein reines Wasser mehr geben, wie vertrocknende Brunnen, zum Beispiel in Afrika, wo jedes Jahr zahlreiche Brunnen versiegen. Kein Wasser mehr zu haben, bedeutet den absoluten Tod. Jeder, der einmal gefastet hat, weiß, wie lange wir ohne Essen leben können, drei, vier Wochen lang, aber nur wenige Tage ohne Wasser. Auch im übertragenen Sinn wäre uns mit dem Wasser die seelische Substanz, die Tiefe, das Unbewußte, die Dynamik der seelischen Verbindung entzogen. Hier heißt es, daß diese Versagung des Wassers von oben komme, wie ein Gericht. Nur ein Opfer könne uns noch retten: also Trä-nen, Schweiß, eine wirkliche Trauer sind gefordert, eine wirkliche Angst um diese Erde wäre zu erbringen, bei der man Blut schwitzt, bei der einem der kalte Schweiß ausbricht, bei der wir im Schweiße unseres Angesichts wirkliche und höchste Anstrengungen unternehmen, um zu retten, was zu retten ist. In dem Traum geschieht dieses Opfer wirklich. Es vollzieht sich bezeichnenderweise unter Gesang: Gefühle auszudrücken, die Gefühle großer Angst und Trauer um die verzweifelte Lage der Natur, könnte dieses Singen bedeuten. Es ist ja fast unter uns ausgestorben, das gemeinsame Singen; wo es wieder aufkommt, da läßt es eine besondere Verbundenheit entstehen, Solidarität vor allem im Fühlen.

Klaus, der sofort bereit ist, dieses Opfer zu bringen, vertritt damit, so heißt es im Traum von seiten eines Religionslehrers, der es ja wissen muß, eine neue Religion. Die neue Religion aber wäre wohl nichts anderes als diese Wiederverbindung mit den Elementen, mit der Natur, bis hin zur Opferbereitschaft der Menschen für die Erde, wo sie sie gefährdet sehen. Im vorherigen Traum wurde dem Menschen bedeutet, Erde zu essen. In diesem Traum heißt es, aus der eigenen Körperflüssigkeit die Substanz zu erbringen, zu »opfern«, die aufwiegt, was wir zerstört haben.

Im Zusammenhang mit dem Golfkrieg, bei dem man ja auch um die Umwelt der ganzen Region fürchten mußte, träumte ein Kollege einen ihn ergreifenden Traum:

> Rund um die Golfregion sah er Menschen aller Nationalitäten und Hautfarben stehen, die angesichts des verwüsteten Landes und Meeres eine einzige, miteinander verbundene Kette von Menschen bildeten, die verzweifelt trauerten und um Rettung flehten: Da sahen sie, daß auf einmal das ganze verseuchte Wasser der Golfregion verdunstete, sich zu Wolken verdichtete und, wie destilliert, wie gereinigt, herabregnete. Angesichts dieser wundersamen Transformation brach eine nicht zu beschreibende Dankbarkeit und Freude unter den Menschen aus.

Es sind dies eigenartige Träume, die ahnen, daß Rettung möglich wäre, aber nur unter der Bedingung, daß wirkliche Trauer, wirkliche Tränen, wirkliches Opfer erbracht würde, und die dann auch wissen, was für ein Opfer zu erbringen wäre.

Der nächste Traum, den ich in diesem Zusammenhang bringen möchte, wurde im Juli 1988 angesichts der Nachrichten über das große Robbensterben in Nord- und Ostsee geträumt. Zugleich hatte die Träumerin, eine 45jährige Frau, damals große Sorge um ihre Mutter, die lebensgefährlich erkrankt war. Mir geht es in diesem Traum, wie in allen Träumen hier, vor allem um die überpersönlichen Aussagen. In ihren eigenen Worten lautet der Traum:

> *Ich sehe eine Schildkröte, wie unsere Gartenschildkröten von früher, aber mit einem sehr verätzten Panzer. Das beunruhigt mich, erschreckt mich auch, ich überlege, was man denn tun könnte, es fällt mir nichts ein. Da sehe ich, wie sich die Schildkröte schüttelt und dann, indem sie sich durch ein Gehölz zwängt, den Panzer abstreift. Er bleibt liegen. Die Schildkröte hat darunter einen neuen Panzer, der aber noch nicht dick ist. Er ist fast noch etwas durchsichtig, hat aber doch schon wieder das typische Schildkrötenmuster. Die Schildkröte verkriecht sich unter Gras und Sträuchern. Ich stelle mir vor, daß sie da bleibt, bis ihr Panzer wieder belastungsfähig ist. Jetzt merke ich auch, daß wir in einem Fluß-Sumpf-Gebiet sind.*

Der Traum erschien der Träumerin zunächst noch sehr fern. Sie schaute seiner Bilderfolge einfach zu. Erst beim Erzählen wurde ihr klar, wie bedeutsam er sein könnte. Doch wie ist nun dieser Traum von einer Gartenschildkröte mit unserem großen Thema verbunden, mit den kollektiven Symbolen von der Bedrohung unserer Erde und deren möglicher Rettung?

Angesichts dieses Traumes sprachen wir natürlich, wie wir das bei der Trauminterpretation immer tun, von der persönlichen Bedeutung der Schildkröte für die Träumerin, besannen uns dann aber zuletzt darauf, was das Symbol Schildkröte für die Menschheit schon immer bedeutet haben mag.

Der Traum geht von einer Gartenschildkröte aus, wie die Träumerin mehrfach eine gehabt hatte, die ihr, wie üblich, immer wieder davonlief, wiederkam oder vielleicht auch in der Gestalt einer neuen wiederkam, nach Jahren. Verlust und Wiederkehr erlebte sie als Kind angesichts ihrer Gartenschildkröte, eines Tieres, das so alt aussieht und zugleich so unzerstörbar und unzerbrechlich. Die Schildkröte wird hier zum Symbol für etwas Uraltes, das sich dennoch erneuern kann, wird zum Bedeutungsträger für eine unanschauliche Wirklichkeit. Es muß eine Analogie, etwas Vergleichbares zwischen beidem geben. Ein Symbol besteht aus »Leib und Seele«, die konkrete leibhafte Schildkröte und die seelische Wirklichkeit des Uralten, Unzerstörbaren kommen hier zusammen. Die Schildkröte immerhin gehört, wenn wir nach der überpersönlichen Bedeutung fragen, wie der Wal, symbolisch zu den Tieren, auf denen nach alter Vorstellung der Menschheit die Schöpfung ruht. Die Schildkröte kann sogar den Kosmos verkörpern. Ihr Bauchpanzer entspricht in einigen Schöpfungsmythen der Erde, der gewölbte Rückenpanzer dem Firmament. Und die Zeichnungen auf ihrem Rückenpanzer wurden als die Zeichnungen kosmischer Strukturen angesehen.

Die Schildkröte nun, Mittlerin zwischen Himmel und Erde, Sinnbild des Kosmos, hatte in diesem Traum einen sehr verätzten Panzer. Ihr Schutzschild, ihr Panzer, zugleich Schild des Himmels über der Erde, ist verätzt durch Säure, durch chemische Substanzen. Das Bild erschreckt bereits als Zustandsschilderung eines Lebewesens, erst recht, wenn einem hierzu der Schutzmantel der Erde einfällt, in seiner Verunreinigung durch chemische Schadstoffe bis hin zu dem daraus entstandenen sogenannten »Ozonloch«. Und so läßt das Traumbild vom verätzten Panzer die Gedanken der Träumerin zunächst um eine mögliche Rettung für die Schildkröte kreisen. Aber es fällt ihr keine wirksame Hilfeleistung für dieses beschädigte Lebewesen ein. Sie ist am Ende der Möglichkeiten angelangt, die ihr, der sehr energisch-kreativen Frau, bisher fast in allen Problemlagen ihres Lebens zur Verfügung gestanden hatten. Wenn wir mitbedenken, daß die Schildkröte zugleich ein Bild des Kosmos sein kann, so übersteigt die Frage nach einer rettenden Aktivität vollends die Möglichkeiten der Träumerin.

Da geschieht etwas, womit sie nicht gerechnet hat: Diese Schildkröte vermag von sich aus etwas Umstürzendes zu tun. Sie schüttelt sich und streift dabei, indem sie sich durch einen Engpaß im Gehölz hindurchzwängt, den Panzer ab. Sie macht eine totale Wandlung durch und kommt mit einem neuen Panzer, der ihr bereits gewachsen ist, heraus, auch wenn er noch schonungsbedürftig erscheint. So zieht sich die neugeborene Schildkröte zunächst unter Gras und Sträucher zurück, bis der neue Panzer belastungsfähig geworden ist. Auch darin ist sie weise. Es bleibt also für die Augen der Uneingeweihten noch verborgen, daß es überhaupt eine neue Schildkröte gibt. Nur der abgeworfene, verätzte Panzer liegt vor aller Augen. Erst hier, am Ende des Traumes, merkt die Träumerin, daß sich das ganze Geschehen in einem Sumpfgebiet im Umfeld eines Flusses abspielt, in uranfänglicher, noch ungestalteter Landschaft also, wo Leben gleichsam neu beginnen könnte. Das Gebiet um den »Alten Rhein«, wie es zur Zeit ihrer Kindheit gewesen war, fiel ihr dazu ein, ein ursprünglich belassenes Gebiet, das ihr damals tausend Entdeckungsmöglichkeiten bot, das Spiel- und Schwimmgebiet ihrer Kinderzeit. Es ist das Land, in dem für sie damals vieles seine Anfänge nahm, in dem sie schwimmen lernte und das der Traum nun wählt, um sie zu vergewissern, daß in ihm auch heute wieder Neues werden kann. Es ist aber auch das Gebiet, in dem sie als Kind den ersten Toten sah, einen Ertrunkenen, der Ort also auch, an dem ihre erste Begegnung und Auseinandersetzung mit dem Tod geschah.

Das Traumsymbol von der sich erneuernden Schildkröte läßt, wie wir spüren, etwas möglich erscheinen, was biologisch nicht möglich ist. Eine Schildkröte kann ihren Panzer nicht erneuern. Andere Lebewesen können das wohl, vermögen aus ihrer Haut zu schlüpfen, wie die Schlange oder der Schmetterling, der seine Larve verläßt, wenn die Zeit der Verwandlung gekommen ist. Diese Erfahrung an Schlange und Schmetterling wird im Traum mit der Schildkröte verbunden. Der Traum gebraucht diese Analogie, um an der Schildkröte die Wandlungsfähigkeit des Uralten, des Mütterlich-Tragfähigen darzustellen. Gegensätze werden hier zu einem neuen Symbol verbunden. Gerade einem solchen Symbol dürfen wir glauben. Der neue Panzer der Schildkröte ist fast noch durchsichtig, doch weist er schon wieder die Strukturmuster auf, die die Schildkröte charakterisieren, Ordnungen also eines neuen Kosmos, die dennoch mit dem alten verbunden sind.

Ein Traum aus unserer Gegenwart ist dies, der im Schildkrötensymbol die sich vollziehende radikale Wandlung unserer Welt darstellt, als apokalyptische Erneuerung, nicht als Untergang. Das Bild der Schildkröte als kollektives Symbol für Untergang und Erneuerung aufzugreifen, wie es der Traum tut, wirkt in seiner Stimmigkeit noch überzeugender, wenn wir in der Mythologie nachlesen, daß die Schildkröte vor allem auch als Symbol für Unsterblichkeit galt: zwölftausend Jahre gaben ihr die Japaner – diese Zahl meint Unsterblichkeit. Zugleich schreibt man ihr eine unerschöpfliche Fruchtbarkeit zu, so in Griechenland, wo sie der Aphrodite heilig war. Ihr hohes Alter, zusammen mit den geheimnisvollen, manchmal als Schrift gedeuteten Zeichen auf ihrem Rücken, machte sie außerdem zu einem Symbol der Weisheit. Auch als Symbol für die erneuerten Kräfte der Konzentration und der Meditation wird sie immer wieder wahrgenommen in ihrem alten weisen Aussehen, aber auch, weil sie es versteht, sich in ihr

Gehäuse zurückzuziehen, unter Gras und Sträucher, um sich von dorther zu erneuern.

All diese Züge und Symbolgehalte der kosmischen Schildkröte sind in unserem Traum enthalten. Ich folge hier vor allem der methodischen Tradition der Schule C. G. Jungs, wenn ich davon ausgehe, daß man die persönliche Erfahrung mit einer Gartenschildkröte – auf der einen Ebene des Traumes – noch mit der allgemeinen Erfahrung der Menschheit mit der Schildkröte und der daraus erwachsenden Symbolik anreichern kann. Als ich die Träumerin fragte, was sie zu der Zeit, als sie den Traum träumte, bewegte, da waren es zu gleichen Teilen die persönliche Angst um die Mutter und die gleichsam überpersönliche Angst um die Erde, wobei Mutter und Erde symbolisch schon immer etwas sehr Verwandtes sind. Es war die Zeit, in der wir täglich Nachrichten über das anhaltende Robbensterben in der Nordsee hörten und von daher die Frage nach der geschädigten Substanz unserer Meere aufkam und uns beunruhigte.

Natürlich gibt es auch für diesen Traum eine subjektstufige beziehungsweise subjektive Verstehensmöglichkeit: Dabei geht es um die tiefgreifende Wandlung der Träumerin angesichts des sich ankündigenden Todes ihrer Mutter, angesichts der Beschädigungen, die der Schutzschild ihres bisherigen Daseins, ihre Mutter, aufweist. Doch holt die Botschaft dieses Traumes unverkennbar weiter aus. Er greift, so meine ich, die kollektive Frage auf, die sich gegen Ende des zwanzigsten Jahrhunderts für alle Menschen stellt: Ist der Organismus unserer Erde, der Mutter Gaia, die zunehmend als ganzheitlicher Organismus gilt, in der kommenden Apokalypse zum Untergang oder zur Neugeburt bestimmt?

Der Traum spricht auf alle Fälle von einer Hoffnung der Träumerin auf die Erneuerungsfähigkeit des Mütterlich-Tragenden in ihrem Leben – die Mutter wird sich nicht mehr verjüngen, aber vielleicht das Mütterliche in ihr selbst und damit auf die Erneuerungsfähigkeit der Erde als Ganzes. Das Symbol der sich erneuern-

Abb. 2 Elisabeth Weth, Adler mit Schildkröte I

Abb. 3 Elisabeth Weth, Adler mit Schildkröte II

den Schildkröte enthält, wie alle echten Symbole, ein Element von Erinnerung – an die weggehende und wiederkehrende Schildkröte der Kindheit, an die Erneuerungsfähigkeit der Schlangen, der Schmetterlinge und damit zugleich ein Element von Sehnsucht und Hoffnung. Daß von solch einem Traum auf jeden Fall Hoffnungsenergie ausgeht, auch Erneuerungsenergie, läßt sich wohl nicht bestreiten.

Nun sollen einige Bilder beschrieben werden, von einer Frau gemalt, die sich von diesem Traum von der Schildkröte betreffen ließ – es ist nicht die Träumerin -: Sie mußte sich mit ihm auseinandersetzen, weil er sie nicht losließ. In der Arbeit mit Träumen wie mit dem eben berichteten habe ich immer wieder erlebt, daß sie auch andere Menschen betreffen und sie zu betroffenem Nachdenken und zur Weitergestaltung anregen, weil Gestaltung es ihnen ermöglicht, mit aufgewühlten Emotionen schöpferisch umzugehen.

In der Mitte des ersten Bildes (Abb. 2), in dunklen Linien gezeichnet, erkennen wir die Schildkröte. Von oben bricht etwas Weißes herein, etwas Aggressives in Gestalt eines Vogels. Es ist in der Tat ein Raubvogel, der seine Klauen in den Panzer der Schildkröte schlägt. Für die Malerin ist er ein Bild für die rational-technische Aggressivität, mit der die Menschen die Erde samt ihrer Lufthülle zerstören, wie es sich zum Beispiel in der Erzeugung des Ozonlochs niederschlägt, durch das die Sonne plötzlich so aggressiv wird, daß wir sie nicht mehr ungeschützt ertragen können. Der Vogel, dieser aggressiv weiße Geistvogel, steht auf einem zerstörten, gestorbenen Baum, der der Luftverschmutzung und dem sauren Regen, den durch Klimaveränderung ausgelösten Orkanen schon nicht mehr standhalten konnte.

Etwas sehr Eigentümliches ist am Panzer der Schildkröte zu erkennen: Ihre Schildkappen sind mit Zeichen versehen, die bestimmte Assoziationen auslösen. Diese Zeichnungen, die einen

Abb. 4 Elisabeth Weth, Im Auge die chemische Formel

schönen Rhythmus aufweisen, finden sich nämlich ursprünglich im Inneren eines uralten Heiligtums in der Bretagne, auf der Insel Gavrinis, einem mit der Totenehrung verbundenen Heiligtum, in dem nach heutiger Mutmaßung die Gezeiten des Meeres und des Mondes und damit die Rhythmen des Lebens eingraviert sind. Es sind Zeichen ältester Ehrfurcht der Menschen vor dem kosmischen Geschehen, und eben diese Zeichen hat die Gestalterin hier als kosmische Muster und Strukturen für den Panzer der Schildkröte gewählt. Als reale Partikel einer uralten Ehrfurchtskultur vor dem Kosmos hat sie diese Zeichen in einer Art Collagetechnik dem Schildkrötenpanzer eingefügt, auf den dieser Geistvogel gefährlich herabstößt und einwirkt – ätzend.

Das zweite Bild (Abb. 3) gleicht auf den ersten Blick dem vorherigen sehr, aber bei näherem Zusehen läßt sich erkennen, daß die Malerin, um das aggressive Eindringen des Weißen ins Schwarze zu verdeutlichen, die schwarzen Konturen noch verstärkt und dabei die Vogelkrallen im Vergleich zum ersten Bild mehr in vorstoßende Dolche verwandelt hat. An dieser kleinen Veränderung wird auch sichtbar, wie sehr sich die Gestalterin mit dem Bild auseinandersetzt, bis es in allen Nuancen den scharfen Akzenten des Traumes gerecht wird.

Im dritten Bild (Abb. 4) haben wir einen Ausschnitt des zweiten vor uns, den Kopf des aggressiven Geistvogels, dessen Auge von einer chemischen Formel gefüllt beziehungsweise verstellt ist. Der Schnabel dringt indessen in die kosmischen Muster des alten Gavrini-Heiligtums ein. Die Malerin will hieran zeigen, wie die Fixierung auf technisches, zum Beispiel chemisches, Wissen dem Menschen den Blick für die inneren Gesetzmäßigkeiten des Kosmos verstellt hat, die er in seiner Blindheit nun auch zerstörerisch angreift.

Das vierte Bild (Abb. 5) gestaltet die Neugeburt der Schildkröte, von der der Traum spricht. Wir sehen rechts den abgelegten Panzer und links die neugeborene Schildkröte. Diese ist so zart, als käme sie eben aus dem Mutterleib oder als bestünde sie selbst aus einer Plazenta. Zu ihrer Erneuerung ist die Schildkröte, wie der Traum sagt, durch ein Gestrüpp hindurchgeschlüpft, das hier als eine Art Gebärmutter gestaltet ist, die aber zugleich von den Blättern eines Ginkgobaumes überdacht ist. Der Ginkgo ist der älteste uns bekannte Baum, er stammt noch aus einer Frühzeit der Pflanzen. Es hat sich erwiesen, daß dieser älteste aller Bäume bis heute der widerstandsfähigste gegen Umweltgifte ist. In Berlin läuft eine Aktion, bei der dreitausend solcher Ginkgos angepflanzt werden sollen. Schon Goethe hat diesen Baum im West-Östlichen Diwan besungen. Die Gestalterin läßt die Schildkröte bei ihrem Durchschlupf durch eben diesen Baum zur Verwandlung kommen.

Mit dem fünften Bild (Abb. 6) ist nun ein echtes Symbol entstanden, das Gegensätze vereint: Auf dem Panzer der Schildkröte, der so gefährdet war, nun aber erneuert ist, wächst das Ginkgoblatt, das für die unglaubliche Widerstandskraft einzelner Pflanzen gegen die Zerstörung steht. Die Wurzel des Ginkgobaumes gleicht männlichen Hoden. Die Malerin will auch den Mann und sein schöpferisches Vermögen in den Erneuerungsprozeß der Erde mit einbezogen sehen – vielmehr das männliche Schöpfungsprinzip.

Schließlich hat sie der Schildkröte ein besonderes, ein golden leuchtendes Auge gegeben. Sie bezieht sich bei dieser Gestaltung auf eine Information, in der es heißt: »Es ist heute festgestellt, daß die Schildkröte vermöge ihrer rotgelben Öltröpfchen in der Netzhaut imstande ist, im Meere und im trüben Gewässer ziemlich weit zu sehen.« So gibt ihr die Malerin einen Weitblick und einen Tiefblick in das Dunkel hinein, mit dem sie womöglich auch das Kommende wahrnehmen und sich darauf einstellen kann. Der Ginkgobaum steht hier mit seinem Blätterdach und den hodenähnlichen Wurzeln zugleich für die Verbindung von Männlich und Weiblich bei der Erneuerung der Erde.

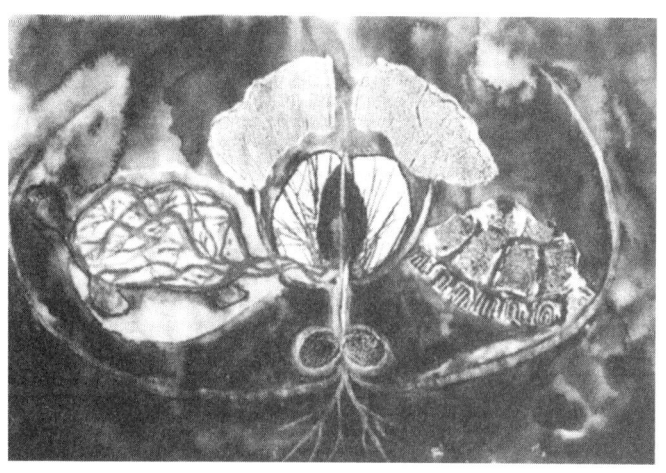

Abb. 5 Elisabeth Weth, Die Neugeburt der Schildkröte

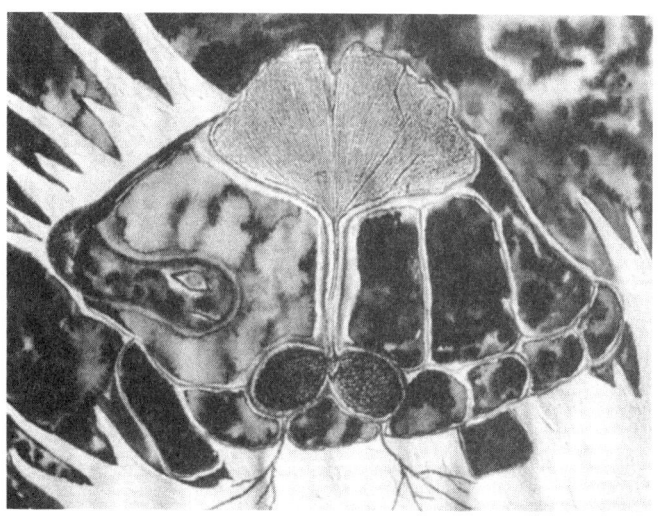

Abb. 6 Elisabeth Weth, Vereinigung der Gegensätze

Dieses letzte Bild zeigt in eindrücklicher Weise den Blick der Schildkröte, die unsere Erde symbolisiert: diesen besonderen, weisen Blick, der aus dem goldenen Auge ins Dunkel fällt. Die Malerin hat den Kopf der Schildkröte, ja die ganze Schildkröte, mit goldenen Konturen umrandet und hat sie damit als überaus kostbar gestaltet. Die Schildkröte ist der Malerin nahegekommen und lieb geworden, gerade über die Gefahr, in der sie schwebt. Ich meine, daß wir alle, wenn wir es uns wirklich unter die Haut gehen ließen, daß unsere Erde bedroht ist, nicht nur in Resignation fallen müßten, sondern vielleicht auch unsere Liebe zu allem, was lebt, wiederentdecken könnten, auf eine ganz elementare Art. Eine Liebe selbst zu den Fischen, den Felchen und Krätzern in dem See, an dem ich wohne, wachte in mir auf, als ich las, daß sie in einer Mutation ihr Kiemensystem verändert und verfeinert haben, um das umweltbelastete Wasser besser filtern zu können. Man könnte zwar auch eine solch gute Nachricht noch gedankenlos oder zynisch mißbrauchen, falls man nun behauptete, es sei doch alles gar nicht so schlimm, das Leben werde sich schon zu helfen wissen, so viel Alarm müsse man auch wieder nicht schlagen. Damit unterschlüge man aber die andere Seite- daß es nämlich überhaupt wieder genügend und gesunde Fische in diesem See gibt, das verdanken wir den jahrelangen Bemühungen aller angrenzenden Gemeinden, den schweizerischen, den österreichischen und den deutschen, die einige Sommer lang Bauzäune vor ihren Uferpromenaden ertrugen, um das gesamte Klärsystem für die Abwässer neu verlegen und regulieren zu können.

Bemerkenswert häufig begegnen mir in der letzten Zeit Träume, in denen besondere Meerestiere – Wal, Delphin sowie die uralte Seekuh – vorkommen und bei aller Gefährdung die Funktion des rettenden Seelenführers, des Seelengeleiters übernehmen, eine Funktion, in der wir diese Meerestiere schon in Mythen und Märchen kennen.

Zunächst möchte ich eine Imagination zu dem Thema Meer berichten von einer Frau Mitte Dreißig, Pädagogin. Das Motiv hatte ich ihr schon öfter vorgegeben, ohne daß etwas so Einschneidendes geschah. Die Imaginierende kann sich innerlich rasch an das Meer versetzen.

> *Sie spricht mit Wohlbehagen darüber, wie sie barfuß über die Dünen einer Nordseeinsel läuft, den warmen Sand unter den Sohlen, wie sie zum Meer herunterkommt, die Brandungswellen sieht und spürt, wie ihr die auslaufenden Wellen über die Füße strömen. Sie schweigt eine Weile, ganz ihren inneren Bildern hingegeben. Auf einmal weint sie auf. Ich frage sie, was geschehen sei. Sie hat einen Wal gesehen, der da an der Küste liegt. Ein scharfes Metall hat ihn verwundet. Er atmet nur noch schwach. Sie spürt, daß er am Sterben ist. Sie bleibt bei ihm, auch wenn sie nichts für ihn tun kann, sie will ihn nicht verlassen. Plötzlich sagt sie: »Und dabei stirbt er ganz ohne Vorwurf …*

Dieser letzte Eindruck macht besonders nachdenklich. Das Weinen der Frau hält noch an, auch nachdem die Imagination abgeschlossen ist. Als ich sie frage, wie es ihr nach dieser Imagination ergehe, antwortet sie: »Nicht gerade gut, aber doch auch wieder besser als beim ersten Anblick des Tieres.« Das Weinen habe ihr gutgetan, auch das Dableiben und vor allem die Tatsache, daß das Tier ohne Vorwurf stirbt. Auf einmal sagt sie ganz leidenschaftlich: »Wir dürfen nicht weggehen, wenn die Tiere sterben.« Sie erzählt mir dann, daß sie vor wenigen Tagen eine Einladung zu einem alten Freund, der an der Küste lebt, bekommen habe, um dort den Sommer zu verbringen. Erst habe sie freudig zugestimmt, dann sei ihr das verschmutzte Meer eingefallen, und der Gedanke daran habe ihr die Ferienfreude verdorben. Jetzt aber, durch diese Imagination, wisse sie, daß es für sie gar nichts anderes geben könne, als eben dort hinzufahren, wo die Tiere leiden. Sie wolle an Ort und Stelle sehen, ob sie nichts mehr tun könne. Aber auch, wenn sie nichts mehr tun könne, sei es wichtig für sie selbst, an Ort und Stelle mit den Tieren, um die Tiere und um das ganze Meer zu trauern. Für sie selbst sei es wichtig, betont sie noch einmal.

Geht es in dieser Imagination, wie subjektstufige Deutung nahelegen würde, vor allem um das mögliche Sterben eines seelischen Inhalts, oder geht es weit darüber hinaus um die Widerspiegelung eines kollektiv relevanten Vorgangs, nämlich des Sterbens wichtiger Tierarten des Meeres, das der Umweltzerstörung zuzuschreiben ist, und von daher auch um den Niederschlag dieses Sterbens in unserer Psyche? Und fordert hier die Psyche der Imaginierenden nicht das Hinschauen, das Hingehen und die Trauerarbeit, anstatt wegzublicken und in der Anklage gegen andere, die man zweifellos dafür verantwortlich machen könnte, steckenzubleiben?

Es geht um nichts Geringes, wenn der Wal auftaucht, gar wenn der Wal stirbt. Schon seine gewaltige Erscheinung legt das nahe. Wie andere Tiere auch, zum Beispiel die Schildkröte, wird der Wal in den mythologischen Vorstellungen vieler Völker als ein Träger des Kosmos dargestellt. Insofern steckt in dieser Imagination, die auf den ersten Blick nur von der Verwundung und dem Sterben eines bestimmten Tieres handelt, auch ein apokalyptischer Aspekt: ein Träger des Kosmos sei gefährdet. Besonders bemerkenswert an dieser Imagination ist die Tatsache, daß der Wal ohne Vorwurf stirbt. Er verursacht mit seinem Leiden und seinem Tod nicht primär ein Schuldgefühl, er setzt vielmehr echte Gefühle frei, Liebe zu den noch lebenden, überlebenden Tieren, Trauer auch und damit die Möglichkeit von Trauerarbeit. In der Folge hat sich die Träumerin mit vielen anderen zusammen an einer Protestaktion beteiligt, die bei der letzten internationalen Konferenz zum Schutz bedrohter Tierarten ein Walfangverbot erreichte, auch bei den Ländern Norwegen und Japan, die sich bis dahin diesem Verbot entzogen hatten.

Auch die Seekuh, eines der ältesten Meerestiere der Welt, von großem Umfang, beschaulich lebend, wenn sie auch in Gefahr ein erhebliches Tempo entwickeln kann, ist von der Vernichtung bedroht. Eine solche Seekuh, die die Symbolik der Mutter, wie sie zur Kuh gehört, mit der nicht minder tiefgründigen der See vereint, ist bei einer meiner Analysandinnen zum besonderen Symbol einer Seelengeleiterin geworden. Als solche vereint sie große Weisheit und Umsicht mit einer mütterlich-bergenden Ausstrahlung. Die Analysandin kann sich bei ihr anschmiegen, neben ihr herschwimmen, auf ihr reiten und mit ihr sprechen, ihr all ihre tieferliegenden Probleme anvertrauen. Sie hat eine lange Serie von Imaginationen mit der Seekuh gemacht. Zuerst erschienen war sie ihr jedoch eines Nachts im Traum.

Es ist, als ob der Symbolgehalt dieser geheimnisvollen Meerestiere, ihre Bedeutsamkeit für unsere Seele durch ihre äußere Gefährdung nur noch deutlicher aufleuchtete: als wollte das Unbewußte uns diese Tiere als unentbehrliche Botschafter aus dem Tiefenraum der Psyche vor Augen stellen, gerade jetzt. Die Träume und Imaginationen, in denen sie vorkommen, weisen immer auch auf die Bedeutung des Unbewußten, der Kontaktnahme mit dem schöpferischen Unbewußten hin, die in dieser so kritischen Weltsituation lebenswichtig zu werden scheint.

Selbst Christus begegnet uns heute in den Bildern unserer Träume – wie übrigens schon in der Malerei der Katakombenzeit – wieder oft als Delphin.

So träumt eine Frau, Ergotherapeutin, Ende Vierzig, sie schwimme neben einem grünen Delphin her, der sie sicher durch alle Meere geleite. Der Delphin mit seiner besonderen Intelligenz, seiner Weisheit aus dem Bereich der Wassertiefe – die symbolisch für die tiefen Räume unserer Seele, unsere gemeinsame Menschheitsseele steht –, kann sie durch psychische Erfahrungsräume, aber auch durch Dimensionen unserer Weltwirklichkeit geleiten, in denen sie mit ihrem menschlichen Ich allein verloren wäre. Sie ist von dem Traum so stark ergriffen, daß sie ein Bild von ihm malt, wie sie, den Arm vertrauensvoll um den Nacken des grünen Delphins gelegt, mit diesem durch die Meere schwimmt.

Warum ist dieser Delphin grün? Er hat die Farbe der Natur, die Farbe der grünenden Hoffnung, des Heiligen Geistes, der Mystik. Grün ist auch die Farbe des Herzchakras. Chagall malte die vom Geist ergriffenen Chassidim in Grün, in grünem Glas gestaltete er den kommenden Christus im Zentrum des Fraumünster-Fensters von Zürich: als kosmischen Christus, der das Doppelprinzip der Liebe und der Weisheit verkörpert, das die Schöpfung von Anfang an durchwaltet und das er als Kommender wiederbringt, zu ihrer Regeneration und Heilung.[34]

Eine andere Frau, zu der Zeit in einem großen Umbruch und im Berufswechsel stehend, nach Jahren einer innerkirchlichen Tätigkeit, träumt,

> *daß Christus, zum Verhör vor ein landeskirchliches Tribunal beordert, plötzlich aus dem Polizeiwagen springt, mit dem er vor das Tribunal befördert werden soll. Mit einem herrlichen Satz entspringt er dem Wagen, von dem Steilufer, über das die Straße führt, hinab in den blitzenden Fluß. Im Sprung verwandelt er sich in einen silbernen Delphin, der in den Fluß eintaucht und vor aller Augen verschwindet.*

Christus ist in diesem Traum erneut angeklagt, von einem kirchlichen Tribunal. Wir erfahren nicht, warum, doch kann es in diesem Zusammenhang nur darum gehen, daß er den Glaubensvorstellungen dieses Tribunals nicht entspricht. Er ist anders, ist anstößig, er ist, wie schon zu seinen Lebzeiten, nicht zu vereinnahmen von den frommen Institutionen seiner Zeit. In diesem Traum entzieht er sich allen solchen Vereinnahmungsversuchen und Rechtfertigungszwängen in eine herrliche Freiheit: Er entspringt ihnen so kühn, wie sich einst der Ritter Eppelein von Gailingen seinen Häschern mit einem Sprung zu Pferde von der Brüstung der Nürnberger Burg entzogen haben mag – und er verwandelt sich im Flug in einen Delphin. Christus also entzieht sich im Unbewußten dieser Frau den Glaubensvorstellungen eines kirchlichen Tribunals, vor dem er sich absurderweise rechtfertigen sollte, und identifiziert sich statt dessen mit dem Meereswesen, das ebenso intelligent wie weise und menschenfreundlich aus der Tiefe des Wassers, des Unbewußten also, den Menschen geleitet. In der Tiefe seiner Seele wird dem Menschen, der den kirchlich verprägten Christus oft bewußt ablehnt, dieser wiederbegegnen (oft im Traum, aber auch in Meditation und Imagination). Vielleicht bewirkt die Enantiodromie (die Gegenläufigkeit) der Psyche auch dies, daß der eigentliche Christus erst dann wiedergefunden werden kann, unbewußt, wenn der bekannte bewußt abgelehnt wird. Indem er sich in diesem Traum mit dem Delphin identifiziert, ja zum Delphin wird, ist uns in Abwandlung eines der bekannten Jesusworte zugleich dieses gesagt: »Was ihr aber tut einem meiner geringsten Brüder [zum Beispiel den Delphinen], das habt ihr mir getan.«

Wer diesen Traum, der über die individuelle Botschaft an die Träumerin hinausgeht, ernst nimmt, mag künftig in den Delphinen Christus entdecken (in den Delphinen, die in einem Spätsommer vor einigen Jahren, wie ich erfuhr, auch von einer Abwehrschwäche betroffen waren und zu Hunderten vor der spanischen Mittelmeerküste starben). Nur durch Ernstnehmen der Natur außer uns und in uns – zu der auch die Träume gehören – wird es vielleicht noch gelingen, die Katastrophe von unserer Erde abzuwenden, die mit der Abspaltung und Abwertung der Natur begann, im Namen eines Gottes, der außerhalb und oberhalb der Welt vorgestellt wurde statt in ihr. Es ist, als kehrte Christus und mit ihm Gott in diesem Traum in die Natur zurück, aus der fehlgeleiteter Glaubensfanatismus, seit Bonifatius die heilige Eiche fällte, ihn zu vertreiben suchte.

Zu diesem Thema möchte ich noch einen weiteren Traum berichten, den mir eine bis dahin unbekannte Hörerin nach einem Vortrag zusteckte. Ich weiß nichts weiter von ihr, als daß dies vielleicht der bewegendste Traum ihres Lebens gewesen sei und daß sie sich eigentlich wünschte, daß er weitererzählt würde.

> *Ich betrete einen hohen Raum, der mich an einen gotischen Kirchenraum erinnert. Es herrscht eine schöne, stille, ehrfürchtige Atmosphäre. Auf einmal merke ich, daß ich auf durchsichtigem Boden gehe. Unter mir ist Wasser, das aus der Tiefe hervorleuchtet. In der Tiefe muß eine Lichtquelle sein. Ich kann mehrere Fische erkennen, die sich in schönen Formationen bewegen. Auf einmal aber taucht ein Delphin auf, der mich mehr als alle anderen anzieht. Er macht stille, schöne Bewegungen. Irgendwie bezieht er sich auf mich. Mich erfaßt auf einmal eine ungeheure Sehnsucht nach diesem Delphin. Ich habe das Gefühl, es würde mein Leben verändern, ja heilen, mit ihm in Kontakt zu kommen. Ich sehe ihn so nah, er steigt aus einem Leuchten, das aus der Tiefe kommt, auf, aber noch ist diese durchsichtige Bodenplatte zwischen uns.*

Wie kann einen ein Delphin so berühren? Als unglaublich intelligentes Wesen verkörpert er die Weisheit aus der Tiefe, symbolisch das Unbewußte und real die Weisheit in der Tiefe der Weltmeere, die Luminosität unserer Welt. Ich habe schon vom Traum berich-

tet, daß Christus selbst sich in einen Delphin verwandelt hat und
ins Meer eingetaucht ist, Christus, der schon in der Katakombenzeit oft als Fisch, deutlich auch als Delphin, dargestellt wurde. An
diesem Traum ist besonders eindrucksvoll, daß die geheimnisvolle
Begegnung mit dem Transzendenten nicht in der Höhe, wie es der
gotische Kirchenraum mit seinem Streben nach Höhe nahelegen
würde, erfolgt, sondern aus der Tiefe, aus dem heraufschimmern-
den Raum unterhalb des durchsichtigen Kirchenbodens. Aus der
Tiefe also, nicht aus der Höhe wird die erneute Begegnung mit dem
Transzendenten für Menschen unserer Zeit erfolgen. Auch hier
wieder – es verwundert mich – ist der Delphin Träger der Begegnung mit der Transzendenz.

An dieser Stelle möchte ich den Traum einer befreundeten Frau
berichten, die heute in den Fünfzigern steht:

> In einer Eucharistiefeier, an der sehr viele Menschen teil-
> nehmen – ich fühle mich zunächst nicht ganz wohl da –,
> sollen Samenkörner und Hundemilch ausgeteilt werden
> anstelle von Brot und Wein. Ich empfinde lebhafte
> Abwehr und bin doch auf eine merkwürdige Art betroffen
> und berührt.

Die Frau ist Katholikin, sie nimmt oft an der Eucharistiefeier teil,
auch wenn sie sich zugesteht, sich nicht in jeder Messe gleicher-
maßen wohl zu fühlen. Doch die Teilnahme an der Messe als solcher bedeutet ihr viel.

So ist sie nicht nur verwundert, sondern auch etwas peinlich
berührt und in ihren religiösen Gefühlen ein wenig verletzt durch
das, was ihr eigener Traum ihr hier zumutet: Hundemilch zu trinken statt Wein – während sie sich mit den Samenkörnern statt des
gebackenen Brotes noch eher anfreunden kann. Es ist ihr wichtig
und dringlich, diesen Traum zu verstehen, den sie in ihrem Urlaub

geträumt hat. In einem langen Gespräch – sie ist nicht in Therapie – versuchen wir, uns diesen merkwürdigen Traumbildern anzunähern.

Daß es Körner zu essen gibt statt fertiges Brot, damit kann die Frau etwas anfangen: da ist das Korn noch im Urzustand, ist noch Samen. Viele Menschen essen heute unvermahlenes Korn oder Keime zum Frühstück, da diese als nahrhafter gelten. Vielleicht gilt es hier, das natürliche Korn, den Samen, wieder als heilige, als sakramentale Substanz zu erkennen, das Weizenkorn, von dem ja auch Jesus, auf dessen tiefe Symbolik anspielend, sagt:

> *Das Weizenkorn*
> *wenn's nicht in die Erde fällt und stirbt,*
> *so bleibt's allein.*
> *Wenn es aber stirbt, so bringt es viel Frucht.*[35]

Schon er rückt das Korn also in den Zusammenhang von Sterben und Auferstehen und deutet mit dieser Symbolik auch seinen eigenen Tod als einen Tod aus Selbsthingabe an das Leben, aus dem Frucht entspringen wird.

Was aber soll die Hundemilch? Wenn es Kuhmilch gäbe statt Wein, dann würde man an das Wort von den kindlichen Anfängern im Glauben erinnert, denen man zuerst Milch reichen müsse, da sie die feste Speise noch nicht vertrügen. Wein ist nun wirklich ein Getränk für Erwachsene!

Aber hier gibt es Hundemilch, die Milch einer Hündin also, mit der sie ihre Welpen säugt. Werden die Teilnehmer an dieser Feier damit als so etwas wie junge Hunde betrachtet? Nicht nur als Menschenkinder? Nein, so ist es wohl kaum gemeint – es kann schon deshalb nichts Abwertendes mit diesem Traum gemeint sein, weil er die Träumerin trotz allem berührte und bewegte. Und solch ein Gefühl des Ergriffenseins ist ein untrüglicher Hinweis darauf, daß der Traum von großer Bedeutsamkeit für die Träumerin ist.

Die Milch der Hündin ist zwar für den westlichen Menschen als Nahrungsmittel tabuiert – vielleicht gerade deshalb, weil der Hund ein so naher Begleiter des Menschen ist –, wir finden aber in zahlreichen unserer Mythen, Sagen und Märchen Hinweise auf die Milch der Wölfin (der nächsten freilebenden Verwandten der Hündin), die vielfach lebensrettende Funktionen hat. Romulus und Remus beispielsweise wurden von einer Wölfin gesäugt. In einigen Märchen muß für den kranken König, das regierende Prinzip, Wolfsmilch beschafft werden, weil er nur daran wieder gesunden und weiterregieren kann. So ziehen denn seine Söhne aus und bestehen lebensgefährliche Abenteuer, um diese Milch eines Wolfes zu bekommen. Diese wird also als lebenswichtiges, lebensrettendes Elixier betrachtet: Sie ist genau das, was dem jeweiligen König, dem Jeweiligen Reich zum Weiterbestehen fehlt.

Geht es der Träumerin ähnlich mit der Milch der Hündin? Es ist Milch vom Tier, das sich dem Menschen wohl am treuesten und am einfühlsamsten anschließt. Ein Traum von einem Hund und seinem Herrn beziehungsweise seiner Herrin gilt jeweils als ein Traum von dem bewußten Ich und seiner Instinktseite, die ihm treu zur Seite steht und ein ungleich größeres Witterungsvermögen hat als das Ich selbst. Diese Instinktseite also, die Tierseite, wird hier im Traum so hoch geschätzt, daß das Nährende an ihr, die Milch, in der Traum-Eucharistiefeier quasi als sakramentales Element dargereicht wird.

Zwei Elemente im Urzustand werden hier gereicht: Körner und die Milch eines Tieres. Es erinnert an Kulte aus früheren Kulturen, in denen Pflanzen und Tiere beziehungsweise Produkte der Tiere von Menschen einverleibt wurden, um gänzlich mit ihnen verbunden zu sein und an ihren Kräften teilzuhaben. Zugleich waren Pflanzen und Tiere in diesen Kulturen den Menschen übergeordnet und heilig.

Als wir auf diesen Zusammenhang zu sprechen kamen, stimmte die Träumerin freudig zu: Diese Amplifikationen zu

ihren Traumbildern trafen mit ihrem Gefühl dem Traum gegenüber zusammen und erklärten ihr ihre Ergriffenheit trotz des unüb-
lichen und ihr in manchem quer liegenden Inhalts. Sollte dieser
Traum ihr bedeuten, daß sie künftig an den Urprodukten von
Pflanze und Tier wieder teilhaben sollte wie an einem Sakrament?
Ein Schauder von Erstaunen und Ergriffenheit überlief sie, als sie
sich dies klar machte.

War es für sie nicht ein Traum ähnlich demjenigen, den – wie
die Apostelgeschichte berichtet – Petrus von den unreinen Tieren
träumte, die in einem Tuch aus dem Himmel herabgetragen wurden, mit der für ihn unglaublichen Aufforderung: »Nimm und
iß!« Unglaublich war diese Aufforderung für ihn, da er doch mit
den Speisegeboten Israels im Blick auf Reinheit und Unreinheit
zutiefst vertraut und von diesen bis dahin auch zutiefst überzeugt
war. Vom Himmel her wurde nun eine Speise für rein erklärt, die
ihm zuvor als unrein gegolten hatte, wie unserer Träumerin die
Hundemilch.

Es ist etwas an dem Traum dieser Frau, das mich an eine These
von Matthew Fox erinnert: daß nämlich das Leiden Christi – von
dem das Sakrament des Abendmahls spricht – heute im Leiden der
Erde und all ihrer lebendigen Kreaturen sich abspielt. So würden
die Substanzen, die Elemente der lebenden Natur – das Korn und
die Milch des Hundes, des dem Menschen am meisten verbundenen Tieres – heute quasi zu sakramentalen Elementen, die die
Gegenwart des leidenden, damit aber auch die Gegenwart des rettenden Christus anzeigen.[36]

Gerettet durch die Milch der mütterlichen Wölfin wurden
Romulus und Remus, wurden die leidenden Könige im Märchen.
Gerettet von Hunden, die ihr im Traum erschienen, wurde eine
junge Studentin, die sich mit Selbstmordabsichten in den Wald
begeben wollte. Zuvor jedoch träumte sie von drei Hunden, die ihr
treulich und unabweisbar in den Wald folgten, die – als sie Hand
an sich legen wollte – sie so eng umringten, ihre Hände so liebevoll

Abb. 7 Johannes Nikel, »Eli, Eli … «

und beschwörend beleckten, daß ihr die Tränen kamen und sie die
Absicht, sich das Leben zu nehmen, nicht mehr aufrechterhalten
konnte. Ihre eigene treue Instinktseite war ihr in Gestalt der Hunde
nachgeeilt und hatte sie dem Leben zurückgewonnen.

Christus will sich mit dem Tier verbinden, wir sahen es schon
an den Delphinträumen. Dieses Motiv zeigt sich öfters in den spon-
tanen bildlichen Gestaltungen unserer Zeitgenossen. Nicht nur die
Träume, auch solche Gestaltungen entspringen ja dem Unbewußten.

Johannes Nikel, den ich schon erwähnte, hat dieses Doppelgesicht
des Leidens aus eigener Betroffenheit heraus gestaltet. In einer seiner Plastiken schreit Christus, schreit das Tier gemeinsam mit ihm:
die gequälte Kreatur (Abb. 7). Beide hängen hier am Kreuz, beide

werfen den tief erschrockenen und betroffenen Blick auf die Welt, Christus und das Tier. Ein Auge haben sie gemeinsam, wie siamesische Zwillinge sind sie gestaltet, unzertrennbar. Johannes Nikel hat die Plastik zuerst in Ton geformt und dann in Bronze gegossen. So bleibt sie unzerstörbar in ihrem Ausdruck, als ein leidendes Doppelgesicht von Mensch und Tier. Gemeinsam tragen beide die Dornenkrone.

So fremd auch vielen unserer Zeitgenossen die religiösen Implikationen des Umweltthemas sein mögen: Es ist keine Frage mehr, daß die hemmungslose Ausbeutung der Natur nur auf dem Hintergrund einer Religion geschehen konnte, die die Natur gleichsam »fallen ließ«, sie aus dem Ehrfurchtsbereich des Gottgeweihten ausstieß, die daher auch die religiös begründete Ehrfurcht der zu bekehrenden »Heiden« vor der Natur noch zusätzlich verfolgte und auszurotten versuchte. Nur eine neue religiöse Verankerung der Natur und des Kosmos in unserem Gewissen und in unserem Herzen mag der globalen Zerstörung noch etwas Wirksames entgegenzusetzen: wobei die Verankerung in unseren Herzen noch die tiefere wäre als die im Gewissen (grün ist, wie gesagt, auch die Farbe des Herzchakras). Die deutsch-jüdische Dichterin Rose Ausländer schrieb, schon vom Tod gezeichnet, von ihrem Krankenbett im Altersheim aus ein Gedicht wie dieses:

> *Und Wiesen gibt es noch*
> *und Bäume und*
> *Sonnenuntergänge*
> *und*
> *Meer*
> *und Sterne*
> *und das Wort*
> *das Lied*
> *und Menschen*
> *und*[37]

Zum Schluß möchte ich uns noch einmal mit der Frage konfrontieren: Wie können wir mit solchen Träumen wie den eben berichteten umgehen? Gewiß können wir sie wegschieben, indem wir sie auf die persönlichen Hintergründe derer, die sie geträumt haben, zurückführen, uns darauf beschränken, mit dem Argument, es sei doch eine persönliche Angelegenheit, ob man sich noch Hoffnung gestatten könne oder nicht. Wir können uns aber auch von ihrem überpersönlichen, transpersonalen Gehalt berühren und überzeugen lassen, so daß wir diesen Bildern weiter nachgehen, wie es die Gestalterin der Schildkrötenbilder auf ihre Art getan hat. Das können wir als einzelne tun, aber auch als Gruppe.

So fand sich kürzlich eine größere Gruppe zusammen, um den Traum von der Schildkröte weiterzubedenken und die dort aufgetauchten Bilder zu imaginieren, also jeweils selber ein Bild von der Schildkröte aufsteigen zu lassen. Einige ließen es sich nicht nehmen, diese Schildkröte zu malen. Sie ließen die Bilderfolge des Traumes vor ihrem inneren Auge aufsteigen, die sich dann in jedem von ihnen ganz individuell weiterentwickeln konnte. Schließlich teilten wir uns gegenseitig die individuellen Bilder mit und teilten damit auch unsere Besorgnis über den Zustand der Erde, zugleich aber auch die Gefühle der Identifikation mit der Schildkröte und die kühne Hoffnung auf eine mögliche Wandlung aus den Kräften des Kosmos selbst heraus. Daß wir unsere Angst und unsere Hoffnung angesichts der Bedrohung hatten wahrnehmen, teilen und mitteilen können, wurde von allen Teilnehmerinnen dieser Gruppe als tröstlich empfunden. Die Bilder gaben der diffus in uns steckenden Angst ein Gesicht, das sich, sobald wir uns damit konfrontierten, verändern konnte.

Gerade bei den Träumen von dem Wasseropfer oder dem Essen von Erde, mit dem Bild einer möglichen Erneuerung der Menschen durch ein Opfer, erhebt sich die Frage, ob ein meditativ-selbstkritischer Umgang mit solchen Bildern angesichts der realen Gefahr, in der unsere Welt schwebt, genügen kann, ob die das Kollektiv betreffende Botschaft dieser Träume nicht dazu führen müßte, für den Umgang mit solchen Bildern auch öffentliche Ausdrucksformen zu finden und Konsequenzen zu ziehen. In den Träumen selbst sind ja Bilder eines neuen Sich-Zusammenfindens von Menschen um uralt neue Symbole und Rituale, wie zum Beispiel das gemeinsame Singen, das gemeinsame Opfern von Schweiß und Tränen, das gemeinsame Trauern oder auch das Essen von Erde angezeigt. In ihnen werden Formen von neuen Zeige- und Zeichenhandlungen dargestellt – wie sie übrigens auch die Propheten des Alten Testaments schon gestalteten –, die nun in der Tat seit dem letzten Jahrzehnt unter uns wieder aufkommen. Es sind kollektive symbolische Handlungen, die neu unter uns entstehen. Wer hat vor zwanzig Jahren gewußt, was eine Menschenkette ist! Eine solche entstand nicht nur im süddeutschen Raum, um seinerzeit vor der Aufstellung der Pershing II zu warnen, sondern auch auf den Nordseeinseln, um auf die große Gefährdung der Meere aufmerksam zu machen. Einmal gab es eine – wenn auch nicht ganz lückenlose – Menschenkette, die bis zu den baltischen Ostseestaaten reichte. Spontan wurde sie an vielen Orten aufgenommen und weitergeführt.

Solche symbolischen Ausdrucksformen gewaltfreier Art haben starke Erlebnis- und Ausstrahlungswirkung, wie alle Beteiligten berichten. Diese Handlungen und Rituale sind sichtbar gewordene Meditation, öffentliche Meditation, und sollen nicht gegen einen rein innerlichen Umgang mit Träumen und Symbolen ausgespielt werden, wie es leider gelegentlich unter uns geschieht.

Welche symbolische Ausdruckskraft und zugleich welche politische Sprengkraft steckt doch in den spontan entstandenen Zeichen und Symbolen, die beispielsweise gegen die Zerstörung des Landes durch den Flughafenausbau auf den Feldern um Stuttgart-Plieningen aufgerichtet wurden, von anonymen Gestaltern. Es gab da zum Beispiel eine »Mantelaktion«, bei der zahlreiche Mäntel auf den Feldern ausgebreitet wurden – die Felder wurden geschützt, bekleidet wie Menschen, die Mäntel lagen anstelle von Menschen da –, um zu verhindern, daß dieses überaus fruchtbare Land zerstört und überbaut würde. Leider ist dies trotzdem geschehen!

Wir dürfen nicht vergessen, daß die großen, auch die apokalyptischen Bilder, die aus unseren Träumen aufsteigen, die in uns schlummernde Angst wecken können, auch in dem Sinne, daß diese ihre warnende Funktion erfüllen kann, die ihre wichtigste Funktion für jeden lebenden Organismus ist. Sie alarmiert und weckt damit alle Instinkte der Selbsterhaltung. Es gibt ja eine eigentliche »Apokalypseblindheit« unter uns – das Wort wurde seinerzeit von Günter Anders geprägt –, die die Zeichen drohender Gefahr kurzerhand nicht wahrnehmen will, die sich damit aber auch um alle Möglichkeiten verantwortlichen Umgangs mit der Gefahr bringt.

In den Träumen, die wir betrachtet haben, steckt demgegenüber ein Gefühl der Gemeinsamkeit, der Zusammengehörigkeit unter der Bedrohung, auch die Aufforderung und Herausforderung zum gemeinsamen Handeln gegen die Gefahr. So kann beim Umgang mit solchen Bildern ein Gefühl für die gemeinsame Betroffenheit, ein Gefühl liebender Solidarität mit allem Lebendigen auf dieser Erde aufkommen. Ich finde es sehr wichtig, daß wir uns nicht nur aus moralischen Gründen für das Leben auf der Erde einsetzen, sondern zuallererst aus emotionalen Gründen, weil unsere Liebe zu den Lebewesen aufwacht, vielleicht gerade bei dem Gefühl, wie gefährdet sie sind. Brauchen uns nicht die Tiere, die Fische und die Vögel, die mütterliche Ente zum Beispiel, die ihre acht Jungen in den vier Wochen, in denen ich hier am Seeufer lebe, eindrucksvoll durch alle Gefahren hindurchgebracht hat? Sollen sie demnächst an vergiftetem Wasser, an der vergifteten Luft zugrunde gehen? Braucht uns nicht der Nußbaum, der in diesem Jahr so reich angesetzt hat, dessen Blätter besonders groß geworden sind, vielleicht um sich selbst und uns den Schatten zu erhalten, angesichts der gefährlicher gewordenen Sonneneinstrahlung, der größeren Hitze, der ersten Folge der Klimaveränderung. Er ist mir so lieb wie wichtig geworden in diesen Sommerwochen. Brauchen nicht vor allem wir Menschen solche Bäume, um zu überleben?

Brauchen wir nicht die Flüsse, zum Beispiel den Rhein, der unverdrossen dabei ist, nach so gefährlichen Chemieunfällen wie seinerzeit in Schweizerhalle bei Basel, sich zu regenerieren, so daß er nun doch biologisch wieder aufersteht, auch wenn man ihm das erst in Jahrzehnten zugetraut hätte? Brauchen uns nicht unsere Kinder, und brauchen nicht wir sie, unsere Kinder, die nicht in geschlossenen Räumen spielen und lernen wollen, zum Beispiel in einem künstlich angepflanzten Wald im Schulgebäude, wie es die Kinder aus der Umgebung von Tschernobyl seit geraumer Zeit schon tun müssen?

Doch auch die andere Seite möchte ich nicht unerwähnt lassen. Vor einiger Zeit hatte ich Gelegenheit, an der Ostküste der USA die Wale und Delphine zu beobachten, fünfundzwanzig Seemeilen weit draußen auf dem Meer, von einem kleinen Boot aus, dessen Motor abgestellt wurde, als wir in die Nähe der Tiere kamen. Da sah man zuerst die Fontäne ihres Atems, dann kamen, in langsamen, unendlich geschmeidigen Bewegungen, die riesigen Leiber in Sicht; zuletzt, mit elegantem Schwung, die Schwanzflossen – und dann verschwanden sie wieder In der Tiefe. Ehrfürchtig staunten die Kinder auf unserem Boot und stießen Freudenschreie aus, wenn wieder solch ein geheimnisvolles Meereswesen auftauchte. Und die Erwachsenen wurden ganz still. Es lag ein Staunen über uns angesichts solcher gewaltiger Wesen: wir wurden stumm, wie einst Hiob stumm wurde vor Staunen, trotz all seinem Leid, als ihn Jahwe auf den wundersamen Leviathan hinwies, den er erschaffen hatte.

Wieviel Druck muß eigentlich auf unsere Wirtschaft, auf unsere Politik ausgeübt werden – und wie müßte dieser Druck ausgeübt werden, wenn doch die bereits erfolgten Demonstrationen von

Tausenden von Menschen nicht genügten –, bis wirklich die Ökologie die Priorität gewinnt, die sie vor allen anderen Interessen
heute beanspruchen darf? Geht es doch schließlich um nichts
Geringeres als um das Überleben!

Nicht als zynisches Gegenargument, daß es vielleicht doch nicht
so schlimm sei wie angenommen, sondern als letzte Hoffnung aus
einem tieferen Reservoir menschlichen Wissens geschöpft, das uns
der Verzweiflung widerstehen läßt, ist vielleicht jene Hoffnung auf
die Regenerationskräfte des Kosmos zu sehen, die uns der Schild-
krötentraum vermittelt. Ich erinnere mich an eine wissenschaftliche Untersuchung – die Wissenschaftsseite der *Frankfurter Rund-
schau* wies darauf hin –, die erbracht haben soll, daß die erhöhte
energetische Tätigkeit auf der Sonne, die sich in der Vermehrung
der Sonnenflecken äußert, zugleich eine neue Ozonbildung in den
Schichten unserer Atmosphäre anregt, in denen das Ozonloch entstanden ist: ein Kommentar aus dem Kosmos selbst zu unseren
Träumen?

Vom Archetyp des Friedens

Was kann »Frieden finden« bedeuten in einer äußerst unfriedlichen Welt? Müssen wir die Friedenssehnsucht für unsere Welt, die in den Jahren der Friedensbewegung so zuversichtlich agierte, nicht in das Reich der Utopie verweisen, um wenigstens uns selber in einen »inneren Frieden« zurückziehen zu können? Wäre das nicht schon viel, sehr viel, den »Frieden Gottes, der höher ist als alle Vernunft« für sich selber zu finden, für sich selber in Anspruch nehmen zu können, selbst wenn darüber die Welt unterginge? – Das wäre in der Tat bereits sehr viel.

Doch der »Archetyp des Friedens«, wenn es denn einen solchen gibt und wenn er sich denn konstelliert, meint es anders: Nicht Rückzug und abgrenzende Verengung des Herzens schafft nach dieser Vorstellung den Frieden, sondern Weitung des Herzens, Weitherzigkeit, Großherzigkeit, die Aufnahmebereitschaft für alle Gestalten und Formen des Lebens, für die Vielfalt der Lebewesen um uns herum und die Vielfalt der Menschen selber. Das »stille« gewordene Herz nämlich bleibt nicht in sich verschlossen, kreist nicht mehr unentwegt um sich selbst, sondern hat die Ruhe und den Raum, sich zu öffnen für die Welt, in Liebe und Mitgefühl.

Auch in der Therapie erlebe ich es immer wieder, daß Menschen sich erst dann wieder einer wirklichen Mitverantwortung für die Welt öffnen können, wenn ihre persönlichsten Probleme befriedet sind, wenn sie ihre gegeneinander kämpfenden Kräfte innerlich einen und akzeptieren können. Es gibt ja auch einen Aktionismus, der Menschen veranlaßt, sich in politische Aufgaben zu stürzen, ohne zuvor die eigenen Probleme anzugehen, die sie oft auf die Außenwelt projizieren und dort behandeln, statt bei sich selbst. Für solche Menschen ist das Wort aus dem alten China gedacht:

»Ist das Herz in Ruhe, so ist im Lande Frieden.«

Ein sehr nachdenkenswertes Wort, das zunächst wohl auf das Herz des Regierenden oder der Regierung als Ganzes gemünzt ist. Wenn er oder sie ein ruhiges, großes Herz habe, so meint der Spruch, dann herrsche im Lande Frieden. Gewiß steht hier dies Herz nur »pars pro toto« für das Herz eines jeden Bürgers, denn von diesem hängt es letztlich ab, ob Frieden oder gefährliche Spannungen im Lande herrschen, ob die Menschen einander ausgrenzen, in Fremdenfeindlichkeit und Konkurrenzgebaren, oder einander akzeptieren in all ihrer Verschiedenheit, weil sie begreifen, daß dem Ganzen mit jedem einzelnen, der herausfällt, etwas fehlte, daß die Verschiedenartigkeit auch der Reichtum des Ganzen ist.

Der »Archetyp des Friedens« nämlich ist ein Archetyp des Umfassenden, des Umgreifenden – und damit ein Archetyp der Integration. Eng ist der Archetyp des Friedens mit der Vorstellung von der Ganzheit verbunden, so im altisraelischen biblischen Begriff »Schalom« – Frieden –, der nicht dazu da war, daß man Betrachtungen über ihn anstellte, sondern daß man ihn gebrauchte, im Alltag: Wen man mit »Schalom« begrüßte, der war anerkannt, aufgenommen in die Gemeinschaft, wem man »Schalom« wünschte, den segnete man damit. In diesem Kapitel wird es darum gehen, den Begriff des Friedens, seine Wurzeln und seine Konsequenzen näher zu bedenken, vor allem aber, ihn zu betrachten im Spiegel des Archetyps, der ihm zugrunde liegt.

Wie innerer Friede und Frieden mit den nahen und entfernten Mitmenschen zusammenhängen und miteinander erschlossen wer-

den können, zeigt die alte buddhistische Meditationsübung der
»Metta-Meditation«, wo von Nähe, Liebe und Mitgefühl zu den
nächsten Menschen ausgegangen wird, um von da wie in konzentrischen Kreisen auf immer weitere Gruppen von Menschen Liebe
und Mitgefühl auszustrahlen und sie in ein umfassendes Wohl-
wollen einzubeziehen, das in dem Wunsch gipfelt.

> *»Den Wesen allen werde Glück und Frieden,*
> *sie alle möchten vollauf glücklich sein!«*[38]

Ähnliches vermag christliche Friedensmeditation, wobei sich der
einzelne zunächst selber in den Frieden, »der höher ist als alle Vernunft«, hineinbegibt, daran hingibt, bis das Herz die Ruhe und
Weite findet, die Konflikte in aller Welt mit dieser umfassenden
Kraft des Friedens in Verbindung zu bringen. Aus solchen Meditationen mag auch die Kraft zum besonnenen Handeln erwachsen.

Wenn Araber einander begrüßen mit »Salam aleikum!« oder Juden
mit »Schalom aleichem!« oder »Mah Schalomhah?« – »Friede
sei mit dir!« oder »Wie steht es mit deinem Frieden?«–, so wün-
schen sie einander nichts Geringeres als Heil, Ganzheit und Inte-
grität, denn das ist die Bedeutung von »Schalom«. – »Werde hell,
werde ganz, werde integer«, so heißt dieser Friedensgruß.
   Keine unserer Kräfte, keines unserer Potentiale darf ausgespart,
ausgeschlossen und abgespalten bleiben, wenn innerer und
zugleich äußerer Frieden werden soll – wie wir es ja auch von der
Psychotherapie erhoffen, wenn eine Frau, ein Mann, die an der
Abspaltung von Teilen ihres Selbst leiden, wieder hell, wieder ganz
werden sollen.
   »Schalom«, dieser Friedensgruß zielt auf eine Spannkraft, die
alle unsere Kräfte zusammenbringen und keine verdrängen
möchte. Zugleich ist dieser Gruß bezogen auf den transzendenten
Ursprung aller Ganzheit, dessen Name in Israel nicht unnötig

genannt werden soll und der von dem jüdischen Maler Marc Chagall dargestellt wird als geheimnisvolles Kreissymbol, dem nur vier Lettern einbeschrieben sind, das Tetragramm JHWH: »Jahwe«.

Das Integrationssymbol des Kreises[39] ist wohl der treffendste Ausdruck für den Archetyp des Friedens überhaupt: Bild des Umfassens, des Umringens, Umschreitens – Bild für »das Umgreifende« schlechthin, um den schönen, bildhaften Ausdruck von Karl Jaspers zu gebrauchen. Der Kreis ist ein Symbol für die ungeschiedene Einheit des Mutterschoßes, Symbol aber auch für die eschatologische Utopie der Ganzheit, das Heilwerden aller Völker am Ende der Zeit: für das Friedensreich der Endzeit, wo nach der Prophetie des Jesaja die Gegensätze vereint sein sollen, das Lamm neben dem Löwen lagert und das Kind am Loch der Otter spielt.

»Archetyp des Friedens« meint nicht den Urzustand, meint nicht Bilder eines spannungsfreien Paradieses, er meint vielmehr den Reifezustand, in dem Polaritäten umspannt und dadurch zu einer komplexen Ganzheit werden.

So könnte man Frieden verstehen: als das umgreifende Prinzip, das die Gegensätze oder Polaritäten gemeinsam zum Leben und zum Schwingen bringt. Komplementäre Farben, einander gegenübergestellt, bringen sich gegenseitig stärker zum Leuchten; miteinander vermischt ergeben sie Grau. Dieses Grundgesetz von den Gegensätzlichkeiten des Lebens ist auch auf menschliche Beziehung und Gemeinschaft anzuwenden. Wo man in falschem Harmoniebedürfnis dem Anpassungsdruck erliegt, die Gegensätze vermischen will, ergibt sich ein tristes Grau. Wo man die Spannkraft hat, sie nebeneinander stehen zu lassen, leuchtet ein jeder Pol in seiner Eigenart auf.

Überzeugender Ausdruck der Ganzheit entsteht dort, wo diese nicht als statisch, sondern als dynamisch, als Gegensätze verbindend begriffen wird: etwa im taoistischen Yin-Yang-Symbol, in dem Licht und Dunkel, Männlich und Weiblich in dynamischer Gegenüberstellung, durch eine Schlangenlinie verbunden, gemeinsam schwingen und durch wechselnde Gewichts- und Akzentverteilung das Rad des Lebens bewegen.

Die taoistischen Weisen haben bei ihrer Beobachtung der lebenden Welt die Bedeutung der Fluktuation[40] erkannt und die komplementäre Tendenz der Wirklichkeit besonders hervorgehoben. Der Taoismus stellt von allen östlichen Überlieferungen die ökologische Perspektive vielleicht am deutlichsten heraus. Fluktuation, die Grundlage jeder ökologischen Ordnung, ist ein Hauptthema taoistischer Texte. Doch betont die östliche Spiritualität überhaupt die wechselseitige Abhängigkeit aller Aspekte der Wirklichkeit und die nichtlineare Natur ihrer Verknüpftheit. Diese Elemente aber liegen auch einem neuen Weltbild, das die Strukturen des Friedens antizipiert, zugrunde.

Zunächst noch einmal ganz konkret: »Frieden« hieß im Rechtsverständnis des alten Israel, das in der Bibel begründet war, daß zum Beispiel auch der Fremde, der Gast, allzeit sein Recht bekommen sollte, auch seinen Ruhetag, und daß er als Gastarbeiter nicht ausgebeutet würde. Schutzlose Glieder der Gemeinschaft wie Witwen und verwaiste Kinder waren unter Jahwes und damit auch der Gemeinschaft besonderen Schutz gestellt. Daß auch das ausgebeutete Land, der Grund und Boden, sein »Halljahr« erhielt, so wie das Vieh seinen Sabbat, das hieß konkret: Frieden zu schaffen, Ganzheit, niemanden auszuschließen, niemanden auszubeuten und alle, die mitlebten aus fremden Völkern, gerecht einzubeziehen.

Dazu die Tiere, die Pflanzen und die Erde.

Freilich schloß diese relativ frühe Kultur und Religion Kriege noch nicht aus, vor allem noch nicht die Bekriegung und Ausstoßung Andersgläubiger. Hier lag die Grenze des altisraelischen »Schalom«. Das heutige Verständnis dieses Begriffes kann jedoch nicht hinter das prophetische Zeugnis von Micha 4 zurück:

3 Dann schmieden sie Pflugscharen aus ihren Schwertern und Winzermesser aus ihren Lanzen. Man zieht nicht mehr das Schwert, Volk gegen Volk, und übt nicht mehr für den Krieg.

3 Dann schmieden sie Pflugscharen aus ihren Schwertern und Winzermesser aus ihren Lanzen. Man zieht nicht mehr das Schwert, Volk gegen Volk, und übt nicht mehr für den Krieg.

»Schwerter zu Pflugscharen schmieden« – ein Wort, das auch zum Leitspruch der Friedensbewegung in der damaligen DDR wurde und damit seine aktuelle Kraft erwies. Transformation der Waffen bei Erhaltung der in ihnen gebannten Energie, das hieße Waffen umzuformen zu kreativen Geräten, zu Geräten einer Lebenskultur, zur Besiegung des Hungers beispielsweise – wobei die Substanz und Energetik erhalten bliebe. Frieden heißt in diesem Sinn: Transformation der Kräfte.

Eine frühe Kultur – die wachsend erforscht wird –, in der wir von Kriegen noch nichts hören, scheint umfassender gewesen zu sein: die weltweite matriarchale Frühkultur der Jungsteinzeit, wie wir sie zum Beispiel auf Kreta, auf Malta finden. Sie beruhte viel weniger auf dem statischen Prinzip der Abgrenzung und Ausgrenzung als auf dem organischen Prinzip der Verbindung und Vernetzung aller lebenden Einheiten und Zellen zu Verbänden, die die ganze damals bewohnte Welt überzogen. Waren doch die Megalithkulturen offenbar kontinenteweit miteinander verbunden, durch rege Handelsbeziehungen über erstaunliche Wegstrecken hin miteinander vernetzt. Von Kriegen gegeneinander finden die Archäologen jedenfalls bis jetzt keine Spuren.

Nun mag das – archetypische? – Bild von umfassender Integration und Vernetzung, das für matriarchale Frühkulturen charakteristisch gewesen sein soll, auf der Rückprojektion eines archetypischen Musters beruhen, das heute unter uns wirkt und das eine Utopie von heute in die Frühzeit zurückprojiziert: ein archetypisches Muster, das an einem Modell der Frühzeit gleichsam entwickelt wird und uns das Bild einer Friedenskultur vermittelt. Doch würde es auch aus dieser Sicht nichts anderes bedeuten, als daß ein neuer Archetyp des Friedens unter uns relevant und wirksam würde: der Archetyp einer Vernetzung alles Lebendigen in seiner Gegensätzlichkeit und Gegenpoligkeit zu einem einzigen, umfassenden Organismus.

Ein schönes Bild solcher organischer Vernetzung bilden in der Tat die Grundrisse großer matriarchaler Tempelanlagen auf Malta: sie wirken in den Anlagen von Hagar Qim oder der sogenannten Mnaidra wie Zellverbindungen zu einem Großorganismus, sie enthalten keinen rechten Winkel, sondern gestalten sich aus organischen Oval- und Kleeblattformen heraus.

Fritjof Capra hat seit seinem frühen Buch »Wendezeit – Bausteine für ein neues Weltbild«[41] in vielen weiteren Veröffentlichungen die unterschiedlichen Widerspiegelungen jenes neu wirksamen Archetyps der Integration oder der Vernetzung in den verschiedenen Wissenschafts- und Lebensbereichen dargestellt. Ich verstehe diese Vorstellung der Vernetzung zugleich als das anschaulichste heutige Bild für den Frieden, das unter uns wirkt. Faszinierend ist vor allem, wie Capra die Matrix dieses Archetyps an vielen Beispielen aus den Bereichen der Zellbiologie, der Organismusbildungen von Korallen oder der Staatenbildungen von Ameisen anschaulich nachweist. Ein Bauprinzip des Lebens scheint hier wiederentdeckt zu sein.

Frieden ist ja nicht nur Waffenruhe und gewiß nicht nur durch Waffenruhe zu erhalten. Frieden ist heute nur denkbar und erhaltbar, wenn die gesamte ökologische Frage, die Frage nach der Erhaltung des Lebens auf unserer Erde, einbezogen wird. Allein die Herstellung moderner atomarer Waffen, die zu deren Entwicklung und Erhaltung nötigen Experimente, die Lagerung der verbrauchten Brennstäbe stellen eine unerträgliche Belastung der Biosphäre unserer Erde dar, wie viele Verantwortliche erkannt haben.

Frieden ist vor allem nur möglich durch ein Umdenken, ein neues Denken, eine Friedensmentalität, die nicht nur das Miteinander der Menschen, sondern das unserer ganzen Erde als eines einzigen Organismus und ökologischen Regelkreises begreift und sich dementsprechend verhält. Ein neues Menschenbild soll unter uns wirksam werden, das die Menschheit als einen Organismus begreift, der nur gemeinsam mit seiner Umwelt überleben kann.

Zur Entwicklung einer Friedensmentalität jedoch gehört, vielleicht sogar primär, die Aufgabe, Frieden zu schaffen mit sich selbst, im Sinne einer inneren Ökologie, in der kein Anteil, der zu uns gehört, ausgespart oder gar ausgeschlossen wird; wobei aber die Innenwelt genauso organisch mit der Außenwelt verbunden ist wie die Menschheit als Ganzes mit ihrer planetarischen Umwelt.

Ein Archetyp besteht nach C. G. Jung immer zugleich aus einem Bild und einer Emotion. Was bedeutet dieser neue Archetyp der Vernetzung zunächst als Bild?

Im Unterschied zu der graphischen Darstellung einer konventionellen Organisation, die sauber miteinander verbundene Kästchen zeigen würde, muß man sich die graphische Darstellung der Organisation eines SPIN vorstellen wie »ein lose verknüpftes Fischernetz mit einer Vielzahl von Knoten unterschiedlicher Größe, von denen jeder mit allen anderen direkt oder indirekt verbunden ist«.

Es waren Luther Gerlach und Virginia Hine, zwei Anthropologen, die den heute über die ganze Welt verbreiteten Netzwerken den Namen »SPIN« gegeben haben, eine Abkürzung für »Segmented Polycentric Integrated Networks«, die originellerweise zugleich an das deutsche Wort »Spinne« und damit an eine große Weberin von Netzen in der Welt der Biologie erinnert.

In einer von mir geleiteten Tagung zum Thema »Frieden mit der Natur« kamen die Teilnehmer auf die Idee, wirklich solch ein Netz zu knüpfen. Sie spannten es auf zwischen den Bäumen des Parks, der die Akademie umgibt, und versuchten in diesem Netzwerk die sozialen Verbindungen untereinander und die Verknüpfung ihrer Interessen und Aktivitäten bildhaft darzustellen. Ausgehend von bunten, unterschiedlich großen und unterschiedlich strukturierten

Knotenpunkten, von denen jeweils ein Beteiligter seinen Ausgang nahm, versuchten sich die Teilnehmer miteinander umfassend zu verweben und zu verknüpfen. Das Netz enthielt Stellen besonderer Spannung, hatte jedoch selbst enorme Spannkraft und vermochte große Gegensätze zu überspannen.

Ein SPIN gewinnt seine Energie aus Bündnissen, aus der immer neuen Kombination von Talenten, Werkzeugen, Strategien, Zahlen und Kontakten. Es entspricht auch Gandhis Vorstellungen von »einzelnen, zu einer Einheit verschmolzenen Gruppen«, die nach seiner Sicht die politische Welt zu bewegen vermögen. Wie das Gehirn ist ein SPIN in der Lage, an vielen Punkten gleichzeitig Verbindungen herzustellen. Seine Segmente sind die kleinen Gruppen, die auf der Grundlage von gemeinsamen Werten lose miteinander verbunden sind. Jeder Teil eines SPIN ist autark. Deshalb könnte man ein Netzwerk auch dann nicht zerstören, wenn man zum Beispiel eine einzelne Führungspersönlichkeit oder ein wichtiges Teilstück davon vernichtete. Das Zentrum, das Herz des Netzwerkes ist nämlich letztlich überall. Eine bürokratische Organisation ist so schwach wie ihr schwächstes Glied. In einem Netzwerk dagegen können viele Menschen wechselweise die Funktionen anderer übernehmen.

Virginia Hine ist beispielsweise der Überzeugung, daß der Völkerbund beim Ausbruch des Ersten Weltkriegs auch deshalb versagte – wie die Vereinten Nationen bei ähnlich gravierenden Weltkonflikten auch heute noch zu versagen drohen –, weil er auf jenen gesellschaftlichen Organisationsformen aufgebaut war, die er hätte ablösen sollen, zum Beispiel auf den sich voneinander abgrenzenden Nationalstaaten. Seine Konstrukteure wie auch die heute für die Weltorganisation Verantwortlichen haben die alte Vorstellung noch nicht überwunden, deren gemäß alle Organisationen bürokratisch aufgebaut sein müssen.

Virginia Hine entdeckte demgegenüber eine Parallele zwischen den Netzwerken, die sich für eine gesellschaftliche Veränderung

einsetzen, und den im Entstehen begriffenen, die Nationen übergreifenden wirtschaftlichen Netzwerken. Es handelt sich um eine
strukturelle Parallele. Die wirtschaftlichen Netzwerke gelten einerseits als gefährlich, da sie das Unrechtsgefälle zur dritten Welt hin
noch zu verstärken drohen, sie tragen aber andererseits, wie Alwin
Wolf mutmaßt, ironischerweise mehr zur Abschaffung von Kriegen bei als viele direkte Bemühungen um den Frieden. Enge Ver-
flechtung von vitalen Interessen vermag vielleicht kriegerische Aus-
einandersetzungen künftig zu verhindern.

Das dynamische Bild eines Netzwerks als weltweiten Friedens-
symbols im beginnenden dritten Jahrtausend muß man sich vorstellen als ein weltumfassendes, aus vielen einzelnen Netzwerken
bestehendes Netz, das letztlich auf eine gesellschaftliche Transformation abzielt oder sie bereits darstellt. Es ist locker strukturiert,
evolutionär und für jede Information offen.

Was wollen die Netzwerke? Als Umweltgruppen bauen sie darauf, daß die Menschheit künftig »sanft mit der Erde umgeht«, daß
sie sich nicht länger als Ausbeuter, sondern als Verwalter und Gärtner der Natur versteht. Als psychologische oder auch als spirituelle
Gruppen suchen sie die kreative Kraft zu erwecken, die aus der
inneren Integration entsteht, und sie dadurch zu fördern, daß die
Menschen wieder auf die Teile ihres Selbst zu hören lernen. Das
Internet wiederum bietet – bei allen inhärenten Gefahren – die Utopie einer weltweiten Vernetzung aller Information. Spionage dürfte
eines Tages überflüssig werden.

Neben den bereits genannten entstehen über die ganze Erde hin
eine Unzahl sozialer Netzwerke, kreative Gruppen, die an Innova-
tionen arbeiten: Selbsthilfegruppen, Minderheitengruppen, aber
auch interdisziplinär forschende Wissenschaftsgruppen, die an der
Vernetzung ihrer Spezialergebnisse arbeiten. Die weltweite Frau-
enbewegung ist übrigens nie anders organisiert gewesen denn als
Netzwerk.

234

Die sogenannte »Synergie«, der Überschuß an Energie, der aus der Zusammenarbeit in natürlichen Systemen entspringt, wird durch Netzwerke auch zwischenmenschlich verfügbar: »Sobald auch nur zwei Menschen anfangen, sich gegenseitig etwas zu geben und füreinander zu arbeiten, zeigen sich diese Eigenschaften und Vorteile sofort – ein größerer gegenseitiger Nutzen, eine vermehrte Gelöstheit und gleichzeitig eine größere individuelle Entwicklung. … Dadurch, daß wir mit den Menschen unserer Umgebung ein Verhältnis des gegenseitigen Gebens und Nehmens eingehen, schaffen wir allmählich eine Art lokales Utopia, in dem die Vorteile vernetzten Denkens und Handelns unübersehbar deutlich werden.« (John Platt)[42]

Ein Netzwerk wäre also eine wache und aufgeschlossene Form der gesellschaftlichen Organisation. Informationen werden innerhalb von Netzwerken nicht mehr linear, sondern an vielen Stellen gleichzeitig und sinnvoll vermittelt. »Genauso wie ein schöpferischer Mensch neue Verbindungen herstellt und zunächst kaum zusammenpassende Elemente nebeneinander stellt, um etwas Neues zu erfinden, verbindet auch ein Netzwerk Menschen und Interessen auf erstaunliche Weise. Diese Kombinationen fördern den Erfindungsgeist und die Kreativität«, schreibt Marilyn Ferguson.[43] So wäre zum Beispiel die Verbindung zweier Netzwerke, eines psychologisch orientierten für Kleinkinder und eines humanistisch orientierten für alte Menschen, vorstellbar, bei dem die alten Menschen, die sich sonst vielleicht nutzlos und einsam fühlen würden, den Säuglingen und Kleinkindern in einer Tagespflegestätte oder auch in ihrem eigenen Zuhause Kontakt und Liebe geben und bei deren Pflege und Erziehung mithelfen. Ein Netz von Wahl-Großeltern entstünde um die Kinder, ein Netz von Wahl-Enkeln um die Alten.

Zu dem neuen Archetyp des Friedens durch Vernetzung gehört auch eine bestimmte Emotion. Es ist vor allem die Emotion der Verbundenheit, ein Wir-Gefühl, das Erlebnis, sich in einem »Netzwerk der Geschwisterlichkeit« zu befinden. Teilhard de Chardin sprach einst von der »unermeßlichen freundschaftlichen Erfüllung zwischen jenen, die sich für die Forderung der Bewußtseinsevolution einsetzen« und die von einer charakteristischen Beschaffenheit sei, die sich kaum beschreiben ließe. Zu der Emotionalität, die zum Archetyp der weltweiten Verbundenheit gehört, zählt vor allem die Friedensmentalität, und diese wiederum beruht auf »Lebensleidenschaft« (Verena Kast).

Warum verstehe ich den Archetyp der Vernetzung – als Bild und Emotion – vor allem als einen Archetyp des Friedens?

- Der Archetyp der Vernetzung schließt nichts aus. Es bilden sich somit auch keine Staus von an sich schöpferischen Kräften, die in der alten Struktur, sobald sie in die Opposition zu den herrschenden Kräften gerieten, abgewehrt und abgedrosselt wurden. Indem sie aber abgewertet und letztlich oft sogar abgespalten wurden, fehlten sie dem Ganzen und wurden zugleich gefährlich. Ich denke dabei an die 68er Bewegung, die in ihrem Kern eine notwendige oppositionelle Bewegung war, die aber, da für die Gesamtheit bedeutungsvolle Forderungen abgewiesen wurden, zum größten Teil in die Resignation, zum geringeren Teil in die Radikalisierung getrieben wurde, zum Schaden des Ganzen, dem die schöpferischen Anstöße durch diese Bewegung – uneingelöst! – nun abgehen.
- Der Archetyp der Vernetzung ordnet nicht unter, sondern ordnet einander zu: So kann keine Konkurrenzstruktur entstehen. Das Bild für diese vernetzte Struktur wäre nicht die Pyramide der Hierarchie, sondern der Organismus, in dem alles mit allem zusammenhängt und alles aufeinander einwirkt.
- Der Archetyp der Vernetzung ist der Struktur organischen Wachstums angepaßt, entspricht damit der Ökologie und

kehrt in den Regelkreisen der Biologie wieder. Als solcher hat er die Fähigkeit aller selbstregulierten Systeme zur Selbstorganisation und Selbsttranszendenz, zur Selbsterneuerung samt der Fähigkeit, über sich hinauszuwachsen. Frieden, in diesem Sinn verstanden, könnte demnach »ansteckend« wirken.

Seine tiefgründigste Veranschaulichung findet dieser Archetyp der Vernetzung aller Kräfte vielleicht in dem »Gala-Prinzip«, nach dem in neueren biologischen Forschungen die Erde wieder als ein Gesamtlebewesen gesehen wird. Dies bedingt eine neue Stellung des Menschen im Kosmos. Die Mikrobiologin Lynn Margulis und der Chemiker James Lovelock waren die ersten, die aufgrund ihrer gemeinsamen Forschungen eine bedeutsame Hypothese, die die Antike kannte, wiederaufnahmen: die Vorstellung, daß unser Planet ein einziger, lebender Organismus sei. Sie gehen davon aus, daß sich mit den höheren Lebensformen auch mehrschichtige Systeme entwickelten, Systeme, die sich auf allen Ebenen selbst erneuern und fortlaufende Zyklen von Geburt und Tod für alle Organismen im Gesamtsystem in Gang halten.

Diese Entwicklung führt uns zu der Frage nach dem Platz des Menschen in der lebenden Welt. Wir werden ebenfalls geboren und müssen sterben, wie alle lebenden Organismen. Bedeutet dies also, daß auch wir Teile größerer Systeme sind, die sich ständig erneuern? Das scheint tatsächlich der Fall zu sein. Wie alle anderen lebenden Geschöpfe gehören wir zu Ökosystemen, und wir bilden auch unsere eigenen gesellschaftlichen Systeme. Schließlich gibt es auf noch größerer Ebene die Biosphäre, das Ökosystem des ganzen Planeten, von dem unser Überleben letztlich abhängt .[44] Die Wissenschaft der Neuzeit war nicht mehr gewohnt, diese größeren Systeme als individuelle Organismen zu betrachten, wie es Pflanzen, Tiere oder Menschen sind. Gerade das tut nun die neue wissenschaftliche Hypothese auf der höchsten noch zugänglichen

Ebene. Ins Einzelne gehende Untersuchungen der Art und Weise, wie die Biosphäre, die chemische Zusammensetzung der Luft, die Temperatur auf der Erdoberfläche und viele andere Aspekte der planetarischen Umwelt sich zu regeln scheinen, haben jedenfalls einen Chemiker wie Lovelock[45] und eine Mikrobiologin wie Margulis zu der Annahme gebracht, diese Phänomene seien nur verständlich, wenn man den Planeten als einen einzigen lebenden Organismus ansieht. In der Erkenntnis, daß ihre Hypothese die Wiedergeburt eines bedeutsamen antiken Mythos, desjenigen von Gaia, der Mutter Erde, darstellt, haben die beiden Wissenschaftler sie die »Gaia-Hypothese« genannt.

Die uralte mythische Erfahrung unserer Erde als eines Lebewesens machten die Astronauten, als sie unseren »blauen Planeten« erstmalig in seiner Ganzheit von außen sahen. Mit allen Sinnen zu erfahren, wie sie als einzigartige Individuen im Kosmos schwebten, bildete zugleich eine tiefe spirituelle Erfahrung für viele der ersten Astronauten. Die herrlichen Fotos von der Erde, die sie aus dem All mitbrachten, sind inzwischen um die ganze Welt gewandert und zu einem überzeugenden Symbol der ökologischen Bewegung geworden.

Die Gaia-Hypothese, auf die sich diese Bewegung mit besonderem Recht berufen kann, besagt, daß die gesamte lebende Materie auf der Erde, zusammen mit der Atmosphäre, den Ozeanen und dem festen Land, ein komplexes System bildet, das über alle typischen Kennzeichen der Selbstorganisation verfügt: »Es verharrt in einem bemerkenswerten Stadium chemischen und dynamischen Ungleichgewichts und ist durch eine riesige Vielfalt von Vorgängen in der Lage, die Umwelt des Planeten so zu regulieren, daß optimale Verhältnisse für die Evolution des Lebens aufrechterhalten bleiben.«[46] So war beispielsweise das Klima auf der Erde bis heute für das Leben niemals total ungünstig. Während der gesamten Evolution behielt unser Planet eine ziemlich konstante Oberflächentemperatur bei, etwa so, wie der menschliche Organismus trotz unterschiedlicher Umweltverhältnisse eine konstante Körpertemperatur aufrechterhält. Hieran können wir ablesen, welch irreparabler Eingriff es wäre, wenn es von menschlicher Seite her gelänge, das Weltklima grundlegend aus den Fugen zu bringen.

Ähnliche Formen der Selbstregulierung sind bisher auch bei anderen Umwelteigenschaften von »Gaia« zu beobachten, etwa bei der chemischen Zusammensetzung der Atmosphäre, beim Salzgehalt der Ozeane und bei der Verteilung von Spurenelementen bei Pflanzen und Tieren. Alles wird von komplizierten kooperativen Zusammenhängen reguliert, welche die Eigenschaften von selbstorganisierenden Systemen erkennen lassen: »Die Erde ist also ein lebendes System; sie funktioniert nicht etwa wie ein Organismus, sondern scheint wirklich ein Organismus zu sein – Gala, ein lebendes planetarisches Wesen. Seine Eigenschaften und Aktivitäten lassen sich nicht aus der Summe seiner Teile vorhersagen: jedes einzelne seiner Gewebe ist mit jedem anderen verbunden, und alle sind voneinander abhängig: Seine vielen Pfade der Kommunikation sind höchst komplex und nicht linear. Wie bei vielen anderen Aspekten des neuen Paradigmas kommt darin eine tiefe ökologische Einsicht zum Ausdruck, die im letzten Sinne spiritueller Natur ist.«[47] Mit diesen Worten unterstreicht Capra die Bedeutsamkeit von Lovelocks und Margulis' Hypothese.

Selbstbehauptende und integrativer Tendenzen lassen sich auf allen Ebenen der Systeme beobachten. Neben ihrer Komplementarität trifft man beim lebenden Organismus noch auf ein weiteres Paar komplementärer dynamischer Phänomene. Das eine davon, das man ganz allgemein als »Selbsterhaltung« bezeichnen könnte, bezieht sich auf die Prozesse der Selbsterneuerung, der Heilung, der Homöostase und der Anpassung. Das andere, das eine entgegengesetzte, aber komplementäre Tendenz darzustellen scheint, ist das der sogenannten »Selbsttransformation und Selbsttranszendenz«.

Lebende Organismen haben ein eingeborenes Potential, über sich hinauszuwachsen, um neue Strukturen und neue Verhaltensformen zu schaffen. Stünde Anpassung im Mittelpunkt der Evolution – und fehlte die Kreativität –, so wäre nicht zu erklären, warum die Evolution je über die perfekt angepaßten Blaualgen hinausgekommen ist.

Das schöpferische Ausgreifen in Neuland, das im Lauf der Zeit zu einer geordneten Entfaltung und zu zunehmender Komplexität führt, scheint, wie diese Forscher annehmen, eine fundamentale Eigenschaft des Lebens zu sein, ein grundlegendes Charakteristikum des Universums.

Eine letzte aufregende Perspektive deutet sich an: Gregory Bateson[48] hat vorgeschlagen, das Phänomen des Geistes ebenfalls als ein Systemphänomen zu definieren, das für lebende Organismen wie auch für größere Gesellschafts- und Ökoverbände charakteristisch sei. Nach seiner Ansicht sind Geist und Intelligenz notwendige und unausweichliche Konsequenzen einer gewissen Komplexität. Sie entwickeln sich in Organismen, so Bateson, lange bevor diese ein Gehirn oder ein höheres Nervensystem entwickeln.

In der geschichteten Ordnung der Natur sei der Jeweilige individuelle menschliche Geist in den umfassenderen Geist gesellschaftlicher und ökologischer Systeme eingebettet; dieser wiederum wäre in das planetare geistige System integriert – in den Geist von Gaia –, der seinerseits an einer Art von universalem oder kosmischem Geist teilhaben müsse. Wenn man diesen kosmischen Geist mit der traditionellen Vorstellung von Gott assoziiert, gelangt man mit dem Systemtheoretiker Jantsch zu dem Schluß: »Gott ist nicht der Schöpfer, sondern der Geist des Universums.«[49] Aus dieser Sicht wäre die Gottheit natürlich weder männlich noch weiblich, noch manifestierte sie sich in irgendeiner personalen Form. Sie stellte nichts weniger als die Selbstorganisations-Dynamik des gesamten Kosmos dar. Ein eingestiftetes Prinzip wäre demnach dieser »Geist des Universums«, dem wir vertrauen dürften auch in der Frage des Überlebens? Verwandt mit dieser Sicht ist die heutige These des Entdeckers der »morphogenetischen Felder«, Rupert Sheldrake, der in diesem Zusammenhang auch die Psyche des Menschen als »Feld« begreift, so wie er mit kosmischen Intelligenzen rechnet.[50]

Wesentlich für unser Thema »Archetyp des Friedens« erscheinen mir die Beobachtungen heutiger Biologen, daß die lebenden Organismen und ihre Systeme im Gegensatz zu den früheren Vorstellungen des Darwinismus nicht auf bloßem Kampf aller gegen alle, sondern vielmehr auf subtilster Kooperation beruhen. Dies entspricht dem neu entdeckten »Gaia-Prinzip«.

Das hervorragendste Beispiel für Organismen, die Ökosysteme errichten, sind nach Capra Korallen. Diese hat man lange Zeit für Pflanzen gehalten, heute werden sie treffender als Tiere eingestuft. Korallenpolypen sind winzige, aus vielen Zellen bestehende Organismen, die sich zusammenschließen, um große Kolonien und schließlich beeindruckend mächtige Gebilde aus Kalkstein zu bilden. »Im Zuge langer Perioden geologischer Zeiten haben sich viele dieser Kolonien zu riesigen Korallenriffen ausgewachsen, welche die bei weitem größten Strukturen darstellen, die je von lebenden Organismen auf dieser Erde gebildet wurden. Diese massiven Strukturen bilden die Existenzgrundlage für unzählige Bakterien, Pflanzen und Tiere; oben auf diesem Korallenrahmen leben Schalentiere aller Art, Fische und Weichtiere verbergen sich in ihren Schlupfwinkeln und -spalten. Zahlreiche andere Geschöpfe bedecken im wahrsten Sinne des Wortes jeden nur verfügbaren Raum auf dem Riff. Um diese dicht bevölkerten Ökosysteme zu bauen, funktionieren die Korallenpolypen auf eine sehr koordinierte Weise; sie teilen Nervensystem und Fortpflanzungsfähigkeiten in so großem Ausmaß miteinander, daß es oft schwer fällt, sie als individuelle Organismen anzusehen.«[51]

Gründliche Studien von Ökosystemen haben eindeutig gezeigt, daß die meisten Beziehungen zwischen lebenden Organismen kooperativer Art sind. Wettbewerb findet gewöhnlich innerhalb eines umfassenderen Zusammenhangs von Kooperation statt, so daß das größere System im Gleichgewicht bleibt. Dies gilt sogar für Räuber-Beute-Beziehungen, die für das Beutetier vernichtend sind, daß sie im allgemeinen letztlich beiden Arten etwas bringen. Die Ansicht der Sozialdarwinisten, die das Leben ausschließlich als Kampf ums Überleben sahen und sich damit indirekt an der Ausbeutung der Umwelt mitschuldig gemacht haben, hat heute keine wissenschaftliche Berechtigung mehr, da sie die interaktiven und kooperativen Prinzipien außer acht ließ.

Folgten wir Menschen also der unserem Planeten als Ganzheit eingestifteten Struktur und Dynamik, so ergäbe sich ein Anreiz zu umfassender Kooperation, Verknüpfung und Zusammenarbeit, zur Selbstregulation, aber auch zur Transformation und Selbst-Transzendenz und damit zum weiteren, schöpferischen Überwachsen all dessen, was der Organismus »Menschheit« bisher dargestellt hat.

Über die hierzu gehörende Emotion der Verbundenheit gelangen wir noch zu einem weiteren uralten Bild für den Archetyp des Friedens, das wir nicht überspringen dürfen: das Bild des Anthropos, des Menschheits-Menschen, in dem jeder einzelne einbeschlossen ist. Das Bild des Anthropos fügt sich mühelos dem Gala-Prinzip ein, demgemäß die Menschheit als Ganzes gesehen wird, als organisch miteinander Verbundenes und letztlich durch ein gemeinsames Menschheits-Selbst Vereintes. Viele alte Mythen sehen die Menschheit in Gestalt eines einzigen großen Menschen, in Indien ist es Purusha, im Abendland der kosmische Christus.

Marie-Louise von Franz, die enge Mitarbeiterin C. G. Jungs, weist in einem Aufsatz[52] eindringlich darauf hin, wie lebensnotwendig es für die Menschheit wäre, sich auf das Wirken des Archetyps des Anthropos zu besinnen. Zugleich mahnt sie, zu bedenken, was es heute heißen würde, diesen Archetyp nach wie vor so ausschließlich nach außen zu projizieren und außen zu erleben, wie es die frühe Menschheit ihrer Meinung nach in der »participation mystique« getan hat. Zwar gebe es auch heute einen positiven Aspekt, die Fähigkeit zur Massenergriffenheit, wie sie zum Beispiel entstehen kann, wenn unter Exil-Tibetern der Dalai Lama auftritt oder auf dem Petersplatz in Rom der Papst erscheint. Beim modernen Menschen bestehe aber die Gefahr einer Massenhysterie, wenn er sich der Masse kritiklos überließe. Marie-Louise von Franz weist in diesem Zusammenhang kritisch auf solche Erscheinungen im Nationalsozialismus hin.

Als wichtigste Gegenbewegung hierzu betrachtet sie die Fähigkeit des bewußt gewordenen Menschen, solche Projektionen des Anthropos auf äußere Gestalten zurückzunehmen und zu dem Anthropos, dem wahren Menschen in ihm selber, Kontakt aufzunehmen. Für von Franz stellt sich dem heutigen Menschen die Aufgabe, den Archetyp des Anthropos und ich möchte hinzufügen: den der Vernetzung und den der Gaia – innerpsychisch wahrzunehmen und ihn zu integrieren. Integrieren im Sinne eines Wirksam-Werden-Lassens des neuen, des vollständigen Menschen, auf den wir angelegt sind, der keine seiner inneren Kräfte ausschließt, sondern sie miteinander dynamisch vernetzt. Dies hieße im Sinne des Friedensgrußes vom Anfang des Kapitels: das Heilwerden und das Ganzwerden des einzelnen durch ein Bild des Ganzen.

Hildegard von Bingen, die Seherin, die im Jahr 1098, an einer Jahrhundertwende, geboren wurde, hat in der Mitte des 12. Jahrhunderts ein visionäres Bild des Kosmos erschaut[53], in dem sowohl der Anthropos, der »Kosmosmensch«, der die ganze Menschheit in sich vereint, als auch das umfassende Prinzip der Vernetzung eine zentrale Rolle spielen. Als intuitiv vorweggenommenes Bild des heute so aktuellen Vernetzungs-Archetyps möchte ich ihre Schau hier würdigen.

In der Mitte des von ihr geschauten Kosmos-Rades (Abb. 8) steht der Anthropos, der seine Erde, die seine zentrale Leibesregion vom Sonnengeflecht bis zu den Knien umfaßt, nicht nur in sich enthält, sondern sie auch um eine entscheidende Kategorie überragt, indem er, als ihr geistiges Zentrum, nicht nur mit ihr, sondern mit dem gesamten kosmischen Kräftefeld in seelisch-geistiger Vernetzung steht. In wunderbar freier Haltung, mit kreuzförmig ausgebreiteten Armen steht er da, umgeben von all den zahlreichen Verbindungslinien, die die kosmischen Wirkkräfte – in blasenden Tierhäuptern symbolisiert – miteinander vernetzen. Zum Mit-Vernetzen, Mit-Erschaffen ist der Mensch nach Hildegards Schau aufgerufen, zum Mit-Erbauen von Gottes »schönem Leib«, als der ihr der Kosmos erscheint.

In seiner herausgehobenen Stellung ist der Kosmosmensch – nach Hildegards Schau – auch instand gesetzt, das kosmische Gleichgewicht zu stören; er hat die »Klage der Elemente« zu verantworten, wie Hildegard sie hört, in der diese ihn anschuldigen, sie aus der Bahn geworfen, sie wie in einer Mühle umgekehrt, verschmutzt und verpestet zu haben: »Wir hungern schon nach einem gerechten Ausgleich.«

Hier hat Hildegard intuitiv bereits Regelkreise geschaut, die den Kosmos regulieren, die der Mensch aber empfindlich zu stören vermag – »Dunkelfeuer« nennt sie das –, wobei aber beide, Regelkreise und Dunkelfeuer, von einem äußeren Kreis flammenden Liebesfeuers umfaßt sind, das einer personalen Steuerung – durch den kosmischen Christus – unterliegt. Ein Archetyp der Integration, des Friedens, ist in ihrem Visionsbild insofern konstelliert, als ihr Kosmoskreis, als konzentrisch eingelagerte Sphäre, auch das klassische Gegensymbol der göttlichen Liebesglut, nämlich das »Dunkelfeuer«, enthält, in das alle Widersprüchlichkeit der Schöpfung einbeschlossen ist. Das »Dunkelfeuer« ist gleichsam das demokratisch oppositionelle Gegenprinzip in Gottes Schöpfung, das sie »Gottes«Dunkelfeuer nennt, weil es für sie in Gott enthalten ist.

Abb. 8 Hildegard von Bingen: Das Kosmos-Rad. (Liber divinorum operum, 12. Jh.)

Umfaßt, umarmt gleichsam von diesem Liebesprinzip – Hildegards Symbol für das selbsterneuernde Prinzip des kosmischen Organismus –, vermag es der Mensch bei all seiner Destruktivität nicht, seine Erde oder gar den Kosmos gänzlich zu zerstören. Der Anthropos ist in dieser Schau auch nicht als Zerstörer gedacht, sondern als Glied, als Herzstück gleichsam der ganzen Welt.

> *Liebe*
> *überflutet das All*
> *quillend aus tiefsten Gründen,*
> *über die Sternenwelt strömend ...*[54]

so dichtet Hildegard, ergriffen von ihrer Schau.

Vom Frieden als einem universalen Gleichgewichtsprinzip ist auch in dem Traum einer 42jährigen Frau die Rede:

> *Ein riesiges Schiff fährt aus, trägt das ganze deutsche*
> *Volk, um es vor einer drohenden Atomgefahr zu schützen.*
> *Angstvoll haste ich an Millionen von Menschen vorbei,*
> *die mir alle fremd sind. Bis in den Bauch des Schiffes*
> *dringe ich vor, um endlich vertraute Menschen zu finden.*
> *In der Tiefe des Schiffes angelangt, spüre ich, wie sich das*
> *Schiff gefährlich zur Seite zu neigen beginnt. Ich*
> *bekomme Angst um mein Leben. Da treffe ich eine Person,*
> *die mir vertrauenswürdig und bekannt vorkommt, es*
> *ist Willy Brandt. Bei ihm komme ich eine Weile zur Ruhe.*
> *Doch die Gefahr steigt. Ich dringe vor bis ins innerste des*
> *Schiffes, hier treffe ich den Mann, den ich liebe. Als wir*
> *beide uns begegnen, beginnt sich das Schiff aus seiner*
> *gefährlichen Schlagseite aufzurichten und kommt langsam*
> *wieder ins Gleichgewicht.*

Friede, das ist das Gleichgewicht, das wiederhergestellt wird, wenn dem destruktiven Prinzip, auf dem die Angst voreinander wie auch die Fremdheit der Menschen untereinander beruht, das Eros-Prinzip gegenübertritt. Hier verkörpert es sich in dem Mann ihrer Liebe. Die Brücke hierzu bildet ein Politiker wie Willy Brandt, der seinerzeit in seinem politischen Aussöhnungsprogramm mit dem Osten bahnbrechend wirkte und seit damals zur gegensatzvereinigenden Symbolfigur wurde.

Friede wird hier als aufwiegende und auswiegende Kraft verstanden, die sich aus den Kräften der Liebe speist.

Friede als Utopie?

An der Schwelle zum dritten Jahrtausend stehen wir ungleich skeptischer da als in den Jahren einer engagierten Friedensbewegung, als auch mich der Archetyp des Friedens zu ergreifen und zu faszinieren begann.

Die Auflösung der großen Militärblöcke in Ost und West hat nicht die Befriedung gebracht, die wir erhofften, nur eine Erschöpfung der östlichen Seite, die in eine gefährliche Resignation der Menschen dort und in tiefe Unzufriedenheit mit den wirtschaftlichen Verhältnissen eingemündet ist. Hinzu kommen deprimierende und grausame Regionalkriege, die zum Teil auch mit der Verschiebung des Kräftegleichgewichts zusammenhängen.

Das wirtschaftliche Gefälle zwischen Arm und Reich, zwischen erster und dritter Welt nimmt immer gravierender zu, schafft ein Konfliktpotential, zum Beispiel angesichts der Asylantenfrage, das sich gefährlich zuspitzt. Gerade auch Länder der dritten Welt entwickeln aus dem Ressentiment heraus, das durch Ungleichgewicht und Verarmung erzeugt wird, chemische und atomare Waffen, die beim Ausbruch eines Konfliktes verheerende Folgen zeitigen könnten. Der Archetyp des Friedens bleibt um unseres Überlebens willen dennoch konstelliert. Nicht Abgrenzung, Abschaffung und Ausschaffung, nur Integration des Fremden, des Andersartigen, des vielleicht Gefürchteten und doch auch Faszinierenden könnte Frieden schaffen, denn der Archetyp des Friedens ist ein Archetyp der Gegensatzvereinigung.

Ein Traum vom Archetyp des Friedens möge am Schluß dieses Kapitels stehen:

> *Ein Kollege sah im Traum die Konfliktpartner der Golfregion und dazu eine unübersehbare Schar von Menschen, Männer und Frauen aller Hautfarben, um den ölverseuchten Golf stehen, verbunden zu einer Menschenkette, die zusammenstand in leidenschaftlicher Trauer und Entschlossenheit, das Menschenmögliche zur Rettung und Befriedung der Region zu tun. Wärme kam auf, Hitze – auch miterzeugt durch die Menge, die so nahe beisammenstand? –, so daß auf einmal das ganze verseuchte Wasser verdunstete, wie in Wolken zum Himmel stieg. Die Menschen wähnten sich verloren, bis sie merkten, daß es zu regnen begann. Gereinigt, destilliert kam das Wasser zur Erde zurück, erfüllte den Golf aufs neue mit gutem Wasser.*

Das Zusammenrücken der Menschen in Frieden und die rettende Selbstorganisation von Gaia sind zwei Seiten des gleichen Versöhnungsprozesses. Sie sind aufeinander bezogen, untereinander vernetzt, wie der Archetyp des Friedens überhaupt, davon spricht dieser archetypische Traum.

Geistesgegenwart und Seelenruhe wiederum sind die besten Voraussetzungen, diesen Prozeß wahrzunehmen, an ihm teilzuhaben und ihn voranzubringen.

ANMERKUNGEN

1 Erweiterte Fassung eines Vortrages bei den 15. Goldegger Dialogen 1996, veröffentlicht im Tagungsband *Mythen, Rhythmen, Rituale*, S. 125-148, hrsg. vom Kulturverein Schloß Goldegg, Cyriak Schwarghofer, Eigenverlag. Goldegg 1997.

2 Erweiterte Fassung einer Bibelarbeit beim Deutschen Evangelischen Kirchentag 1991, veröffentlicht in: Reiner Degenhardt (Hrsg.), *Geheilt durch Vertrauen, Bibelarbeiten*. Kaiser Taschenbücher. München 1992.

3 *Das Markusevangelium in der Übersetzung von Eugen Drewermann*. Olten: Walter ³1992.

4 Rose Ausländer, »Die Auferstandenen«, aus: dies., *Wieder ein Tag aus Glut und Wind*. Gedichte 1980-1982. © S. Fischer Verlag GmbH, Frankfurt a. M. 1986.

5 F. M. Dostojewski, *Der Idiot*, II, 5, in der Übertragung von K. Brauner. München 1958, S. 217.

6 Dschuang Dsi, *Südliches Blütenland*, IV, 1, übersetzt von Richard Wilhelm. Köln-Düsseldorf 1972, S. 62 f.

7 Erweiterte Fassung eines Beitrages in: *Jahrbuch der Religionspädagogik*, hrsg. von Peter Biehl u. a., Bd. 8. Neukirchener Verlag, Neukirchen-Vluyn 1991, S. 89-99.

8 Lukas 24, 13-35.

9 Gerhard Marcel Martin, *Das Bibliodrama*. Göttingen 1996.

10 Die Idee, einen solchen fragenden Zeitzeugen als Rolle einzuführen, stammt von Studienleiterin Brigitte Hiddemann, seinerzeit an der Evangelischen Akademie Mühlheim tätig.

11 Verena Kast, *Trauern, Phasen und Chancen des psychischen Prozesses*. Stuttgart ⁸1996, S. 72.

12 Yorick Spiegel, *Der Prozeß des Trauerns, Analyse und Beratung*. München 1989; als Habilitationsschrift bereits 1972 erschienen.

13 Ein Vorschlag von Hans-Eckehard Bahr, Bochum, mit dem ich eines der Seminare gestaltete.

14 Kreuz, Stuttgart 1986. Amerikanische Erstausgabe 1982.

15 Perikope: Bibelabschnitt, der im Gottesdienst an einem bestimmten Sonntag gelesen wird.

16 Übersetzung von F. Stier, mit eigenen Einfügungen.

17 Carter Heyward, *Und sie rührte sein Kleid an*. Stuttgart 1986, S. 94.

18 Ebenda.

19 Ebenda.

20 Ebenda, S. 95,

21 Eugen Drewermann, *Tiefenpsychologie und Exegese*, Bd. 2. Olten, 61990.

22 Ebenda, S. 300.

23 Ebenda, S. 299.

24 *Schamanin im Bauch, Christin im Kopf. Wir Frauen Asiens im Aufbruch*. Stuttgart ³1994.

25 Beide sind bei Zweitausendeins auf deutsch erschienen.

26 Robert von Ranke-Graves, *Die Weiße Göttin. Sprache des Mythos*. Reinbek bei Hamburg 1988, S. 381

27 Ebenda.

28 Deutsches Wörterbuch von Jacob und Wilhelm Grimm, Band 16, Stichwort »Seherjungfrau«. München 1984. Originalausgabe Leipzig 1905.

29 Erweiterte Fassung des in: *Die Bombe, die Macht und die Schildkröte* von P. Dätwyler, E. Eppler und 1. Riedel, Olten 1991 erschienenen Beitrages der Autorin: »Die Wandlungen der Schildkröte oder Überlebenszeichen aus dem Unbewußten«.

30 Johannes Nikel, *Kunst will erzählen!* Bad Homburg 1998.

31 Ingeborg Bachmann, »Böhmen liegt am Meer«, in: *Werke*, I. Band, hrsg. v. Ch. Koschel, I. v. Weidenbaum, C. Münster. München 1978, S. 167.

32 In: Peter M. Pflüger (Hrsg.), *Wendepunkt Erde, Frau, Gott – Am Anfang eines neuen Zeitalters*; Beitrag der Autorin: »Wandlungen der Schwarzen Frau«. Olten 1988, S. 108 ff.

33 James Lovelock, *Gaia – Die Erde ist ein Lebewesen. Anatomie und Physiologie des Organismus Erde*. München 1996.

34 Siehe Ingrid Riedel, *Marc Chagalls Grüner Christus. Ein ganzheitliches Gottesbild – Wiederentdeckung der weiblichen Aspekte Gottes*. Olten ⁵1994.

35 Job. 12, 24.

36 Matthiew Fox, *Visionen vom Kosmischen Christus*. Stuttgart 1991

37 Rose Ausländer, »Und«, aus: dies. *Wieder ein Tag aus Glut und Wind. Gedichte 1980-1982.* © S. Fischer Verlag GmbH, Frankfurt a. M. 1986.

38 »Das Sutta von der Güte (Mettasutta)«, in: H. W. Schumann, *Buddhismus.* Olten 1976, S. 100.

39 Ingrid Riedel, *Formen – Kreis, Kreuz, Dreieck, Quadrat, Spirale.* Stuttgart 1985, S. 89-112.

40 Der Begriff der Fluktuation wurde von dem Chemiker Ilya Prigogine in die moderne Naturwissenschaft eingeführt.

41 Fritjof Capra, *Wendezeit. Bausteine für ein neues Weltbild* (Originalausgabe: *The Turning Point*). Bern/München/Wien 1983.

42 Siehe Marilyn Ferguson, *The Aquarian Conspiracy.* Los Angeles 1980 (deutsch: *Die sanfte Verschwörung*), S. 250.

43 Ebenda.

44 Capra, a. a. O., S. 3 14.

45 James E. Lovelock, *Gaia.* New York 1979.

46 Capra, a. a. O., S. 3 15.

47 Capra, a. a. O., S. 3 16.

48 Gregory Bateson, *Steps to an Ecology of Mind.* New York 1972; ders. *Mind and Nature.* New York 1979 (deutsch: *Geist und Natur – eine notwendige Einheit*, Frankfurt a. M. 1981), siehe Capra S. 322.

49 Erich Jantsch, *The Self-Organizing Universe.* New York 1980 (deutsch: *Die Selbstorganisation des Universums*, München 1982), S. 308.

50 Rupert Sheldrake, Matthew Fox, *Die Seele ist ein Feld – Der Dialog zwischen Wissenschaft und Spiritualität.* Bern/München/Wien 1996; dies. *Engel – Kosmische Intelligenzen.* Bern/München/Wien 1998.

51 Capra, a. a. O., S. 307.

52 Marie-Louise von Franz, »Der kosmische Mensch als Zielbild des Individuationsprozesses und der Menschheitsentwicklung«, in: Wilhelm Bitter (Hrsg.), *Evolution*, Tagungsbericht der Gemeinschaft Arzt und Seelsorger. Stuttgart 1969, S. 94 ff .

53 Hildegard von Bingen, *Liber divinorum operum*, I. Buch, 2. Vision. Dazu: Ingrid Riedel, Hildegard von Bingen, *Prophetin kosmischer Weisheit.* Zürich/Stuttgart 1994, S. 117 ff.

54 Walter Berschin, Heinrich Schipperger, *Hildegard von Bingen, Symphonia, Gedichte und Gesänge, lateinisch und deutsch.* Gerlingen 1995.

Weitere Titel aus dem Königsfurt Verlag

Paul Letter: Paracelsus. Leben und Werk.
ISBN 3-933939-24-0. *Neue Quellen. Spannende Recherche.*

Carl Gustav Jung: Paracelsus, Alchemie
und die Psychologie des Unbewußten.
ISBN 3-933939-84-4. *Die berühmten Aufsätze in einem Band.*

H. Obleser: Parzival. Ein Initiationsweg und seine Bedeutung.
ISBN 3-933939-26-7. *Die Gralslegende psychologisch gedeutet.*

Ulrich Magin: Ausflüge in die Anderswelt.
ISBN 3-933939-25-9. *Bedeutungen rätselhafter Phänomene.*

Andrea Kaufmann: Ritt auf dem Hexenbesen.
ISBN 3-933939-30-5. *Geschichte eines Transportmittels.*

Pierre Niccart: Der Zauberladen. Du bist was du vergißt.
ISBN 3-933939-23-2, farbig. *Das Erlebnisbuch.*

Klausbernd Vollmar: Handbuch der Traum-Symbole.
ISBN 3-927808-65-2. *Standardwerk, preiswerte Sonderausgabe.*

Klausbernd Vollmar: Ratgeber Traum.
ISBN 3-927808-76-8. *Traum-Symbole im Zusammenhang .*

H. Dieckmann: Zauber aus 1001 Nacht. Märchen & Symbole.
ISBN 3-933939-09-7. *Ein Klassiker der Märchenforschung.*

Marion Guekos-Hollenstein: Quellen des Tarot.
ISBN 3-933939-06-2. *Urbilder und heutige Anwendung.*

Frederik Hetmann: Madru oder Der große Wald.
Roman & Spiel. Buch: ISBN 3-933939-08-9.
Set (Buch & Karten): ISBN 3-933939-29-1.

Erhältlich im Buchhandel.

James

Kajo Nelles: James – Leben, Werk & Visionen
des Tänzers James Saunders.

208 S., zahlr. Fotos. ISBN 3-933939-10-0. *Königsfurt LebensBilder.*

James Saunders tanzte in berühmten internationalen Compagnien, war Solist an den städtischen Bühnen in Köln und Frankfurt/Main. Er begründete und leitete die »Tanzprojekte«, in denen Tausende von Menschen ihr schöpferisches Potential entdeckten. Diese Projekte, auch als »Kreativität durch Bewegung« bekannt, waren außerordentlich erfindungsreich und zeigten eine enorme Wirkung.

Dieses Buch erzählt die Geschichte, eine ebenso einfache wie vielschichtige Geschichte. Da ist zunächst die Geschichte eines jungen Mannes, der eines Tages – eigentlich ist er schon viel zu alt – entdeckt, daß er ein Tänzer ist, und sich dann ganz dem Tanz verschreibt; der, als er den Gipfel erreicht hat, seine Tanzkarriere plötzlich aufgibt, um noch einmal ganz von vorne anzufangen, bei sich selbst, bei dem, was ihn im Innersten bewegt und was er bewegen möchte; und der schließlich, auf dem Höhepunkt einer zweiten Karriere, die ihn anstatt auf die Höhen des Ruhmes in die Herzen von Zehntausenden, in die Tiefen der menschlichen Seelen und des Bewegtseins geführt hat, auf unbegreifbare Weise zu Tode stürzt – beim Tanz! (...)

Vor allem aber ist es die Geschichte einer tiefen Liebe und kongenialen Freundschaft zweier Männer, die sich voneinander berühren und bewegen ließen und diesem Sich-Bewegen-Lassen treu blieben, sogar über den Tod hinaus. Hier ist (...) die Rede (...) von der äußerst feinen und reinen Lebenshaltung, die auf Anstöße achtet, die aus dem Unbekannten auf uns zukommen, und ihnen folgt; die uns der Erstarrung entgehen läßt, indem wir dem Fluß folgen, der einen zu immer neuen Ufern trägt. In dieser tiefen Bewegung, die die des Lebens selbst ist, ist dann plötzlich auch der Tod nicht mehr Endpunkt und Stillstand, sondern Teil und Motor der Bewegung. Hier verschmelzen Kunst – als die Suche nach dem und Ausdruck des Wahren, Guten und Schönen – und ein Leben, das nicht zwischen Bühne und Alltag unterscheidet, sondern sich durchgängig berühren und bewegen läßt, ineinander ... *(Wilfried Nelles).*